南方丝绸之路 研究丛书

文物考古卷

李昆声｜主编

刘西诺　何兆阳｜著

全国百佳图书出版单位

时代出版传媒股份有限公司
安徽人民出版社

图书在版编目（CIP）数据

南方丝绸之路研究丛书.文物考古卷 / 李昆声主编；刘西诺，何兆阳著.
-- 合肥：安徽人民出版社，2022.2

ISBN 978-7-212-10706-2

Ⅰ.①南… Ⅱ.①李… ②刘… ③何… Ⅲ.①丝绸之路—研究②丝绸
之路—历史文物—介绍 Ⅳ.① K203 ② K86

中国版本图书馆 CIP 数据核字 (2019) 第 296416 号

南方丝绸之路研究丛书

文物考古卷

NANFANG SICHOU ZHI LU YANJIU CONGSHU
WENWU KAOGU JUAN

李昆声　主编
刘西诺　何兆阳　著

出 版 人：杨迎会　　　　　　　　　　出版策划：刘 哲　何军民
出版统筹：袁小燕　张 旻　　　　　　责任编辑：肖 琴　周 羽
责任印制：董 亮　　　　　　　　　　装帧设计：程 慧　宋文岚

出版发行：时代出版传媒股份有限公司 http://www.press - mart.com
　　　　　安徽人民出版社 http://www.ahpeople.com

地　　址：合肥市政务文化新区翡翠路 1118 号出版传媒广场八楼　　邮编：230071

电　　话：0551-63533258　0551-63533259（传真）

印　　刷：安徽新华印刷股份有限公司

开本：710mm×1010mm　1/16　　　印张：23.25　　　字数：300 千
版次：2022 年 2 月第 1 版　　　　　2022 年 2 月第 1 次印刷

ISBN 978 - 7 - 212 - 10706 - 2　　　　　　　　　　定价：120.00 元

总　序

　　早期人类不具备生产能力，靠收集利用现有的生活资源维持生存。在一个区域的资源耗尽或无法满足其需求时，只能以迁移作为获得新资源或更多资源的主要手段。少数人与生俱来的好奇心也驱使他们并引导更多的人走得更远，这也自觉或不自觉地扩大了生存和发展的空间。人类正是这样，从东非等几个主要发源地扩散、迁移和分布到世界各地。

　　在这一漫长的岁月里，人类从利用天然条件到开辟交通路线、发明和制造交通工具和设施，逐步扩大交通运输的规模，提高交通运输的效率，保证了迁移过程中人流和物流需求，并将其应用于定居的群体之间。可以毫不夸张地说，人类的历史是从迁移开始的，而交通运输的条件不可或缺，经常起着不可替代的作用。

　　交通运输离不开陆上的道路和水上的航路。在一个四周开放、内部地形地貌变化不大的区域内，人们很容易利用天然条件开辟和维护道路，并且有多种选择。但在一个相对封闭、内部地形地貌复杂的区域内，一般不存在天然的交通条件，人们必须为开辟和维护道路付出巨大的代价，对道路的走向和状况往往无法做出自主选择。特别是在与外界存在难以逾越的地理障碍的情况下，能否建成并维护突破这类障碍的道路，就是一个地域生存与发展的决定性因素。

在探究中华文明能够长期延续、中国历史没有中断的原因时，地理环境对古代人类的影响尚未受到应有的重视。实际上，在不具备机械交通手段的条件下，无论从哪一方向突破中国与外界的地理障碍——高山峻岭、戈壁荒漠、冰川冻土、青藏高原、热带丛林、深海大洋——都是相当艰难的，或者因代价太大而缺乏相应的利益驱动。正因为如此，连接中国与外界的道路对中国与世界的重要性不言而喻，也是"丝绸之路"一经李希霍芬发现和命名就备受重视的原因。到今天，丝绸之路已经成了古代中国与外界连接的道路的通名，而无论这条道路上的物流和人流是什么，所以有了南方丝绸之路（或西南丝绸之路）、北方丝绸之路、草原丝绸之路、海上丝绸之路等几条得到广泛认同的主要交通路线。

李希霍芬将丝绸之路的形成时间确定在公元前2世纪，即张骞通西域时期，是因为张骞第二次出使将大批丝绸输送到西域，并且实际上开始了汉朝与西域间的丝绸贸易，但这并不意味着这条道路是由张骞开通的，或者说在公元前2世纪之前不存在这条道路。张骞第一次出使就有胡人向导，从长安经匈奴到达大月氏走的都是现成的道路。考古学、人类学、生物学、地理学等大量研究成果证明，小麦栽培、黄牛和绵羊等家畜的饲养以及青铜冶炼技术等都源自西亚、中亚，逐渐向东传入黄河流域。这也证明这条道路早已存在。但迄今为止，我们还没有发现在公元前2世纪之前有过由中原向西域的主动传播，也没有从黄河流域向西开辟道路的证据。有人曾列举《山海经》《穆天子传》中的记载为证，但这些资料至多反映了中原人对西部某些地理知识的了解，却无法证明中原人的足迹已经涉及这些地方，更不能复原出一条由东向西的交通路线。

但《史记·大宛列传》的记载证明在公元前 2 世纪张骞通西域之前，西南就存在着一条从古蜀国（今四川）出发，经身毒（今印度）到达大夏（今阿富汗）的交通路线：

（张）骞曰："臣在大夏时，见邛竹杖、蜀布。问曰：'安得此？'大夏国人曰：'吾贾人往市之身毒国。身毒国在大夏东南可数千里。'"

值得注意的是，邛竹杖、蜀布并不是特别贵重的商品或稀有罕见的物品，要将这样的商品长途贩运，并且还有被再长途贩运的价值，只能证明这一条交通路线已经相当成熟有效，这些商品交易已具有一定规模。因此这条道路应该存在已久，早于公元前 2 世纪，其开辟维护的动力出于蜀地人商品输出的需要。

《史记·西南夷列传》中还记载了另一条路线：

南越食（唐）蒙蜀枸酱，蒙问所从来，曰："道西北牂柯，牂柯江，广数里，出番禺城下。"蒙归至长安，问蜀贾人，贾人曰："独蜀出枸酱，多持窃出市夜郎。"

唐蒙在番禺（今广州）吃到的枸酱是蜀地的特产，人们先把它运至夜郎（在今贵州），再通过珠江水系把它运到下游的番禺。同样值得注意的是，枸酱是用水果加工的，在没有现代保存技术和快速运输手段的条件下，需要长途运输且保证美味安全，除了蜀人的制作和保存技术外，离不开水陆联运形成的便捷物流体系。这条路线显然也是蜀人主动开辟和维护的，时间也在公元前 2 世纪之前。

这两个例子可以证明，由李希霍芬发现并命名的这条典型的丝绸之路，尽管客观上是因公元前2世纪张骞通西域而实际形成的，却并非出于汉朝的主动，也不是更早的中原人开辟的，但今天被泛称为南方丝绸之路的由西南通向外界的交通路线，是由本地人主动开辟的真正的贸易路线，时间也早于公元前2世纪。

对南方丝绸之路进行研究的意义不言而喻，但困难之大也在意料之中。这两段文字背后隐藏了太多的秘密，即使用现代科学技术与学术研究的成果也还难以解释。一条古老的交通路线的开辟和维护，不仅涉及当时的自然地理和人文地理环境，还几乎涉及自然界和人类社会各个方面。但迄今为止，我们还没有发现当时当地人自己的任何文字记录和直接证据，也无法从这两段文字再往前追溯。而自然界留下的痕迹也相当有限，并且难以精确地定性或定量。即使在公元前2世纪后或在文字记录产生后，仅仅根据直接和间接的史料也不足以复原南方丝绸之路及沿路地区的历史自然地理和人文地理的真相。而要全面深入地研究这重要的交通路线系统，就不仅要复原或重构这一路线系统本身，还要考察和研究它所连接和经过的空间和存在的时间，在此空间和时间范围内的自然、社会和人文状况，这一路线上的物流和人流的来源和去向，以及由此产生的直接和间接的影响。实际上，这需要对这一巨大的空间、漫长的时间做全面的历史和地理研究。

云南的几位学者就是这样做的，他们在老一代学者的研究基础上，孜孜不倦地探索了二三十年，由李昆声教授主编的这套《南方丝绸之路研究丛书》首批四卷就是已有成果的汇编。陆韧教授和朱映占、张晗、王万平、刘西诺、何兆阳等几位中青年学者分别对这一区域的历史地理、民族历史、民俗变迁、考古文明做了扎实、细致、深入的考察、研究和论述，很大程度上弥补了文献资料和直接证据的不足，使这项研究达到了新的高度。

总的来说，对南方丝绸之路的研究尚属开端，因此在这四本著作问世之际，我们有理由期待这套丛书引发更多新著，更有理由期待这几位作者的新成果。

葛剑雄

2022 年 1 月

（复旦大学资深教授、中国历史地理研究所博士生导师，教育部社会科学委员会历史学部委员，"未来地理计划"中国国家委员会委员，中央文史研究馆馆员）

丛 书 前 言

　　19 世纪 70 年代，德国地理学家李希霍芬首创"丝绸之路"的名称。

　　20 世纪 80 年代，中国川滇一批青年学者提出"南方丝绸之路"的概念。

　　"丝绸之路"是指西汉时期开辟的一条国际交通线，起点从我国西安，往西经过河西走廊、新疆沙漠地带，越帕米尔高原而到中亚、南亚、西亚。20 世纪初，在丝绸之路上的重镇甘肃敦煌的莫高窟千佛洞发现一大批非常重要的古代文献资料——"敦煌文书"，它成为全球学者研究的宝库。最终，在大量研究的基础上形成一门多学科的国际显学——敦煌学。

　　南方丝绸之路虽然比（北方）丝绸之路开辟得更早（学术界一般认为在战国时期，也有学者认为早在殷商时期），但是对于南方丝绸之路的研究尚处在起步阶段，更未形成一门多学科交叉研究的国际显学。而且，各学科之间，甚少交叉互动。例如，南方丝绸之路的起点成都以及成都平原，一批重要的考古遗址：三星堆、金沙、十二里桥……考古发掘文物璀璨夺目，研究成果硕果累累，但很少纳入南方丝绸之路的整体研究中，也极少与其他学科互动。再如历史地理学的研究表明，南方丝绸之路在东南亚延伸后，与海上丝绸之路汇合，是一条通江达海之路。而考古学者在研究一些古代青铜器从中国云南往东南亚传播的课题时，过去也甚少了解它们是通过南方丝绸之路而抵达东南亚的。另外，对南方丝绸之路所经国家、地区以及不同的古代文明的对话、互鉴，亦甚少研究。

我们这套丛书，试图研究南方丝绸之路上的路线、交通等历史地理问题，研究南方丝绸之路上的古代民族、现代民族和节庆，研究南方丝绸之路上遗存的重要文物古迹以及通过南方丝绸之路上从西亚、南亚、东南亚传入我国的古代文物等，以通俗易懂、深入浅出的语言表达出来，期望起到一个抛砖引玉的作用！

希望有更多研究南方丝绸之路上的重要文物古迹、重要非物质文化遗产(如音乐、舞蹈、诗歌、民间故事、传统技艺、驿道、驿站、碑铭、钱币、马帮、舟桥、古村古镇、动植物、域外文明、引进物种)，以及研究南方丝绸之路与茶马古道的关系、稻米起源与传播、茶叶起源与传播等学术课题，整合在南方丝绸之路研究的总框架之下，从而涌现出一大批高质量的学术成果。期待南方丝绸之路与(北方)丝绸之路、海上丝绸之路"三足鼎立"，再现昔日辉煌！

李昆声

2022 年 1 月

目　录

绪 论

"丝绸之路"这一概念最早由德国地理学家李希霍芬于 1877 年正式提出。[1] 这条丝绸之路泛指东方和西方之间的经济文化交流和道路交通线。过去，丝绸之路在人们心目中是一条由中国长安出发，沿西北方向前进，经过河西走廊到达西域，经西域到达中亚后继续往西行，最终抵达古罗马帝国的古代东西方交通线。

　　进入 20 世纪后，丝绸之路这一概念不断得到延伸。1913 年，法国东方学家沙畹提出，有一条北起中国东海，由中国南海途经印度洋、阿拉伯海航行至红海的"海上丝绸之路"。后有学者们提出存在着由中国中原地带向北越过古阴山（今大青山，位于内蒙古中部阴山山脉中段）、燕山一带长城沿线，西北穿越蒙古高原、中西亚北部，直达地中海沿岸的欧洲地区，约在公元前 5 世纪逐步形成的一条"草原丝绸之路"。而进入 20 世纪 80 年代以来，有一批学者研究发现还有一条以中国四川成都为起点，经中国云南、缅甸、印度后进入中亚、西亚地区，最终到达古罗马的"南方丝绸之路"。迨中线、东线相继纳入这一概念中，"南方丝绸之路"逐渐成为中国古代从西南内陆通往境外商道的普遍提法。[2]

　　以成都为起点的南方丝绸之路，分为国内段和国外段。其国内段大体分为西路、中路和东路 3 条，分别通往印度、中南半岛

---

[1] Ferdinand Freiherrn Von Richthofen, China: Ergebnisse Eigener Reisen und Darauf Gegründeter Studien. Berlin : Verlag Von Dietrich Reimer, 1877.
[2] 由于"丝绸之路"作为古代中西交通以及文化交流的代称已被学术界所广泛接受，这条以成都为起点，经中国云南出缅甸、印度、阿富汗、巴基斯坦至中亚、西亚的中国西南国际交通线便称为"西南丝绸之路"，或称"南方丝绸之路"，简称"南丝路"。从成都经云南至东南亚一段，也连带算了进去。参见段渝《南方丝绸之路研究论集》，巴蜀书社 2008 年版，第 1 页。

和南海。其中最重要、最知名的一条是西路——蜀身毒道。路线是从成都出发，向南分为东、西两路：东路也称"五尺道"，境内基本路线是成都—乐山—宜宾—昭通—曲靖—昆明—楚雄—大理；西路也称"牦牛道"，基本路线是成都—雅安—汉源—西昌—大姚—大理。东西两道起点一致，在大理汇合之后继续往西，经博南道至保山，最后经永昌道出腾冲，抵达缅甸密支那后去往印度阿萨姆，或者经瑞丽抵达缅甸八莫，经密支那去往印度阿萨姆。这是南方丝绸之路最重要的一条线路，堪称古代亚洲的交通大动脉。①

南方丝绸之路的国外段同样分为西路、中路和东路 3 条。②西路即"蜀身毒道"的国外延伸部分，由成都平原到达印度后再至巴基斯坦、阿富汗以至西亚。中路是一条水陆相继的交通线，先由陆路从蜀入滇至昆明、晋宁，再从晋宁至通海以南的步头，再沿红河下航越南。童恩正先生认为这条线路是沟通云南与中南半岛的最古老的一条水路。③东路据《水经·叶榆水注》和严耕望先生考证，应是出昆明经弥勒，渡南盘江，经文山出云南东南，入越南河江、宣光，抵达河内。④

有关南方丝绸之路的最早记载见于以下史料：

《史记》：

及元狩元年，博望侯张骞使大夏来，言居大夏时见蜀布、邛竹杖，使问所从来，曰："从东南身毒国，可数千里，得蜀贾人市。"或闻邛西可二千里有身毒国。骞因盛言大夏在汉西南，慕

---

① 段渝：《南方丝绸之路：中—印交通与文化走廊》，《思想战线》2015 年第 6 期。
② 段渝：《四川通史》（第 1 册），四川大学出版社 1993 年版，第 160—162 页。
③ 童恩正：《试谈古代四川与东南亚文明的关系》，《文物》1983 年第 9 期。
④ 严耕望：《汉晋时代滇越通道考》，《香港中文大学中国文化研究所学报》第 8 卷第 1 期，香港中文大学出版社 1976 年版。

中国，患匈奴隔其道，诚通蜀，身毒国道便近，有利无害。于是天子乃令王然于、柏始昌、吕越人等，使间出西夷西，指求身毒国。至滇，滇王尝羌乃留，为求道西十余辈。岁余，皆闭昆明，莫能通身毒国。[①]

《后汉书》：

天竺国一名身毒，在月氏之东南数千里。俗与月氏同，而卑湿暑热。其国临大水。乘象而战。其人弱于月氏，修浮图道，不杀伐，遂以成俗。从月氏、高附国以西，南至西海，东至磐起国，皆身毒之地。身毒有别城数百，城置长。别国数十，国置王。虽各小异，而俱以身毒为名，其时皆属月氏。月氏杀其王而置将，令统其人。土出象、犀、玳瑁、金、银、铜、铁、铅、锡，西与大秦通，有大秦珍物。[②]

西汉元狩元年（前 122 年），张骞在和汉武帝刘彻的对话中提及了当年在大夏国（今阿富汗西北一带）看到的来自今天四川的蜀布和邛竹杖，也听人说邛（古地名，也在今四川境内）往西两千里便是身毒国（印度）。于是，张骞推测当时在汉帝国的西南方有一条道路由蜀地通往身毒国（印度）转而至大夏国。虽然汉武帝和张骞曾采取各种方式，但最终都未达成官方与身毒国的直接交往。毋庸置疑的是，这个时间段对于开辟南方丝绸之路的意义十分重大，很大程度上改变了中国西南的历史进程。

当时商品通过传统的北方丝绸之路贸易出境，因为路途遥远，以携带轻便的丝绸为主，贸易网两端的中国汉朝和古罗马并

---

① 司马迁：《史记·西南夷列传》，中华书局 1959 年版，第 2995—2996 页。
② 范晔：《后汉书·西域传》，中华书局 1965 年版，第 2921 页。

没有条件进行直接贸易，很多商品利润都被今天中亚国家的中间商人所垄断。汉武帝起初意欲通过大宛、康居、月氏、身毒的中介作用，和安息甚至古罗马直接交往，扩大自己的政治经济影响，加之有孤立北方强敌匈奴的缘由，便欣然采纳了张骞的建议，几次派使者到滇国，希冀借此打通通往大夏的道路。在汉使到达滇池区域并往西推进的十多年间，一直受到滇西（今大理洱海区域）昆明人的阻挡，因此未能打通前往身毒国的道路。

在汉武帝平定南越叛乱两年后，元封二年（前 109 年）武帝下定决心利用征南越余威强行开道："元封二年，天子发巴蜀兵击灭劳浸、靡莫，以兵临滇。滇王始首善，以故弗诛。滇王离难西南夷，举国降，请置吏入朝，于是以为益州郡，赐滇王王印，复长其民。"[1] 从此结束了滇王割据一方的历史，中央开始在当地设益州郡。经过两汉间 100 多年的统治，到东汉永平十二年（69 年），哀牢国内附。从汉武帝开始便致力于打通"蜀身毒道"，历经挫折后终于获得成功。同时，通往缅甸、印度的通道也被正式打通，南方丝绸之路由此进入史册，拉开了丝绸之路文明的新进程。

国外的学者、政治家们也记录了有关早期中印交流的情况，可以从中窥见早期南方丝绸之路文化交流的影子。例如印度开国总理贾瓦哈拉尔·尼赫鲁在《印度的发现》中写道：

中国与印度互相接近，并开展了很多接触，这是得力于佛教的。在阿育王朝以前，是否已经有过这样的接触，不得而知；但是可能已经有过海上贸易，因为丝一向是中国输入的。不过在更早些时期，一定还有过陆路上的接触和民族的迁移，因为蒙古人

---

[1] 司马迁：《史记·西南夷列传》，中华书局 1959 年版，第 2997 页。

种面貌的特征，在印度东部各边区时常见到，在尼泊尔更为显著，在阿萨密（旧称迦摩缕波）和孟加拉也很明显。①

英国学者尼古拉斯·奥斯特勒在《语言帝国世界语言史》中亦有记述：

从阿育王和孔雀王朝的军事扩张中，梵语也伴随着佛教和更早的印度教向东传播，直到公元 1 世纪的中叶，梵语始终都是印度甚至所有东南亚地区文化的标记……当时印度东部的缅甸人和岛上的马来人就已经学会使用铜器、灌溉水稻、畜养牲畜并拥有私家船舶……并且，印度人将认读、书写技能和等级森严的古老文化（印度教和佛教中的等级划分）带到他们所及之处……在柬埔寨写有修女规则的柱子上，高棉字书写的梵语和北印度语书写的梵语分别写在柱子两边……这是印度……在那段期间的文化交往迹象之一。②

在这个过程中，阿育王的教徒是开路先锋，拜佛求经的香客和学者们络绎不绝地来往于中印之间。其中，由于路途艰险，据说这些香客的死亡率曾一度高达 90%。关于路途之艰难，行人死亡率之高，在《太平御览》中也有相关记载：

又曰末（永）昌郡在云南西七百里，郡东北八十里泸仓津（今澜沧江），此津有瘴气，往以三月渡之，行者六十人，皆悉阇乱。毒气中物则有声，中树木枝则折，中人则令奄然青烂也。③

① 〔印〕贾瓦哈拉尔·尼赫鲁：《印度的发现》，齐文译，世界知识出版社 1956 年版，第 238 页。
② 〔英〕尼古拉斯·奥斯特勒：《语言帝国世界语言史》，上海人民出版社 2016 年版，第 178—182 页。
③ 李昉：《太平御览·四夷部十二》，中华书局 1960 年版，第 3509 页。

这段史料描述了从永昌郡往西穿过澜沧江，道路上弥漫着瘴气，行者六十人皆死于途中的事件。另外，在《三国志·仓慈传》中曾记载："西域杂胡欲来贡献，而诸豪族多逆断绝。既与贸迁，欺诈侮易，多不得分明，胡常怨望。"[①]从史料中不难发现，北方丝绸之路商贸风险很大，这极大地制约着传统的北方丝绸之路上正常安全的商贸活动。

马克思在《资本论》里曾提到："一有适当的利润，资本就胆大起来。如果有10%的利润，它就保证到处被使用；有20%的利润，它就活跃起来；有50%的利润，它就铤而走险；为了100%的利润，它就敢践踏一切人间法律；有300%的利润，它就敢犯任何罪行，甚至冒着绞首的危险。"[②]在私有制形态产生以后，逐利心态一直延续至今，特别是商人们一直是以经济利益作为社会活动的主要导向。在先秦时期，要想从中原到达印度，困难重重。北方的道路被沙漠所隔断，同时也被重重山脉所阻隔，路途遥远且危险。相比西北方向丝绸之路上众多凶悍好劫掠的游牧民族，出于人身安全、资本和地缘优势等考虑，以成都平原为中心的商人更倾向于选择南方丝绸之路。出于这一考虑，南方丝绸之路的商队很可能会选择雇佣当地人参与运输和贸易流程，以此避免很多危险，这一点也反映到本书中为大家分享的一些文物上的人物形象中。在利益驱动下，特别是对于当时成都平原的商人们来说，从西南地区进行出入境贸易是一个相对不错的选择。

于此便可以认为，南方丝绸之路是一条传播的纽带，具有联结中原、沟通中印的作用，它为中原、西南、印缅文化互相交流

① 陈寿：《三国志·仓慈传》，裴松之注，中华书局1982年版，第512页。
② 中共中央马克思恩格斯列宁斯大林著作编译局：《资本论》（第1卷），人民出版社2004年版，第871页。

与融合创造了条件，各区域、各个时代的文化在交流中沉淀融合，从而形成丰富且独特的带有共融性特点的古道文化。

过去学术界普遍认为南方丝绸之路是秦并巴蜀以后才开通的，川滇交通要道"五尺道"是秦灭巴蜀后，秦始皇派遣将军常頞率军开筑的道路。但随着新的考古文物的发现，专家们在深入研究之后认为，五尺道的开凿实际上远早于秦灭巴蜀，早在商周时期，五尺道就已经开凿使用。① 在商代，中国四川、云南至印度的交通线一直存在并发挥着交流作用。② 远在公元前 2000 年，肥沃的成都平原工商业就取得了一定的发展。公元前 700 年，成都逐渐发展成辐射长江上游以至于成为中国西南地区古代文明的中心，成都平原以其强劲的吸引力和辐射力成为中国西南国际交通线的起点和国际贸易中心。③ 成都平原上始建于战国时的都江堰水利工程，有效地减轻了岷江的水患，使大片农田得以自流灌溉，"天府之国"从此遐迩闻名。所以自古以来成都平原跟周边相比，最早出现了生产剩余，有了向外输出产品的社会经济基础。经过考古探查和专家研究，可以发现一些文物背后的蛛丝马迹，去探寻属于这段南方丝绸之路的历史痕迹。这本书将为你讲述关于这段南方丝绸之路上古往今来的考古遗址和今天我们所能见到的文物印记。

---

① 段渝：《五尺道的开通及其相关问题》，《四川师范大学学报（社会科学版）》2013 年第 4 期。
② 段渝：《论商代长江上游川西平原青铜文化与华北和世界古文明的关系》，《东南文化》1993 年第 2 期。
③ 段渝：《四川通史》（第 1 册），四川大学出版社 1993 年版，第 148—150 页。

第 一 章

先秦时期南方丝绸之路考古与文物

第
一
节

遗风古道——先秦时期
南方丝绸之路沿线的重要考古遗址

一、四川广汉三星堆遗址

1929年，四川广汉月亮湾村民燕道诚在宅旁淘沟时，在沟底发现璧、圭、琮、璋等玉石礼器，当即引起文物考古学家的重视。1931年，在广汉传教的英国传教士董宜笃了解到这一情况，邀请华西协合大学考古学家戴谦和教授进行鉴定，收购了一部分出土文物并捐赠给了华西协合大学古物博物馆收藏。该馆馆长、人类学和考古学教授葛维汉敏锐地意识到这些玉石器的出土地点可能是一处古代文明遗址。1933年冬，华西协合大学古物博物馆的葛维汉、林名钧等在此进行过试掘，获得惊人发现，先后发掘文物600多件，有陶器、石器、玉珠、玉杵、玉璧、玉圭等。根据这些材料，葛维汉整理出《汉州发掘简报》，据此推断该遗址为公元前1100年左右的古蜀文明的遗存，极富考古价值。出土文物大部分存于华西协合大学博物馆。但遗憾的是，三星堆遗址自1934年首次发掘后，相关考古工作就长期停滞。20世纪50年代开始，考古工作者又恢复了在三星堆的考古工作。三星堆遗址在过去的调查发掘中，因工作地点的不同，分别被称为"真武宫遗址""横梁子遗址""月亮湾遗址""中心场遗址"等。因同属一个遗址群落，在 1980 年被统一命名为"三星堆遗址"。1980 年以来，四川省博物馆、四川省文物管理委员会、四川省文物考古研究所、四川大学历史系与广汉市文化部门合作，先后对三星堆遗址进行了十余次的试掘和发掘工作。最著名的发现是 1986 年 7 月至 9 月发掘的两个祭祀坑。三星堆 1、2 号祭祀坑位于三星堆城墙东南方向 50 余米，两坑相距 25 米。1 号坑为长方形，口大底小，长 4.5 ～ 4.64 米，宽 3.3 ～ 3.48 米。2 号坑同为长方形，坑口距地表深 0.55 ～ 0.65 米，坑口长 5.3 米、宽 2.2 ～ 2.3 米，坑口至坑底深 1.4 ～ 1.68 米，坑底长 5 米、宽 2 ～ 2.1 米。两坑坑室走向一致，均为东北—西南向，坑壁整齐，填土经夯打。坑室内器物均分层放置，而大多数器物埋藏时或埋葬前有明显的经过有意焚烧和破坏的迹象。

1 号坑共出土各类器物 567 件，其中青铜制品 178 件，黄金制品 4 件，玉器 129 件，石器 70 件，象牙 13 根，海贝 124 件，骨器 10 件（雕云雷纹），完整陶器 39 件，以及 3 立方米左右的烧骨碎渣。2 号坑共出土各类遗物 6095 件（计残片和残件可识别出的个体），其中青铜制品 736 件，黄金制品 61 件（片），玉器 486 件，石器 15 件，绿松石 3 件，象牙 67 件，象牙珠 120 件，象牙器 4 件，虎牙 3 件，海贝 4600 枚。1、2 号祭祀坑的年代分别属于商代中期及晚期。从大量出土物来看，这时期三星堆遗址正处于繁荣鼎盛时期。两坑出土器物的种类，除部分中原地区常见的青铜容器、玉石器和巴蜀文化遗址常见的陶器外，大多是过去从未发现过的新器物，诸如青铜群像、青铜神树群、青铜太阳形器、青铜眼形器、金杖、金面罩等。两坑出土器物充分反映了古蜀国高度发达的青铜铸造技术、黄金冶炼加工技术、玉石器加工技术以及独特的审美意识和宗教信仰。[1]

二、成都十二桥遗址

成都十二桥遗址是四川地区发现的重要古文化遗址之一。1985年12月，成都市干道指挥部在修建综合楼地下室时发现一处商代木结构建筑遗址。遗址位于成都市西郊，北至中医学院，南邻文化公园，西倚省干休所，东靠十二桥。其范围东西长约142米，南北宽约133米，总面积达15000平方米。十二桥遗址在1985年至1987年开展第一期的发掘，总揭露面积1800平方米。

该遗址出土遗物以陶器为主，石器和骨器次之，还有兽骨、（龟）甲及少量青铜器。陶质以夹砂褐陶为主，泥质灰陶和黑陶次之。出土石器有打制石器和磨制石器，打制石器仅有盘状器，磨制石器有生产工具斧、锛、凿。骨器均为磨制，有簪、针、锥、镞及兽骨和龟甲材质的卜甲。青铜器发现较少，只有小件的凿、镞。该遗址年代为商代早期至商末周初之际。特别值得一提的是十二桥遗址木构件数量繁多，层层相叠，木结构建筑的基础部分保存较好，房屋整体结构较为清楚，属于干栏式体系。十二桥商代木结构建筑较为完整的发现，填补了成都平原商代建筑的空白。木结构建筑的材料，有圆木、方木、木板及圆竹、竹篾、茅草等。圆木多未加工，有的还附着树皮，方木经加工较为整齐。而木结构材料之间主要用竹篾绑扎、原始榫卯与竹篾绑扎相结合的方法拼接，可见当时营造及加工技术已达到一定的水平。

另外，自20世纪80年代以来，在成都市区相继发现一批与

---

[1] 四川省文物管理委员会等：《广汉三星堆遗址》，《考古学报》1987年第2期；四川省文物考古研究所：《三星堆祭祀坑》，文物出版社1999年版；三星堆博物馆官方网站：http://www.sxd.cn等。

十二桥遗址时间大致相当的遗址，如抚琴小区、新一村、方池街、指挥街等遗址。这些遗址的陆续发现，使十二桥遗址的文化面貌逐渐清晰起来。1993 年孙华老师在讨论三星堆遗址的分期时，将广泛分布于成都市区故郫江两岸、以十二桥遗址为代表的这类遗存命名为十二桥文化。[①]

三、成都金沙遗址

金沙遗址位于四川省成都市西二环路与三环路之间，位于青羊区苏坡乡金沙村和金牛区黄忠村。遗址周围河流较多，南面 1.5 千米处是清水河，北侧是郫江故道，摸底河由西向东蜿蜒曲折地横穿遗址中部，把金沙遗址分为南北两半，北为黄忠村，南为金沙村。早在 1995 年、1999 年和 2000 年，成都市文物考古研究所就对成都市金牛区黄忠村的三处地点分别进行了不同程度的考古发掘，认为黄忠村遗址是一处典型的古蜀文化遗址，但并未意识到金沙遗址是一处古蜀中心遗址。2001 年 2 月 8 日下午，中房集团成都房地产开发总公司在成都市西郊的青羊区金沙村修建"蜀风花园城"大街，在开挖下水沟时发现了大量的玉石器、铜器和象牙。成都市文物考古研究所同志立即赶赴现场，根据《中华人民共和国文物法》有关规定责令施工单位立即停工，落实工地安全及保卫措施，于次日组织工作人员开展发掘工作。

遗址墓葬均为竖穴土坑墓，西北—东南向，头向以朝东南为主。墓葬内有象牙堆积，共分 8 层，单件最长者近 150 厘米，初步鉴定系亚洲象。在坑内还存有大量的玉器和铜器。金沙遗址所

---

① 四川省文物管理委员会、四川省文物考古研究所等：《成都十二桥商代建筑遗址第一期发掘简报》，《文物》1987 年第 12 期；张肖马：《古蜀文化的瑰宝——成都十二桥商代遗址》，《文史杂志》1987 年第 5 期；张肖马：《成都十二桥遗址发掘纪实》，《文物天地》1996 年第 6 期。

出的金、铜、玉、石器等，总体风格与三星堆1、2号坑出土器物一致，如金面具、金带、铜立人像、铜璧形器、铜方孔形器、玉璋等，表明这两个遗址有着较为密切的渊源。但金沙遗址也显示出较强的自身特色：金器数量大，形制多样；玉器数量多，种类齐全；出土了众多的圆雕石像，还出土了大量象牙和数以万计的陶器及残陶片。该遗址年代相当于商代晚期至春秋前期。金沙遗址的发现，极大地拓展了古蜀文化的内涵与外延，对蜀文化起源、发展、传播的研究有着重大意义。

金沙遗址被评选为2001年全国十大考古发现。2005年8月16日，商周太阳神鸟金饰图案从1600余件候选图案中脱颖而出，被定为中国文化遗产标志，同时也是成都城市标志的核心图案。2007年，在金沙遗址的基础上新建了金沙遗址博物馆，现有文物藏品万余件，其中一级文物364件、二级文物311件、三级文物319件。金沙遗址博物馆作为成都旅游标志性景观之一，吸引着众多国内外的游客。[①]

四、云南剑川海门口遗址

剑川海门口遗址位于云南省大理白族自治州剑川县甸南镇海门口村剑湖出水口南部，现存面积5万多平方米。该遗址于2008年被评为全国考古十大发现。

1957年，剑川县当地政府维修水利设施时在施工过程中发现了大量古代木桩，出土石器、骨器、铜器以及较多动物骨骼。云南省博物馆文物工作队得知消息后立即到当地进行局部发掘，由

---

① 成都市文物考古研究所等：《成都市金沙遗址"兰苑"发掘简报》，《成都考古发现》2001年；成都市文物考古研究所：《金沙遗址蜀风花园城二期地点发掘简报》，《成都考古发现》2001年；成都市文物考古研究所：《成都金沙遗址的发现、发掘与意义》，《四川文物》2002年第2期；黄剑华：《金沙遗址：古蜀文化考古新发现》，四川人民出版社2003年版。

于这次偶然的发现，海门口遗址映入了人们的眼帘。

第一次发掘是配合河道拓宽、淘挖工程来开展的，只进行了6天的清理工作。发掘范围内出土了部分遗物，分布有较多木桩，桩柱高约300厘米、直径10～15厘米，排列无规律，疏密不一，参差不齐，其间有掉落的横木。1978年4月对海门口遗址进行第二次发掘，清理面积共215平方米，发掘地点在遗址区的南部靠水位置。发掘探方内共保存有木桩柱226根，粗细不等，疏密不一。据考证，这些木桩应为古代水上建筑的框架，属早期的干栏式建筑形态。① 前两次发掘共出土铜器26件，种类有斧、钺、锛、镰、凿、刀、镯、装饰品等。出土石器350余件，种类有钺范、斧、锛、刀、凿、镞、锥、针、磨盘、环形器、纺轮、砺石等。考古专家根据取样测定该遗址的年代相当于商周时期。剑川海门口遗址被视为云南省内迄今出土铜器年代最早的古文化遗址。

为了进一步研究这处重要遗址，2007年12月，国家文物局批准对海门口遗址进行第三次考古发掘。最新发掘揭示了该遗址各时期居住区分布及演变的大致规律。新石器时代居址主要分布于河西西南高地上，青铜时代居址主要分布于河西较低区域及河东区。据推测，海门口先民多逐水

图1-1 剑川海门口遗址

① 云南省博物馆筹备处：《剑川海门口古文化遗址清理简报考古通讯》1958年第6期；赵永勤：《"干栏文化"和云南古代的"干栏"式建筑》，《云南民族学院学报》1984年第3期。

而居。最新考古研究基本确认了河东区遗址边界，并对其文化内涵有了初步了解，河东区、河西区时代上大致可以衔接，干栏式建筑、磨光黑陶及部分石器存在明显的延续性。这拓展了海门口遗址的空间范围，丰富了其文化内涵。

海门口遗址是目前中国乃至世界上所发现的最大的水滨木构干栏式建筑聚落遗址，出土的铜器和铸铜石范以确切的地层关系证明了该遗址为云贵高原最早的青铜时代遗址，滇西地区是云贵高原青铜文化和青铜冶铸技术的重要起源地之一。[1]

五、永平新光遗址

新光遗址位于云南省大理白族自治州永平县县城东部，现博南路西段，海拔1600余米。

新光遗址发现于1993年5月，遗址的发现也与城市建设有关，在当时县城博南路的建设过程中发现了大量石器、陶片。云南省、大理白族自治州、永平县文管部门均派员做了调查，确认是一处新石器时代遗址，并以城东新光街命名。经报请国家文物局同意，于1993年12月14日开始首次发掘，到1996年1月曾先后5次对新光新石器文化遗址进行抢救性的发掘，发掘面积2700平方米。遗址发掘出土大量的石器和陶器，偶见食草动物马、鹿牙出土，但都已腐朽。陶质分为夹砂陶和泥质陶两种。石斧、刀、锥等不多，出土大量锛、矛和镞，尤其是各种中、小型

---

[1] 云南省博物馆筹备处：《剑川海门口古文化遗址清理简报》，《考古通讯》1958年第6期；肖明华：《云南剑川海门口青铜时代早期遗址》，《考古》1995年第9期；李晓岑、韩汝玢：《云南剑川县海门口遗址出土铜器的技术分析及其年代》，《考古》2006年第7期；闵锐：《云南剑川县海门口遗址第三次发掘》，《考古》2009年第8期；闵锐：《云南剑川县海门口遗址》，《考古》2009年第7期；闵锐：《剑川海门口遗址综合研究》，《学园》2013年第15期；云南省文物考古研究所官方网站：http://www.ynkgs.cn，2018年1月17日，2018年1月23日发布。

锛，占了出土石器的大部分。关于遗址的年代，据对遗址地层中采集的 4 个碳十四标本测定，距今 3700 至 4000 年，属于云南新石器时代的中晚期。

遗址有灰坑、水沟、房子等遗迹，在水沟的沟底发现大量的炭化稻和植物子实。房屋分为干栏式和半地穴式两种。遗物包括石器和陶器两大类。石器均为磨制精制的斧、锛、刀、镰、镞等。陶器均为手制的罐、尊、壶、钵、缸、盆、杯、勺、空三足器等。新光遗址出土的陶器全部为手制，并且有相当数量的磨光陶，制作精美。

该遗址文化内涵所代表的是一种全新的考古学文化，被有关专家称为"新光类型"。新光遗址的地理环境，除了依山傍水，有较为平坦的地面便于人群栖息、活动外，附近还有肥沃的土地和广阔的森林带。从发掘的牛齿骨来看，饲养业与原始农业相伴发展。遗址出土较多的石镞、石矛，表明狩猎、捕鱼、采集在居民生活中仍占有重要的地位。[1]

六、楚雄万家坝墓群

万家坝古墓群位于云南省楚雄彝族自治州楚雄市东南、龙川江支流清龙河的西岸，东距清龙河约 1 千米，海拔 1800 米，台地高出清龙河河面约 30 米。当地土质为酸性红壤，下层为中生代白垩纪的红色砂页岩。

这里原为荒山坡地，1973 年后被开垦为农田。楚雄万家坝古墓群是 1974 年 3 月在农田基本建设中被发现的。云南省文物工作队于 1975 年 5 月在此发掘大墓一座，同年 10 月至 1976 年 1 月正

---

① 李昆声：《云南考古学通论》，云南大学出版社 2019 年版。

式发掘。

万家坝墓群皆为竖穴土坑墓，未见封土或其他标志。各墓口一般见于耕土层下 0.5 米左右。发掘区大多在台地顶部开出的二层梯地的范围之内，南北长约 65 米，东西宽为 30 米，发掘面积约 3000 平方米，共发现古墓 79 座。其中大墓 13 座，多数位于发掘区的中部，小墓则分布在大墓的两侧，墓葬分布密集且有相互叠压、打破的现象。墓室基本为长方形，多圆角，填红褐色花土。大墓一般长 5 米，宽 2 ~ 3 米，深 5 米；小墓一般长 2 ~ 3 米，宽 1 米，深 2 米。许多墓的墓壁有明显加工拍打的痕迹。有的墓穴边上竖有边桩，墓底铺有垫木，有的有两层台与腰坑，一些墓的墓口很不规则。大墓多数有棺，可分有盖复合棺、有盖独木棺与无盖棺等，极为厚实。发掘的 79 座墓中 54 座有随葬品，计 1245 件，其中铜器有 1002 件，其余有陶、木、玛瑙、琥珀、绿松石、锡器等。该墓葬分为两类，其年代经中国科学院考古研究所、北大历史系及文物保护研究所实验室测定：Ⅰ类墓以万家坝 M1 墓葬为代表，棺木年代为距今 2375 ± 80 年或 2350 ± 85 年；Ⅱ类墓以 M23 墓葬为代表，测其棺木年代为距今 2405 ± 80 年或 2640 ± 90 年、2635 ± 80 年。由此推断，万家坝Ⅱ类墓的年代相当于中原地区的春秋晚期至战国时期，万家坝Ⅰ类墓似可定在西周至春秋早期，[①]是早期南方丝绸之路上重要的古墓群。

---

① 云南省文物工作队：《楚雄万家坝古墓群发掘报告》，《考古学报》1983 年第 3 期。

七、大理银梭岛遗址

银梭岛遗址位于大理白族自治州大理市海东镇洱海东侧偏南。银梭岛与湖岸间的湖水很浅，每年枯水季节，岛与岸之间的水域成为沼泽，岛东南有一道现代修建的堤坝与湖岸相连。银梭岛海拔1988.49米，与洱海水平面相对高度27米，面积仅25000平方米。2000年，云南省文物考古研究所和大理市博物馆对银梭岛遗址进行调查，发现一处堆积丰富的贝丘遗址。但由于附近村民不时取遗址堆积土作为肥料，遗址上部堆积已遭破坏。2003年10月至2004年5月进行了第一次考古发掘，发掘面积300平方米；2006年3月至6月进行了第二次考古发掘，发掘面积300平方米。银梭岛遗址有丰富的建筑遗迹，包括石房、石墙、木桩、柱洞等多样化的建筑构件。出土物较为丰富，两次发掘出土石器网坠、斧、刀、锛、镞等遗物2万余件、陶片约40吨、动物骨骼标本等12585件。银梭岛遗址发掘被评为2007年中国十大考古发现。

该遗址分为4期。第一期未出铜器，为云南新石器时代的中晚期，第二、三、四期出土了铜器，为云南青铜时代的早期和中晚期。有关遗址年代问题，有关专家已对银梭岛遗址进行碳十四测年，得出了相对可靠的绝对年代数据。经树轮校正，第一期绝对年代是公元前3000—前2400年，第二期绝对年代是公元前1500—前1100年，第三期绝对年代是公元前1200—前900年，第四期绝对年代是公元前900—前400年。[①]

---

① 云南省文物考古研究所等：《云南大理市海东银梭岛遗址发掘简报》，《考古》2009年第8期；赵莹：《云南银梭岛遗址出土的动物遗存研究》，2011年吉林大学文学院硕士论文。

南方丝绸之路研究丛书 · 文物考古卷

八、云南、贵州、四川发现的岩画（崖画）

在南丝路沿途周边也分布着不少的早期岩画（崖画）。四川的岩画如宜宾珙县麻塘坝岩画等。目前云南岩画（崖画）数量较多，分布在云南怒江、澜沧江、珠江（南盘江）、红河和金沙江五大水系流经的地域，包括沧源岩画群、耿马的大芒光岩画、怒江匹河及腊斯底崖画，这些都在云南的西南部；另有元江它克岩画、麻栗坡大王岩岩画、老银山崖刻画、西畴狮子山岩画以及云南中部的石林岩画、宜良阿陆龙崖刻画、弥勒金子洞岩画、丘北狮子山岩画。邓启耀认为："云南由于多元文化交融，其岩画也集纳了更多的文化因子，从某种意义来说，中国岩画的基本文化类型和艺术形式都可以在云南岩画中找到。"①

沧源岩画是云南众多岩画的代表。沧源县位于云南西南边境，其西面和西南面与缅甸接壤。全境多山多河，大多数岩画底部距离崖底 1～2 米或 6～7 米。其使用的色彩均为红色，有些红色深一些，呈紫红，有些红色淡一些，呈朱红色。这些都是以当地出产的赤铁矿为主要原料的，也可能混杂了虎豹血或者人血。②盖山林认为，中国岩画分为南北两个系统，北方系统多磨刻，南方系统多绘制。云南发现的岩画大多是岩绘而成，一般用手指、毛刷或植物蘸上赭石制成的颜料画成。③岩画主题方面，描绘了什物、房屋、动物、巫师作法、图腾、太阳神及其他神话人物等，内容丰富。例如沧源岩画中人物装饰就有头插羽毛、头饰兽尾、头饰兽角、身饰羽毛或披羽毛、耳戴饰物者。动物则有牛（水牛、瘤牛）、马、猪、狗、象、猿猴、虎、豹、马鹿、麂

---

① 邓启耀：《云南岩画艺术》，云南人民出版社 2004 年版，第 5 页。
② 邓启耀：《云南岩画艺术》，云南人民出版社 2004 年版，第 5 页。
③ 盖山林：《丰富多彩的中国岩画》，《化石》1987 年第 3 期。

子、野猪、蟒蛇和各种鸟类。①

　　贵州的岩画分散在全省各地，例如关岭布依族苗族自治县华江和牛角井、六枝桃花洞、马马岩、贞丰七马岩、开阳画马岩、丹寨银子洞、威远青龙洞、安顺金坝、龙里县谷脚镇巫山大岩脚等。

　　这些岩画（崖画）保存至今十分不易，它们以其质朴、稚拙的美学风格和独具特色的画面还原了先民们的部分社会生产生活和精神世界，诉说着早期南方丝绸之路上的故事。

① 汪宁生：《云南沧源崖画的发现与研究》，文物出版社 1985 年版，第 68—89 页。

抱布贸丝——先秦时期南方
丝绸之路沿线的重要文物与对外交流

一、蜀布和邛竹杖

谈到南方丝绸之路上的丝，不能不提及养蚕缫丝的祖先——嫘祖。嫘祖又名累祖，为轩辕黄帝的元妃。相传是她发明了养蚕，史称"嫘祖始蚕"。嫘祖出身于四川盐亭，后来嫁给黄帝，称为元妃。距今 4000 多年的黄帝时代，四川茂县叠溪蜀之先王蚕丛氏兴起，蚕丛教民养蚕，促进了养蚕业的发展。而嫘祖氏族与岷江上游的蜀山氏通婚，促成了蜀山氏从饲养野蚕到饲养家蚕的重大历史性转变。这些都是南方丝绸之路起点成都平原的神话故事，虽只为传说，但不难看出其中所反映的当地早期养蚕织丝的情况。

中国早在商周时期，丝绸的织造工艺就已经达到先进水平。四川是南方丝绸之路的起点，也是丝绸织品的原产地之一，早在商周时期，蜀地丝绸业就发展得很好。广汉三星堆青铜大立人像头戴的兽首花冠和身着的长襟衣服所缀饰的凹凸不平的各种花纹，都显示出蜀锦和蜀绣的特征。^①蜀人善于丝织，"蜀"字的甲骨文就很像蚕。不少学者认为，张骞在大夏看到的"蜀布"其实就是蜀地生产的丝绸。阿富汗喀布尔附近发掘的亚历山大城的一座堡垒中，曾出土大量中国丝绸。据研究，这批丝绸是由南方丝绸之路转运到中亚的蜀国丝绸。^②而喀布尔就是丝绸之路上的重要枢纽，所以这批丝绸出现在那里不是偶然的。^③

《古文苑·扬雄〈蜀都赋〉》里提到："筒中黄润，一端（二丈或六丈）数金。"章樵注引司马相如《凡将篇》："黄润纤美宜制禅。"《文选·左思〈蜀都赋〉》："黄润比筒，蠡金所过。"刘逵注："黄润，谓筒中细布也。"清人吴伟业《木棉吟》："哀牢白叠贡南朝，黄润筒中价并高。"这些都是对蜀布的文字记载。印度考古所前任所长乔希曾指出，古梵文文献中的印度教大神都喜欢穿中国的丝绸，湿婆神尤其喜欢黄色蚕茧的丝织品。^④而这种黄色的丝织品有学者考证指出，应该就是扬雄所说的"一端数金"的黄润细布。^⑤

季羡林先生曾说过：古代西南，特别是成都，丝业极为茂盛，这一带与缅甸接壤，一向有便利的交通条件，中国输入缅甸，通过缅甸又输入印度的丝的来源地不是别的地方，就正是这一带。^⑥

在广汉三星堆 2 号祭祀坑出土的青铜大立人像，头戴花冠，身着内外三重衣衫，外衣长及小腿，胸襟和后背有异形龙纹和起伏的各种繁缛的花纹，其冠、服所表现的就是早期蜀地绣法的高

① 陈显丹：《论蜀绣蜀锦的起源》，《四川文物》1992 年第 3 期。
② 童恩正：《略谈秦汉时代成都地区的对外贸易》，《成都文物》1989 年第 2 期。
③ 段渝：《中国西南早期对外交通——先秦两汉的南方丝绸之路》，《历史研究》2009 年第 1 期。
④ 谭中、耿引曾：《印度与中国——两大文明的交往与激荡》，商务印书馆 2006 年版，第 71—72 页。
⑤ 段渝：《中国西南早期对外交通——先秦两汉的南方丝绸之路》，《历史研究》2009 年第 1 期。
⑥ 季羡林：《中国蚕丝输入印度问题的初步探究》，见《中印文化关系史论文集》，生活·读书·新知三联书店 1982 年版，第 75 页。

南方丝绸之路研究丛书 文物考古卷

超技巧。（图1-2）由于成都平原土壤呈酸性，因此地下埋藏的丝织品保存十分困难，我们可以通过三星堆出土人像上的精美纹饰来窥见早期的丝织业风貌。

2012年7月至2013年8月，成都市金牛区天回镇老官山西汉墓地2号墓出土了4部蜀锦提花织机模型。（图1-3）2号墓墓主人是位50岁左右的女性，而在她的棺木底部陪葬着4台高约50厘米的结构复杂的木质织机模型。这些织机模型上还缠着彩色丝线，周围还有15件彩绘木俑。这是迄今我国发现的唯一有出土地点、完整的西汉时期织机模型。^①到三国时期，蜀锦生产和贸易更

图1-2 三星堆出土的青铜大立人像正面下半部衣饰，三星堆博物馆藏

图1-3 成都老官山汉墓出土的汉代提花织机模型，成都市博物馆藏

加兴隆，以至于垄断了中原和江东的丝绸贸易市场，三国时期的曹丕说："前后每得蜀锦，殊不相似。"^②由此可见蜀锦品种、样式和色彩之丰富。

南方丝绸之路上的云南江川李家山69号墓出土了一件描绘纺织场面的贮贝器。（图1-4）这件器物是南方丝绸之路上反映纺织

---

① 冯永德：《浅谈成都老官山汉墓出土蜀锦织机》，《四川蚕业》2013年第4期；成都文物考古研究所：《成都"老官山"汉墓》，《中国文物报》2013年12月20日。

② 欧阳询：《艺文类聚》卷八五《布锦部》，汪绍楹校，上海古籍出版社1965年版，第1457页。

图1-4 纺织场面铜贮贝器，李家山青铜器博物馆藏

图1-5 铜贮贝器局部描绘的纺织场面，李家山青铜器博物馆藏

活动的一件重要的文物。其器盖上雕有10名女性，正中一位通体鎏金的贵妇跪坐在中央的铜鼓上，身旁有3位侍女，一名为其执伞，一名用盒子捧送食物，另一名跪在一旁等待命令，而剩下的6个人都在从事纺织活动。整个器物中有4位女性在用腰机织布，剩下两位女性在面对面整理纺线。（图1-5）另外，在石寨山1号墓也出土过一件纺织场面贮贝器，现藏于中国国家博物馆。石寨山和李家山墓葬里均出土过青铜纺织部件。这些都反映了南方丝绸之路上的纺织业兴盛状况。①

图1-6 蚕纹铜戈，成都市博物馆藏

成都交通巷曾出土过一件战国时期的蚕纹铜戈，长25.2厘米，宽6.3厘米。在此件铜戈的援部装饰有兽头形的图案和云雷纹，内部正反两面都饰有蚕纹。（图1-6）蚕纹是青铜器上传统装饰纹样的一

① 云南省文物考古研究所等：《江川李家山——第二次发掘报告》，文物出版社2007年版，第129—131页。

种，盛行于商代初期。

《说文解字》记曰："蚕，任丝虫也。"蚕头圆，两眼突出，身体呈屈曲状。从"蜀"字的甲骨文很像蚕，到蚕纹文物和西汉的画像（砖），都可以反映出成都平原早期蚕桑纺织的兴盛情况，所以才将蚕纹饰在器物上。

今天成都也被称作"锦城"，因为汉代时成都经济非常繁荣，特别是织锦业尤其发达，成为重要经济来源，于是政府在成都专门设置锦官管理，并在成都城西南修筑锦官城（即锦城）。诗圣杜甫在公元 759 年冬天，为避安史之乱，携家人由陇右入蜀，留下了不少关于锦官城的诗句，其中有一首著名的《春夜喜雨》："好雨知时节，当春乃发生。随风潜入夜，润物细无声。野径云俱黑，江船火独明。晓看红湿处，花重锦官城。"另外，还有一个美丽的传说，据说当时成都织工们把织好的锦拿到江中洗濯后，发现其色泽更加鲜艳夺目。因此这条江就有了一个响亮名字"锦江"，而织锦工们住的地方也被称为"锦里"。今天锦里成为到成都的游客必去景点之一。

邛竹杖历来是人们所喜爱的珍品，历代名士也都对其有所着墨。例如王羲之《邛竹杖帖》（原作已遗失，只存拓片资料，图 1-7）里写道："去夏得足下致邛竹杖，皆至。此士人多有尊老者，皆即分布，令知足下远惠之至。"①曾领右将军的王羲之把邛竹杖分送给年龄偏大的士人们，可见邛竹杖是馈赠有地位的老年士人不错

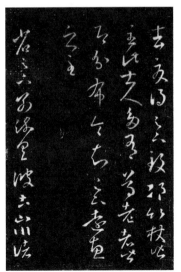

图 1-7 邛竹杖帖

① 杜浩：《王羲之十七帖》，安徽美术出版社 2014 年版，第 10 页。

的礼物。宋代诗人黄庭坚《次韵德孺新居病起》里就有关于筇（邛）竹的绝妙诗句：

潭潭经略府，寂寂闭门居。

京洛圣贤宅，江湖鱼鳖潴。

官如一梦觉，话胜十年书。

稍喜过从近，扶筇不驾车。

值得一提的是，1958 年邛竹杖曾被作为礼品送给毛泽东、朱德、贺龙以表深情，得到了党和国家领导人的高度评价。从张骞在大夏看到邛竹杖到今天，在 2000 多年的风雨历程中，邛竹杖无疑是古今南方丝绸之路最好的见证者。

二、象牙

1986 年 7 月，三星堆 1 号祭祀坑出土了 13 支象牙。据考古报告描述，1 号祭祀坑内还堆积着约 3 立方米的较大型动物的骨渣。经专家考证推测，这些骨渣很有可能是大象骨骼之遗。而在 1986 年 8 月，三星堆 2 号祭祀坑又发现了 60 多支象牙，这些象牙纵横交错地覆盖在最上层。除了象牙外，还发现了一些象牙珠，出土时珠饰多盛放于尊、罍等青铜礼器中，很有可能是献给神灵的祭品。（图 1-8、图 1-9）金沙遗址出土了数量更多的象牙，总重量约为 1 吨。（图 1-10）

经专家考证，三星堆和金沙遗址的大批象牙不是原产于当地的象牙。在诸多考古遗址中所发现的动物骨骼残骸，经比较后发现，除了家猪占很大比例外，还有野猪、鹿、羊、牛、狗、鸡等

南方丝绸之路研究丛书 文物考古卷

图 1-8 三星堆 2 号祭祀坑出土的一根象牙，三星堆博物馆藏

图 1-9 三星堆 2 号祭祀坑出土的象牙珠，三星堆博物馆藏

图 1-10 金沙遗址出土的象牙，金沙遗址博物馆藏

图 1-11 晋宁石寨山墓葬出土的象牙残片，云南省博物馆藏

骨骼。成都平原除了三星堆祭祀坑和金沙遗址外，别处没有发现大象骸骨。

人们普遍认为南方象多，特别是云南产象，这其实是一个误会。史籍中关于云南大象产地的记载仅涉及今云南的一小部分区域，如西双版纳、德宏等地，以及在古哀牢国以南的地区，云南东部、东北部、滇池和洱海区域古今均无产象的记载，并不是云南很多地方都有象。段渝先生推测三星堆和金沙遗址的象牙是从印度引进而来的。①

笔者认为，从南方丝绸之路起点成都平原到滇池、洱海区域均不产象，但石寨山 12 号墓确实出土了一包残碎象牙，这和先前的三星堆、金沙遗址一样，都是早期南方丝绸之路传播的一个证

① 段渝：《中国西南地区海贝和象牙的来源》，见中国中外关系史学会等编《中国与周边国家关系研究》，中国书籍出版社 2009 年版，第 60 页；段渝：《中国西南早期对外交通——先秦两汉的南方丝绸之路》，《历史研究》2009 年第 1 期。

据。[1]（图 1-11）

　　于是天子乃令王然于、柏始昌、吕越人等，使间出西夷西，指求身毒国。……岁余，皆闭昆明，莫能通身毒国。[2]

　　昆明之属无君长，善寇盗，辄杀略汉使，终莫得通。然闻其西可千余里有乘象国，名曰滇越，而蜀贾奸出物者或至焉。[3]

　　这里的滇越（乘象国），部分专家考证认为可能是印度古代史上的迦摩缕波国（个没卢国），故地在今天的东印度阿萨姆邦。[4] 而文献中将其称呼为乘象国，可见滇越国也是有大象存在的。这些都表明了古代中国通过南方丝绸之路和印度（身毒）交流的事实。

三、海贝

　　据已故著名钱币学家彭信威研究，在亚洲、美洲、非洲和欧洲的大部分地区都存在过"一个使用贝的时期"[5]。中国也不例外，大部分地区早期使用海贝。《盐铁论·错币第四》记载："弊（币）与世易，夏后以玄贝，周人以紫石，后世或金钱刀布。"[6] 商代卜辞和铜器铭文里就存在"锡贝""囚贝""赏贝"等字样。以《说文·贝部》为例，其中收录以贝为主要构件的字多达 59 个。[7] 时至今日，很多和财富有关的现代汉字还都以"贝"作为

---

① 段渝：《中国西南地区海贝和象牙的来源》，见中国中外关系史学会等编《中国与周边国家关系研究》，中国书籍出版社 2009 年版，第 56—61 页。
② 司马迁：《史记·西南夷列传》，中华书局 1959 年版，第 2995—2996 页。
③ 司马迁：《史记·大宛列传》，中华书局 1959 年版，第 3166 页。
④ 汶江：《滇越考》，见朱东润等编《中华文史论丛》第 2 辑，上海古籍出版社 1980 年版，第 61—66 页。
⑤ 彭信威：《中国货币史》，上海人民出版社 1958 年版，第 13 页。
⑥ 桓宽：《盐铁论读本》，郭沫若校订，上海人民出版社 1975 年版，第 60 页。
⑦ 许慎：《说文解字》，中华书局 1963 年版，第 130—131 页。

偏旁。

对于远离大海的政治核心区抑或是高原山区的人们来说，受地理条件等诸多限制，外来品海贝异常珍贵。到了春秋战国时期，在社会经济发展较快的黄河流域，贝币便跟不上社会水平的发展，逐渐被金属货币所替代，以致期间出现向金属货币形态过渡的铜贝。除了早期的保德铜贝外，楚国从战国早期（约公元前5世纪）开始铸造并使用一种特殊钱币——具有海贝形态的铜币"蚁鼻钱"，至其灭国。此"蚁鼻钱"虽保持了原有的贝币形态，却是用铜铸造。六国灭亡后，秦始皇在全国范围内推行外圆内方的"半两"钱，大额交易用称量货币黄金，而海贝等原始货币和六国货币被废弃。两汉之间王莽曾短暂推行恢复贝币使用，其后历代王朝国家层面上就没有再出台使用贝币的政令。

1986年，三星堆遗址出土了4000多枚海贝和一些青铜铸造的海贝。（图1-12、图1-13）有意思的是，海贝就装在尊、彝或者青铜人物头像等容器内，出土时有的玉器和海贝已倾倒在地上。这些青铜容器外表涂朱，收藏时将海贝和玉器、金器装在一起视为宝物。[①] 而继三星堆遗址之后发现的成都金沙遗址，还曾出土一枚玉

图1-12 三星堆出土的海贝，三星堆博物馆藏

图1-13 三星堆出土的铜海贝，长约6厘米，宽3.4厘米，三星堆博物馆藏

① 莫洪贵：《广汉三星堆遗址海贝的研究》，《四川文物》1993年第5期。

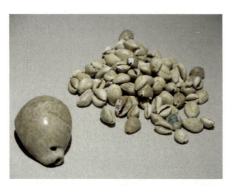
图1-14 云南晋宁石寨山、江川李家山出土的不同种类的海贝

贝。[1]《读史方舆纪要》里曾描写过这样一幅画面："蜀川土沃民殷，货贝充溢，自秦汉以来迄于南宋，赋税皆为天下最。"[2]

对云南而言，其最早的海贝被发现于古滇国墓葬里。出土海贝分为紫贝和环贝两种：紫贝背部呈紫色，长约4.8厘米。环贝背部有一圈黄色，稍小一些，1.7～3厘米长都有发现，大部分长约2.6厘米。出土的海贝中"环纹贝"数量最多。（图1-14）

海贝并非云南本地产物，有学者认为来自印度洋和西太平洋水域，并分布在交换沿线上经济较为发达的地区。[3]与云南相依的东南亚、南亚一些国家使用海贝时间较长，对云南用贝有一定影响。例如印度、斯里兰卡（旧称"锡兰"）和东南亚国家历史上早期同样有使用海贝作为货币的记载。《印度史》中提到："……在孔雀帝国时代引入（银币），用于日常流通，与铜币和贝壳一样。不过村庄和农村地区的经济一直保持互助和非货币状态，根据出生种姓按照以货易货的层次式惠顾模式提供传统服务。"[4]《印度史》作者斯坦利·沃尔波特等人认为，孔雀帝国时期贝壳、铜币和银币共同在市场上流通。在尼古拉斯、帕拉纳维达纳所著《锡兰简明史》里也提到："……玛瑙贝，可能还有一种虫漆制造的圆形物品，是当作货币使用的。"[5]玛瑙贝在早期锡兰用作货币，

① 朱章义等：《成都金沙遗址的发现、发掘与意义》，《四川文物》2002年第2期。
② 顾祖禹：《读史方舆纪要》（卷六六），贺次君、施和金点校，中华书局2005年版，第3129页。
③ 云南省钱币学会：《云南货币简史》，云南民族出版社2002年版，第13页。
④ 〔美〕斯坦利·沃尔波特：《印度史》，李建欣、张锦冬译，东方出版中心2013年版，第74页。
⑤ 〔斯里兰卡〕尼古拉斯、〔斯里兰卡〕帕拉纳维达纳：《锡兰简明史》，李荣熙译，商务印书馆1972年版，第170—171页。

供日常零星交易或找零之用。

泰国货币体系受中国货币影响很深。铢是中国古代重量单位，国家计量总局编《中国古代度量衡图集》记载，汉代一两为15.6克，为24铢，汉代曾铸过"三铢钱""四铢半两""五铢钱"，而泰国现在的货币名称还称为"铢"，早年的纸币上也印有汉字"铢"。泰国到20世纪初才废弃贝币，其贝币主要从马尔代夫进口。这间接说明了早期南亚和东南亚国家大多也是使用海贝的。

在古代，人们相信死后陪葬的东西可以带到另一个世界享用，故厚葬之风盛行。考古发现，云南只有昭通、昆明、玉溪、大理和丽江等地有出土战国秦汉时期海贝，而以滇池为中心的古滇文化区域发现数量最多。1988年，王大道先生曾做过系统性的相关整理研究。[1]据统计，各墓葬出土海贝合计774千克，约为16.3万枚，整理如下（表1-1）：

表1-1　云南出土海贝一览表[2]（截至2017年6月）

地点	出土贝数量	备注
晋宁石寨山古墓群（战国到西汉）	先后开展5次发掘，1955年至1960年进行过4次发掘，总计出土海贝约14.9万枚，重400余千克，1996年第五次发掘出土海贝约24千克	多贮藏于青铜贮贝器内

① 王大道：《云南出土货币初探》，《云南文物》1987年12月（总第22期）。

② 云南省博物馆考古发掘工作组：《云南晋宁石寨山古遗址及墓葬》，《考古学报》1956年第1期；云南省博物馆：《云南晋宁石寨山古墓群发掘报告》，文物出版社1959年版；云南省文物工作队：《云南大关、昭通东汉崖墓清理报告》，《考古》1965年第3期；云南省博物馆：《云南江川李家山古墓群发掘报告》，《考古学报》1975年第2期；昆明市文物管理委员会：《呈贡天子庙滇墓》，《考古学报》1985年第4期；云南博物馆文物工作队：《云南剑川鳌凤山墓地发掘简报》，《文物》1986年第7期；云南省文物考古研究所：《剑川鳌凤山古墓发掘报告》，《考古学报》1990年第2期；刘世旭：《"南方丝绸之路"出土海贝与贝币浅论》，《中国钱币》1995年第1期；云南省文物考古研究所等：《江川李家山——第二次发掘报告》，文物出版社2007年版，第226页；云南省文物考古研究所：《晋宁石寨山——第五次发掘报告》，文物出版社2009年版；云南省文物考古研究所、吉林大学边疆考古研究中心：《云南澄江县金莲山墓地2008—2009年发掘报告》，见云南省文物考古研究所编《石寨山文化考古发掘报告集》，科学出版社2016年版，第6页。

地点	出土贝数量	备注
江川李家山古墓群（战国到西汉）	第一次发掘的贝总数约 1.2 万枚，重 300 余千克，第二次发掘了总共 50 余千克的海贝	均出于墓主头端，多为堆放，只有 24 号墓的贝贮于倒置的铜鼓中
呈贡天子庙墓葬（只有战国中期的 M41 出土贝）	海贝 1500 多枚	
澄江金莲山（春秋至东汉）	约有数百枚	部分墓葬出土的海贝有穿孔，有的还有涂朱现象
剑川鳌凤山古墓群（战国末到西汉初）	海贝 47 枚	M81、M155、M159 三座墓所出，除 1 枚贝（M155:4）保持原状外，其余底部磨平，平整光滑，出于死者头部
石鼓至巨甸间格子石棺葬（东汉）	海贝 10 枚	

图 1-15 晋宁石寨山出土刻纹铜片，云南省博物馆藏

海贝在云南一般都伴随高等级墓葬出土，且出土的数量众多。与同时代周围的中、低等级墓葬相较而言，后两者则几乎没有出土过海贝。这说明海贝只有少量高等级阶层才有机会拥有及使用。

另外，石寨山 13 号墓出土的一件刻纹铜片将海贝比价情况做了说明：在 1 个虎头下面画了 1 个贝，又在 1 个豹头下面画了 2 个贝（另一豹头是 2 个计数的圆圈，所以表示 2 个贝）。（图 1-15、图 1-16）汪宁生先生解释了它的含义：1 只虎价值 1 个或 10 个贝，1 只豹子价值 2 个或 20 个贝。[1] 这说明海贝作为一种货币等价物，在市场上得到大家的认可，并且有着不菲的价值。

---

[1] 汪宁生：《试释云南晋宁石寨山出土铜片上的图画文字》，《文物》1964 年第 5 期。

段渝先生在综合分析了中国西南地区出土的来源于印度地区的海贝情况后，指出将这些出土海贝的地点连接起来，正是中国西南与印度地区的古代交通线路——蜀身毒道。[①]而关于海贝的产地，学者比较一致的意见是这些海贝来自印度洋和西太平洋水域，即包括现在的印度半岛，菲律宾，我国台湾、海南岛、西沙群岛等地。[②]小小的海贝既是通行在古滇国境内的货币，也是古滇国贵族对外交易的主要"外汇"。历史上，绝大部分地区均有使用贝类作为原始货币的记载，且使用的贝类与贮贝器中的贝壳均属于同类。在远离大海的三星堆和金沙遗址都有海贝和仿真铜贝出土，令人不得不感慨，海贝见证了南方丝绸之路上古滇国与南亚、东南亚各国频繁的往来贸易。

图 1-16 刻纹铜片线图

四、青铜人头、人像和金面具

在公元前 3000 年初的两河流域，西亚美索不达米亚地区就形成了青铜雕像文化传统：在乌尔发现了这个时期的青铜人头像，在尼尼微发现了阿卡德·萨尔贡一世的大型青铜人头雕像等。[③]而且很多地方出土的青铜人头雕像上都会覆盖黄金面罩。如叙利

---

① 段渝：《南方丝绸之路：中—印交通与文化走廊》，《思想战线》2015 年第 6 期。
② 林文勋：《"贝币之路"及其在云南边疆史研究中的意义》，《中国边疆史地研究》2013 年第 1 期。
③ R.Willis, Western Civlization, vol.1, p.18, 1981.

亚毕布勒神庙地面下发现一尊青铜雕像，亦覆盖着金箔。而埃及最为著名的"黄金面罩"是指图坦卡蒙王陵里的金葬脸面具及金葬具。古埃及法老图坦卡蒙陵墓中也出土有金杖。

埃及最早的青铜雕像约出现于公元前2900年。研究人员于1896年发现了古王国埃及第六王朝法老佩比一世的青铜雕像。在印度，摩亨佐·达罗遗址发现了青铜雕像，虽然数量不多，但制作精美、形态各异，包含舞女、车子和动物等多种形象。①

在南方丝绸之路沿途，三星堆遗址也出土了很多青铜立人。

图 1-17 三星堆出土的金面罩铜头像，宽 22 厘米，高 48.1 厘米，金面罩部分残缺，三星堆博物馆藏

图 1-18 三星堆出土的青铜大立人像，通高 260.8 厘米，三星堆博物馆藏

图 1-19 三星堆出土的青铜人面像，宽 40.8 厘米，厚 0.4 厘米，高 26 厘米，三星堆博物馆藏

① J.Marshalled, Mohenjo-daro and the Indus Civilization, Arthur Probsthain, London, 1931. K. C. Jain, Prehistory and Protohistory of India, Agam Ka la Prakashan, New Delhi, 1979. Bridget and Raymond Allchin, The Rise of Civilization in India and Pakistan, Cambridge University Press, Cambridge, 1982.

有学者认为滇文化受到了蜀文化的影响，例如滇文化出土的铜俑，可能就是以南线路上的蜀青铜人物及动物为造型。[1]三星堆出土的青铜雕像群（图1-17、图1-18、图1-19）探其源头既不在巴蜀本土，也不在中国其他地区。令人惊讶的是这同古埃及和两河流域文明相符合，风格也较为一致，都有着相同的功能，因而极有可能是吸收了近东有关的文化因素进行再创作。三星堆青铜人物雕像神情庄严肃穆，面部特征与中原完全不同，尤其是每件雕像的眼睛大睁，并在整个面部处于突出位置，这同西亚的雕像艺术风格十分接近。而对眼睛的艺术处理，多在脸孔平面上铸成较浅的浮雕，以突出的双眉和下眼眶来显示其深目，这同样是西亚雕塑常见的艺术手法。[2]滇文化墓葬出土的单个青铜人像及部分青铜器（贮贝器等）上比例较小的人物、动植物雕像，仔细研究其文化风格、形态、内涵等，与三星堆的极其相似，并且在南亚、东南亚也存在着类似的发现。[3]

执伞铜俑，晋宁石寨山71号墓出土，出土时铜俑双手作握物状，上下相叠于前胸，手上仅有一铜杆，后来经专家修复，杆顶为坠铃伞盖，因此定名执伞铜俑。铜俑形态为跪态，高约102厘米，椎髻，神情严肃，肩上披帔，腰佩短剑，腹前悬圆形扣饰。铜俑出土于墓主人头部的位置。[4]（图1-20）

图1-20 执伞铜俑，
云南省博物馆藏

---

① 刘弘：《巴蜀文化在西南地区的辐射与影响》，《中华文化论坛》2007年第4期。

② 段渝：《巴蜀古代文明与南方丝绸之路》，见《南方丝绸之路研究论集》，巴蜀书社2008年版，第21页。

③ 范小平：《三星堆青铜人像群的社会内容和艺术形成形式初探——兼与中东地区上古雕塑艺术之比较》，巴蜀书社1993年版，第128页；张弘等：《先秦时期古蜀与近东地区的政治、经济和文化交流》，《阿坝师范学院学报》2020年第2期（第37卷）。

④ 云南省文物考古研究所：《晋宁石寨山——第五次发掘报告》，文物出版社2009年版。

图 1-21 东汉三枝俑铜灯，云南省博物馆藏（杨雪吟拍摄）

云南个旧黑蚂井出土的东汉三枝俑铜灯，为一跪坐状裸体男子，高达 40 多厘米。该男子双手平伸，双手和头顶各有一灯盘，神情谨慎，大眼阔鼻，头部缠绕着丝带，在男子额头前结成竖立小髻。[①]（图 1-21）

相关文献曾记载，秦国灭亡古蜀国后，蜀国开明王朝王子开明泮（蜀泮）带领 3 万余人逃到越南北部创立瓯雒国，他们当时是顺着南丝路南下的。今天我们在成都平原和越南仍能看到有一些相似文化因素的文物。例如著名的三星堆和金沙遗址出土的金面罩（图 1-22、图 1-23）[②]，在越南东南部青铜时代的

图 1-22 三星堆出土黄金面罩，三星堆博物馆藏

---

① 云南省文物考古研究所：《云南考古报告集》（之二），云南科技出版社 2006 年版。
② 四川省文物考古研究所：《三星堆祭祀坑》，文物出版社 1999 年版，第 60 页；侯俭：《神秘的金沙黄金面具》，《金属世界》2008 年第 1 期。

图 1-23 金沙遗址出土的商周大金面具，金沙遗址博物馆藏

图 1-24 越南东南部青铜时代的 Giong Lon 墓葬发现的金面具

Giong Lon 墓葬同样发现了金面具（图 1-24）[1]。该面具的时代约为公元前 1 世纪，这种黄金面具可以窥见越南与成都平原青铜文明之间有着密不可分的关系，也印证了南方丝绸之路通往越南。

五、权杖、铜鼓

权杖

杆头饰是一种动物圆雕的小件铜器，也是礼仪活动的仪仗用具，偶尔也被视为权杖。杆头饰分布在东南欧、北高加索、欧亚大草原、西伯利亚及蒙古高原的广阔地区，并波及西亚的安纳托利亚、伊朗和中国北方长城地带，主要流行于公元前 9 世纪至公元前 3 世纪，此时正是斯基泰文化形成并大肆扩张的时期。随着斯基泰文化的衰落，杆头饰也逐渐衰亡。中国境内的杆头饰集中出现在春秋战国时期，最晚至汉代，主要流行于北方长城沿线和西北地区，与斯基泰文化的东传密切相关。四川、云南一带的杆头饰出现稍晚，应是北方草原文化南下影响的产物。

三星堆 1 号坑出土了一件用纯金皮包卷而成的金杖（图 1-25），金杖上端有 46 厘米长的一段平雕纹饰图案。据考古报告

图 1-25 三星堆出土金杖，三星堆博物馆藏

图 1-26 铜龙头饰
件，三星堆博物馆藏

记录，该金杖金皮内侧有炭化木痕，在距离杖头约 20 厘米处发现一穿孔的铜龙头饰件（图 1-26），推测金杖杖首为青铜龙头，全长 142 厘米，直径 2.3 厘米。①

除了三星堆出土的金杖外，司马迁在《史记·西南夷列传》中描写到西南少数民族地区有很多君长：

西南夷君长以什数，夜郎最大；其西靡莫之属以什数，滇最大；自滇以北君长以什数，邛都最大：此皆魋结，耕田，有邑聚。其外西自同师以东，北至楪榆，名为嶲、昆明，皆编发，随畜迁徙，毋常处，毋君长，地方可数千里。自嶲以东北，君长以什数，徙、筰都最大；自筰以东北，君长以什数，冉駹最大。其俗或土著，或移徙，在蜀之西。自冉駹以东北，君长以什数，白马最大，皆氐类也。此皆巴蜀西南外蛮夷也。

考古方面，在西南少数民族地区特别是云南南方丝绸之路沿线也出土了很多不同形象的杖头，也可能是西南少数民族地区君长们用来区分彼此领地、部落头人的象征，这也是权杖文化内涵

① 四川省文物管理委员会等：《广汉三星堆遗址一号祭祀坑发掘简报》，《文物》1987 年第 10 期。

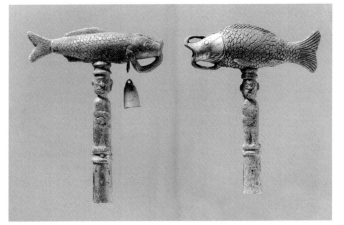

图 1-27 云南江川李家山出土的一对铜鱼杖头，李家山青铜器博物馆藏

一个重要的体现。

例如祥云大波那铜棺里出土的两豹相抱铜杖，通长 125 厘米，径 1.3 厘米，造型美观，生动活泼。①

还有下面这组江川李家山出土的两件铜鱼杖头（图 1-27），两件铜鱼杖头成套出土，整合形制为丁字形。两件器物的鱼口部都咬着一条蛇的中部，而蛇的口部狠狠咬着鱼的胸鳍和腹鳍之间，蛇的尾巴缠着鱼的背鳍。杖头的銎部是一个跪于铜鼓上、佩戴耳环、双手交叉抱臂的人物形象。②

铜鼓

铜鼓起源于春秋时期。云南楚雄万家坝墓地出土了迄今为止世界上最早的铜鼓。铜鼓主要分布在中国南方和东南亚（菲律宾除外）国家。铜鼓在中国南方礼乐文明中的地位，像中原传统礼制中的钟、鼎一样，成为当地早期礼乐文明的象征。前人研究认为铜鼓是由早期炊具青铜釜发展演化的，并兼有礼器和乐器两种

---

① 云南省文物工作队：《云南祥云大波那木椁铜棺墓清理报告》，《考古》1964 年第 12 期。
② 云南省文物考古研究所等：《江川李家山——第二次发掘报告》，文物出版社 2007 年版，第 135—136 页。

功能。^①当人类满足物质温饱后，希望求得更多精神上的满足，通过打击铜釜发出悦耳的声音并随着炊具发出的音响来跳舞。后来为了更方便地击打铜釜，得到悦耳的声音，先民们对铜釜不断改造。把铜釜底部翻转过来，将铜釜的小平底扩大为鼓面并增加腰部的曲线，将原来的敞口改成鼓足，再加上四耳以便于悬挂击打，这样铜鼓的形制就基本确定了。铜鼓除了乐器功能外，主要是被先民们崇拜为通神的礼器，在祭祀活动中使用。铜鼓伴随着民族的迁徙和早期经济文化等交流，由云南楚雄地区沿着南方丝绸之路国外段逐步传播开来。中国云南的古代铜鼓传播到越南后，越南将铜鼓和铜鼓文化在东南亚其他国家大力传播，融合了青铜文明的越南铜鼓文化与中国云南、广西的铜鼓文化形成了两大主流文化，影响了整个中南半岛青铜文明的发展与进程。^②

关于铜鼓的历史记载最早见于《后汉书·马援列传》："马援好骑，善别名马，于交趾得骆越铜鼓，乃铸为马式，还上之。"^③在《晋书·食货志》《陈书·欧阳頠传》《通典》中也记载了有关铜鼓的信息。直到晚清，到南方任职的人留下的笔记和各地的地方志里都有一些关于铜鼓的记载，为现在研究铜鼓留下了许多的宝贵资料。

在东南亚，相传为15世纪越南陈世法所撰、武琼校订的《岭南摭怪列传》主要讲述了越南民间流传的神话故事，其中也记载了关于铜鼓的神话传说。距今600多年前，泰国素可泰时期的宗教文学作品《三界经》，书中有一些铜鼓的记载。

铜鼓在世界上闻名，研究者众多。这和1902年奥地利皇家自然历史博物馆人类学与民族学研究室研究员弗朗茨·黑格尔用德

① 李伟卿：《铜鼓形制的来源》，见《古代铜鼓学术讨论会论文集》，文物出版社1980年版，第27页。

② 李昆声、陈果：《中国云南与越南的青铜文明》，社会科学文献出版社2013年版，第569页。

③ 范晔：《后汉书·马援列传》，中华书局1965年版，第840页。

文在德国莱比锡出版《东南亚古代金属鼓》有一定关系。黑格尔用18年时间，在德国人迈尔博士和夫瓦博士著录的50多面铜鼓的文献基础上，搜集大量资料，最终收入中国和东南亚国家165面铜鼓资料，根据这些铜鼓的形制和花纹，用考古类型学的方法将这些铜鼓分成4个类型和3个过渡类型。[①]黑格尔对于铜鼓的分类法影响世界铜鼓研究百年之久。黑格尔分类法面世半个多世纪后，中国和东南亚地区陆续发现和出土大量铜鼓，尤其是中国学者考古发掘出土一些铜鼓新资料，凸显了黑格尔分类法的历史局限性。中华人民共和国成立后，随着考古资料的不断涌现，中国学者对铜鼓的研究不断增多。就铜鼓分类而言，最有影响的是中国古代铜鼓研究会在1988年出版的《中国古代铜鼓》，正式将古代铜鼓分为万家坝型、石寨山型、冷水冲型、遵义型、麻江型、北流型、灵山型和西盟型8种类型。[②]世界上所有的铜鼓都能够归纳在中国古代铜鼓研究会的八分法中，这种分法目前已为中国学者和日本学者所采纳。境内铜鼓出土和收藏最多的是广西壮族自治区，云南省则拥有不同类型的铜鼓，总数位居第二。

1978年，汪宁生先生在《试论中国古代铜鼓》中对铜鼓的分类、年代、纹饰、用途等做了系统性研究，认为最早的铜鼓类型是万家坝型铜鼓。[③]童恩正先生对铜鼓有着更深入的分析，他认为在公元前7世纪或更早时期，居住在滇东高原西部的属于濮僚系统的农业民族最早使用铜鼓，且首先提出滇文化与东山文化的关系，明确了万家坝铜鼓是最古老的铜鼓，起源地在云南。[④]1990年，李昆声、黄德荣在《论万家坝型铜鼓》中从器形学考古学角

---

① 〔奥地利〕弗朗茨·黑格尔：《东南亚古代金属鼓》，石钟健、黎广秀、杨才秀译，上海古籍出版社2004年版，第10—16页。
② 中国古代铜鼓研究会：《中国古代铜鼓》，文物出版社1988年版，第32—33页。
③ 汪宁生：《试论中国古代铜鼓》，《考古学报》1978年第2期。
④ 童恩正：《论试早期铜鼓》，《考古学报》1983年第3期。

度考证了万家坝型铜鼓大致分为 4 式，万家坝型铜鼓年代上限是春秋早期或更早，晚到战国末。从现代相关资料看，至今其使用的木鼓成对成双、分成雌雄也佐证了春秋时期万家坝型铜鼓成对埋葬的现象。[①]学界基本一致认可其他类型铜鼓都是在万家坝型铜鼓基础上发展、演变而形成的。

万家坝型铜鼓因最早发现于云南楚雄万家坝古墓群而得名。美国和日本的部分学者给万家坝型铜鼓定名为"先黑格尔Ⅰ型铜鼓"。万家坝型铜鼓主要流行于春秋中期至战国晚期，其特征是鼓面饰太阳纹、部分鼓仅有光体而无芒，铜鼓腰部和胴部都素面无纹，而少部分铜鼓腰部有纵线，近足沿处的内壁有羀纹。据 2007 年统计数据，全世界共有 62 面万家坝型铜鼓，而中国有 50 面，其中 46 面分布在云南。春秋到战国晚期的万家坝型铜鼓也是南方丝绸之路的见证者之一。此处选取具有代表性的几面万家坝型铜鼓供读者们赏析：

楚雄大海波鼓（图 1-28），年代为春秋时期。此鼓高 27 厘米，面径 26.5 厘米，足径 40 厘米，壁厚 0.18 厘米。胴、腰、足三段分明。鼓面小于胴部，胴面接合处在一平面，胴部突出最甚，最大径在胴中部偏下。腰部收缩程度大。足外侈，内沿为折边。该鼓共四个半环耳，由扁平窄条构成，装于胴腰之间。鼓身有两道合范线，通体光素无纹饰，铜色紫红。[②]

20 世纪 70 年代，云南楚

图 1-28 楚雄大海波鼓，云南省博物馆藏

南方丝绸之路研究丛书 文物考古卷

---

① 李昆声、黄德荣：《论万家坝型铜鼓》，《考古》1990 年第 5 期。
② 云南省博物馆：《近年来云南出土铜鼓》，《考古》1981 年第 4 期。

图1-29　楚雄万家坝墓葬出土铜鼓，云南省博物馆藏

雄万家坝墓葬曾出土5面铜鼓，其中4面铜鼓（图1-29）器身上还可见简单的云纹、网纹等纹饰，器表有烟熏的痕迹，有可能曾做过炊具使用。所有鼓的音律皆准确。后经专家测定，4鼓之间已经包含着小三度、纯四度、大二度、小二度的音程关系，适合独奏或与其他乐器配合演奏。

六、其他

羊角钮铜钟是一种风格和形制独特的乐器，全身用青铜铸造，两侧留有合范痕迹。形状像半截橄榄或半个椭圆体，上小下大，中空，内壁光洁，底边平直，横截面也呈橄榄形。顶部有竖状长方形穿孔，顶端歧出两片羊角形錾钮。它同中原地区青铜钟形式完全不同，根据钟钮羊角形的物理属性和羊角形的特殊形制，学界起了一个通俗名称，将其定名为"羊角钮铜钟"。

1975年，楚雄万家坝M1墓底西侧一腰坑内出土6件羊角

图 1-30 楚雄万家坝遗址出土的羊角钮铜钟，云南省博物馆藏（杨雪吟拍摄）

钮铜钟，年代约为东周时期，这是已知距今最早的羊角钮铜钟，现藏于云南省博物馆。（图 1-30）① 学界们便将楚雄万家坝定为羊角钮铜钟的起源地。这 6 件羊角钮铜钟起初被称为"编钟"，形制相同，均素面无纹，体量大小依次递减。最大的一件高 21.6 厘米，底径横长 13.5 厘米、纵宽 11.3 厘米。最小的一件高 15 厘米，底径横长 9.5 厘米、纵宽 8.2 厘米。羊角钮铜钟的出现也是早期南方丝绸之路上礼乐文明的体现。

此外，有关南方丝绸之路的研究，我国已故著名历史考古学家、"夏商周断代工程"首席科学家李学勤先生曾猜测，殷墟发现的最大的有字龟甲——小屯 YH127 出土的"武丁大龟"属于马来半岛龟类。该版龟甲长 44 厘米，宽 35 厘米。此外，1981 年李学勤在剑桥大学访问时曾见到一片龟甲，英国专家鉴定后发现这种乌龟在缅甸以南的地区才有。在香港南丫岛大湾遗址曾出土有牙璋，而越南曾经出土 4 件牙璋，与中国器物相似，风格形制

① 云南省文物工作队：《楚雄万家坝古墓群发掘报告》，《考古学报》1983 年第 3 期。

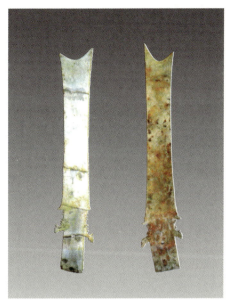

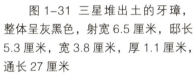

图 1-31　三星堆出土的牙璋，
整体呈灰黑色，射宽 6.5 厘米，邸长
5.3 厘米，宽 3.8 厘米，厚 1.1 厘米，
通长 27 厘米

图 1-32　越南冯原遗址出土的牙璋

跟三星堆很接近，应是受到三星堆文化的影响。（图 1-31、图
1-32）李学勤又提到了中国台湾甲骨文学家张秉权先生发现的几
片 YH127 坑出土的甲骨，据研究这些甲骨上面所包含的织物是印
度才有的木棉。[①] 这些证据都证明了商代后期西南对外的通道不
仅存在且畅通。

---

① 李学勤：《三星堆文化与西南丝绸之路》，《文明》2007 年第 7 期。

两汉时期南方丝绸之路考古与文物

第二章

两汉遗风——两汉时期南方丝绸之路沿线的重要墓葬

一、晋宁石寨山古墓群

晋宁石寨山位于晋宁区上蒜镇石寨村，海拔 1919 米。它北距小梁王山约 2 千米，东距左卫山约 1 千米，东南距金砂山约 2 千米，西距河泊所 500 米，河泊紧临滇池东岸。石寨山是一座由西北向东南倾斜的小山包，南北长约 500 米，山上基岩是石灰岩。其西、北面的土层堆积很薄，平均厚度为几十厘米，东、南部土层堆积较厚，厚度有几米。石寨山墓地历代扰乱十分厉害，现在很难找到保存完好的原生地貌和原生层位。1954 年 10 月，云南省博物馆的李家瑞与前西南博物院的蔡佑芬去晋宁调查，发现了石寨山遗址和墓地，并采集到了一些出土遗物。云南省博物馆立即上报文化主管部门，于 1955 年 3 月进行第一次清理，发掘部分分甲、乙两区进行，总清理面积 204.3 平方米，清理墓葬 3 座。

第二次发掘共清理墓葬 20 座，出土大批珍贵青铜文物，如铜鼓、铜贮贝器、铜俑等，特别是在清理 6 号墓时出土了蛇钮纯金"滇王之印"，轰动国内外考古界的同时也印证了《史记·西南夷列传》记载的西汉元封二年（前109年）武帝"赐滇王王印"的史实，并确认了石寨山墓葬群为滇王王族墓群。1958年冬天开展第三次发掘，发掘面积200余平方米，出土文物400件（不包含陶片）。1960年4月又开展了第四次发掘，清理墓葬16座，出土文物288件。时隔近40年后，1996年5月至6月，云南省文物考古研究所组织市、县文物管理所对石寨山开展第五次抢救性发掘。这次发掘清理墓葬36座、随葬品478件（组）。石寨山5次发掘的墓葬，形制基本都为竖穴土坑墓，一般有木棺，大墓有棺椁，个别大墓的尸骨（或棺椁）上覆盖珠襦。早期主要随葬带有滇文化特色的青铜器；西汉中期以后，由于中原内地制造（或仿造）的陶器、铜器、铁器大量出现，至东汉初期，汉式器物基本取代了滇文化器物。石寨山墓葬群经专家断代为春秋晚期到东汉时期。2001年，石寨山古墓群遗址被国务院公布为第五批全国重点

图 2-1　晋宁石寨山遗址

文物保护单位。[1]（图2-1）

二、江川李家山墓葬

江川李家山古墓群位于玉溪市江川区，西北距晋宁石寨山40千米，海拔1778米。其东北方向3千米为江川团山古墓群，东南方向约10千米是甘堂菁旧石器时代遗址和光坟头青铜时代贝丘遗址。该墓葬群具体在星云湖的西北面，比湖水面高100多米。古墓群主要分布在山顶及接近山顶处的西南坡上，因农耕多年，山顶地层已非原生地层，表层下即是生土。

目前共对李家山古墓群进行过两次大型发掘。1972年，云南省博物馆和江川县文化馆对李家山古墓群进行首次发掘，发掘了

图2-2 江川李家山墓葬群俯视图

① 云南省博物馆考古发掘工作组：《云南晋宁石寨山古遗址及墓葬》，《考古学报》1956年第1期；云南省博物馆：《云南晋宁石寨山古墓群发掘报告》，文物出版社1959年版；云南省博物馆：《云南晋宁石寨山第三次发掘简报》，《考古》1959年第9期；云南省博物馆：《云南晋宁石寨山古墓第四次发掘简报》，《考古》1963年第9期；云南省文物考古研究所：《晋宁石寨山——第五次发掘报告》，文物出版社2009年版。

27 座古墓，出土文物 1300 多件，青铜器 800 多件，其中就包括最著名的牛虎铜案。在 1991 年 12 月至 1992 年 5 月，云南省文物考古研究所、玉溪市文物管理局、江川县文化局组成联合考古队对李家山古墓群进行第二次发掘，共清理墓葬 60 座，出土青铜器 2395 余件，铁器和铜铁合制器 344 余件，以及数以万计的玛瑙、绿松石、海贝等。李家山考古遗址第二次发掘被评为 1992 年全国十大考古发现，李家山古墓群在 2001 年被国务院公布为全国重点文物保护单位。[①]（图 2-2）

三、呈贡天子庙墓葬

呈贡天子庙墓葬位于原呈贡新区小古城乡境内，北距区政府约 4 千米，西临滇池 2 千米，东靠着高约 10 米的黄土山，附近有古马料河经过。天子庙古墓群因始建于明朝的天子庙而得名，庙内存嘉靖十六年（1537 年）《重修土主庙碑记》等碑共 3 块，记述了"元梁王据滇时筑城"（今小古城）和明永乐沐氏倡建寺庙的史实。20 世纪 70 年代，天子庙被农民改为翻砂厂和养猪场，因为附近群众不断在该庙遗址内挖土平场，造成很多古墓的圹口暴露，很多墓葬都有不同程度的破坏，随葬品也被损毁和私自盗卖。1975 年 2 月，昆明市文物管理委员会的有关同志根据一废品收购站提供的线索，在天子庙范围内初步调查发现了一批古墓，古墓葬群分布在庙的东北、东南段。首次发掘，昆明市文物管理委员会和云南省文物工作队联合发掘古滇墓 9 座。1979 年 10 月，因当地农民又在当地建猪厩，部分滇墓遭到破坏，于是昆明市文物管理委员会和云南省文物工作队对修建养猪场的 800 平方

① 云南省博物馆：《云南江川李家山古墓群发掘报告》，《考古学报》1975 年第 2 期；云南省文物考古研究所等：《江川李家山——第二次发掘报告》，科学出版社 2007 年版。

米范围内进行抢救性发掘。第二次发掘工作从 1979 年 12 月 4 日至 1980 年 1 月 22 日，共发掘滇墓 44 座，全为长方形土坑墓。其中以 41 号墓规模最大，葬具为一椁一棺，随葬有大量的青铜器（包括鼎、鼓、釜、筒和大量兵器）生产工具、生活用具和装饰品。全部遗物均陈放于椁盖和椁底板面上。其中，天子庙 41 号墓出土的"巫师纹铜鼎""五牛盖铜筒""双钺形铜戈"堪称滇文化之稀世珍品。1985 年，有关专家通过放射性碳素测定椁木（经年轮校正）距今 2290±70 年，兵器柲木距今 2280±120 年，海贝距今 1820±130 年。通过科学检测和类型学比较，专家认为 41 号墓的年代大体为战国中期偏晚。除了 41 号墓外，其他都是中、小型墓葬，出土器物不多，最多的 33 号墓只出土 30 多件器物，多数只有两三件，有的空无一物。而考古学家通过可靠的年代数据和青铜器、陶器的基本组合演变情况，将天子庙全部滇墓划分为 3 期：第一期是 41 号与 33 号墓，年代为战国中期；第二期有 12 座墓葬，年代为战国晚期；第三期有 30 座墓葬，年代约为西汉前期。而族属方面，根据青铜人物形象断定墓葬的主体民族是滇族。而后的 40 多年间，历经 5 次发掘，共清理墓葬 140 多座，但发掘滇国墓葬最为丰富的还是 1979—1980 年的第二次发掘。[①]

四、晋宁金砂山墓葬

金砂山墓葬位于云南省昆明市晋宁区上蒜镇金砂村东面，海拔 1976 米。整座山形似一个巨型的覆斗，东坡较平缓，西坡、南坡较陡峭，西北与晋宁石寨山古墓地遥相对应。1999 年至 2000

---

① 云南省文物工作队：《云南呈贡天子庙古墓葬的清理》，《考古学集刊》第 3 辑（1983 年）；昆明市文物管理委员会：《呈贡天子庙滇墓》，《考古学报》1985 年第 4 期；呈贡区政府官方网站：http://cg.km.gov.cn/c/2012-05-21/1270549.shtml；云南省文物考古研究所官方网站：http://www.ynkgs.cn，2014 年 5 月 27 日发布。

年，云南省文物考古研究所、昆明市博物馆、晋宁文物管理所等对金砂山进行了抢救性发掘，发掘面积共 500 平方米，清理青铜时代墓葬 12 座，出土文物 150 余件。通过对比分析金砂山发掘出土的遗物，结合墓地周边现有的考古材料，确定金砂山是滇池区域继石寨山墓地之后的又一处石寨山文化墓地。2015 年 4 月至 7 月，云南省文物考古研究所主持对金砂山墓地开展了主动性考古发掘，发掘面积共 500 平方米，清理墓葬 31 座，随葬品较少，仅有少量青铜器和玉器，陶器少见。2014 年，云南省文物考古研究所对金砂山墓地的山顶、北坡和东坡进行了考古钻探，发现墓葬数百座。2015 年 4 月至 6 月，云南省文物考古研究所对该墓地进行了主动发掘，发掘面积 500 平方米，清理墓葬 31 座。山顶清理的墓葬从出土的情况来看，比石寨山和金砂山发掘的墓葬时代更早，可能早到春秋时期。2016 年 7 月至 8 月，考古人员对金砂山北坡（金砂山墓地 2 期）进行了钻探，共发现遗迹 106 处，其中墓葬 84 座。2016 年 8 月至 10 月，云南省文物考古研究所联合晋宁文物管理所对 190 号墓进行了抢救性发掘。

由于先前被盗，墓内残存器物很少，主要有铜器、陶器、鎏金器、漆器和玉器等，在墓坑填土中发现了绳纹瓦残片。该墓葬为竖穴土坑墓，没有墓道，无论是墓葬的规模还是墓坑的深度，在以前发掘的滇池区域的汉代墓葬中是不多见的。从残存的痕迹来看，该墓葬应该有棺椁。无论填土还是墓葬封土均采用分层夯筑的方法，这在云南以往的考古实践中还没有碰到过，是一种新的建筑形式。从发现的玉印章来看，该墓葬的墓主应当不是本地土著，而是外来的；从印章的规制和大小（长宽分别为 2 厘米，厚 0.6 厘米，桥钮）以及印文（篆书阴刻）"郭张儿印"来看，墓主的身份等级很高，查阅《史记》《汉书》等古代文献，唯一可与该段历史有关的当属汉代将军郭昌或与郭昌有关的人。金砂山墓葬 190 号墓是迄今为止石寨山大遗址核心区域内发掘的唯一一座汉初的汉式墓葬。[1]

五、个旧黑蚂井古墓群

个旧是中外闻名的"锡都"。当地以产锡著名，开采锡矿的历史约有 2000 年，现在依旧是中国最大的产锡基地。黑蚂井村隶属于个旧市卡房镇龙树脚村委会，古墓群西距该村 1 千米左右，海拔 2100 米。黑蚂井所处山脉属于哀牢山余脉，恰好处在元江—红河水系和珠江水系的分水岭上。古墓地及其周围均是含锡、铜的矿山，海拔为 1045 米。该墓地最早是由个旧市博物馆的张宗凯等人于 1988 年在收集文物过程中发现的。在 1989 年清理之前，该墓地的北面山头相当一部分已被挖矿的高压水枪冲毁，大量文物流失，仅剩下南半部的墓地。1989 年，云南省文物考古研究所、个旧市博物馆对该墓地进行了第一次勘探清理，清理墓葬 4 座，出土包括铜俑灯在内的珍贵文物几十件。1994 年，个旧市博物馆又清理了一座墓葬，出土文物 10 余件（钱币未包括在内）。1995 年 3—4 月，云南省文物考古研究所、红河州文物管理所、个旧市博物馆三家联合对黑蚂井进行了较大规模的清理，发掘面积 1100 余平方米，清理墓葬 8 座，出土文物 100 余件（出土钱币未包含在内）。黑蚂井墓葬皆为竖穴土坑墓，经专家考证，这 13 座墓均为汉武帝时期至昭宣时期即西汉中晚期的墓葬。[2]

---

[1] 昆明市博物馆等：《晋宁县金砂山古墓地清理简报》，见《大理丛书·考古文物篇》（卷四），云南民族出版社 2009 年版；李昆声：《云南考古学通论》，云南大学出版社 2019 年版；云南省文物考古研究所官方网站：http://www.ynkgs.cn，2015 年 7 月 17 日、2017 年 3 月 13 日发布。
[2] 个旧市博物馆：《个旧黑蚂井东汉墓清理简报》，《云南文物》1994 年 12 月（总 39 期）；云南省文物考古研究所：《个旧黑蚂井古墓群》，《云南文物》2000 年第 1 期；云南省文物考古研究所：《云南考古报告集》（之二），云南科技出版社 2006 年版。

六、祥云红土坡石棺墓葬

祥云红土坡石棺墓葬位于云南省大理白族自治州东部祥云县县城西北角近 3 千米处。1987 年到 1988 年，大理州博物馆文物工作队和大理州文物管理所两次对祥云红土坡古墓葬进行了抢救性清理发掘。这次发掘共清理了 74 座石棺墓和 3 座火葬墓，出土铜器 900 多件。其中 14 号墓为石棺葬大墓，年代为战国中期，出土随葬品 501 件（铜器 500 件，陶罐 1 件）。铜器种类多样，有铜锄、铜矛、铜钺、铜斧、动物杖首、动物模型、装饰品、葫芦笙、铃等。此外，其他古墓中还出土了丰富的铜器。这些铜器制作精美，类型丰富，代表了洱海区域青铜时代金属器的工艺水平。在大理地区的许多石棺墓中都出土了杖首，而祥云红土坡出土的杖首数量最多，14 号墓出土 197 件铜杖首，杖首的銎部中空，皆可纳柄。2003 年，大理白族自治州祥云县文物管理所对祥云红土坡展开了第三次发掘。据当地文物工作者介绍，本次发掘出土铜器约 800 件。[①]

七、祥云大波那墓葬群

祥云大波那墓葬群位于云南省大理白族自治州祥云县境中部。大波那村，是一个汉族、白族杂居的大村落。1961 年，当地村民在后大波那北部龙山上爆破开采石材时，于东南面山脚缓坡上发现古墓 2 座。其中位置偏西的一座已全部毁坏，出土铜牛、铜马、铜钟等数十件器物。靠东的一座为竖穴土坑墓，起初被发

---

① 大理白族自治州：《云南祥云红土坡 14 号墓清理简报》，《文物》2011 年第 1 期；李晓岑等：《云南祥云红土坡古墓群出土金属器的初步分析》，《文物》2011 年第 1 期；李晓岑等：《云南祥云县红土坡石棺墓出土铜器的再研究》，《大理学院学报》2014 年第 9 期。

现时只露出木椁的一角，1964 年 3 月云南省文物工作队于此清理出土了著名的铜棺、铜鼓、铜牛等 100 余件文物，而大理州文物管理所、祥云县文物管理所分别在 1977 年和 2008 年先后对其进行 2 次小型挖掘，共清理木椁墓 2 座，出土近 50 件文物。云南省文物考古研究所与大理州文物管理所、祥云县文物管理所于 2014 年 7 月至 12 月初，对大波那墓地进行了较大规模的考古发掘，揭露面积约 1000 平方米。第四次大规模发掘中，在西区发现房址、柱洞、灰坑、灰沟等遗址，在东区北部墓地共清理 25 座墓葬，均为竖穴土坑墓，随葬器物较为丰富，共计 330 余件，包括铜器、陶器、铁器、锡器、石器、木器、竹器等。墓葬年代大致在战国秦汉时期。大波那墓地是目前发现的滇西地区战国至西汉时期规模最大、规格最高的墓葬群，其葬具、葬式较为特殊。大波那的 4 次发掘，证明了当地存在干栏式房屋。墓葬中使用的木棺椁甚至出现使用重达 257.1 千克的铜棺作为葬具，多人二次合葬且用蓝铁矿粉涂撒在人骨上，同时随葬有葫芦等，可见其独特的葬俗。[①] 祥云大波那墓葬群成功入选 2014 年度全国十大考古新发现。2018 年，祥云大波那古墓群遗址被云南省列为第八批云南省级文物保护单位。

八、曲靖八塔台墓葬群

八塔台古墓群位于云南省曲靖市驻地东 13 千米处，珠江上游南盘江东岸，地处缓坡地带，由 8 个相傍而又独立的椭圆形封土堆组成，总面积约 5000 平方米。1977—1982 年，云南省文物工作队在曲靖文化管理部门配合下，对八塔台古墓群 1、2 号堆进

---

① 云南省文物考古研究所等：《云南祥云县大波那墓地》，《考古》2015 年第 7 期；云南省文物考古研究所官方网站：http://www.ynkgs.cn，2014 年 11 月 25 日发布。

行 7 次发掘。1 号堆发掘完毕，2 号堆发掘了一半，共发掘出各个时期的墓葬数百座，其中火葬墓 304 座、土坑竖穴墓 220 座、封土堆墓 30 余座。墓群类型多样，交叉堆积，互相渗透，形成了上自先秦时期，下至宋元明朝，长达 2000 余年的 7 米之高的文化堆积层。

在春秋战国时期的 30 余座封土墓和土坑竖穴墓中，出土了一大批青铜时代的器物 1000 余件，有兵器、生产工具、生活用品、装饰品、乐器和货币等。1978 年至 1982 年，由云南省博物馆文物工作队分别对 1 号堆、2 号堆（北部）进行了 7 次发掘，其中 1 号堆进行了 1 次发掘，清理墓葬 5 座，2 号堆进行了 6 次发掘，清理出青铜时代墓葬共计 348 座。2 号堆的前 3 次发掘还清理了元明时期火葬墓 304 座，出土器物共计 1800 余件。2015 年 7 月至 2016 年 6 月，由云南省文物考古研究所主持，联合曲靖市文物管理所、曲靖市麒麟区文物管理所对八塔台墓地 2 号堆进行再次发掘。本次发掘揭露面积为 490 平方米，发掘平均深度近 5 米，共清理墓葬 343 座，出土各类随葬品 500 余件（套），清理墓祭活动面及其他活动面 38 处，清理祭祀坑 1 个。2006 年 5 月，八塔台墓葬群被国务院批准列入第六批全国重点文物保护单位。[①]

九、昆明羊甫头墓葬群

羊甫头墓地遗址位于云南省昆明市官渡区小板桥镇的大羊甫村，海拔 1926 米。它西距滇池 4 千米，向东是绵延的山地，在西北有宝象河流过。

---

① 云南省文物考古研究所、曲靖市文物管理所等：《曲靖八塔台与横大路》，科学出版社 2003 年版；云南省文物考古研究所官方网站：http://www.ynkgs.cn，2016 年 6 月 18 日发布；康利宏、吴沄：《云南曲靖八塔台墓地再次发掘》，2016 年 11 月 4 日《中国文物报》。

滇池东岸分布着子君村、上马村、天子庙、石寨山等很多早期的墓葬群，其中羊甫头位置偏北。羊甫头墓地分布在一个馒头形的缓丘上，墓地面积约 4 万平方米。1998 年至 2001 年，云南省文物考古研究所与昆明市博物馆、官渡区博物馆进行联合发掘，清理滇文化及东汉时期墓葬 839 座，其中滇文化墓葬 803 座，东汉墓葬 36 座，均为竖穴土坑墓。滇文化墓葬出土了大量青铜兵器、农具、生活用具、纺织工具及乐器，而陶器、漆木器次之。汉式墓葬随葬品主要为铜器和陶器，也伴随有少量铁器、金器、玉石、琥珀、琉璃器等出土。在以往滇文化墓葬发掘中，考古工作者曾发现有漆木器的漆痕，但由于朽损，均无法窥其形状。羊甫头墓地 113 号墓出土了大量保存完整的漆木器，使我们看到了滇文化漆木器的风采。羊甫头墓葬群被评为 1999 年全国考古十大发现。[①]

十、昌宁大甸山墓地

2012 年 10 月至 2013 年 3 月，经国家文物局批准，云南省文物考古研究所联合保山市博物馆、保山市文物管理所、昌宁县文物管理所等单位，对位于昌宁县田园镇龙泉村委会漆树坡小组东南侧的大甸山墓地进行抢救性考古发掘。

墓地西北距昌宁县城 3 千米，海拔 1643 米，发掘面积 2500 多平方米，清理各类墓葬 198 座，出土随葬品 268 件（套）。198 座墓葬，按形制可分为竖穴土坑墓、土洞墓和瓮棺墓 3 种，其中竖穴土坑墓 179 座、土洞墓 18 座、瓮棺墓 1 座。

① 云南省文物考古研究所等：《云南昆明羊甫头墓地发掘简报》，《文物》2001 年第 4 期；云南省文物考古研究所、昆明市博物馆、官渡区博物馆：《昆明羊甫头墓地》，科学出版社 2005 年版；杨帆：《昆明羊甫头墓地：滇汉文化的融合》，《中国文化遗产》2008 年第 6 期。

大甸山墓地山顶南部中心区域发现的土洞墓，是云南地区甚至西南地区首次考古发现的一种奇特的墓葬形制。这种墓葬分布在墓地的南坡和山顶位置，位于墓地的中心区。墓址都是开挖在膏泥土之下，墓口较小，墓坑窄长，斜坡状墓底，一般有 3 ~ 4 米长。墓底呈斜坡状，墓口处偏高，墓地里端偏低，头端在高处，脚端在低处。墓葬的葬式不明，部分墓葬发现有棺木炭化痕迹，应该存在棺木葬具。

土洞墓墓穴都为竖穴式，不带墓道，纵剖面都为靴形，墓顶或为弧顶或为斜平顶。大甸山墓地发现的土洞墓结构形制与中国北方发现的土洞墓又存在差别，墓葬都打破膏泥，底部倾斜，随葬品大多放置于稍低处。墓穴填土中包含大量膏泥，出土器物中只见青铜器，如铜钏、铜鼓等，不见陶器。

大甸山墓址是南方丝绸之路上最重要的考古遗址之一，随葬品按质地可分为石器、陶器、铜器、铜铁合制品、铁器、琥珀、海贝、麻织品、竹藤（炭化严重未取）等，以铜器为大宗。其中，铜弯刀（含人面纹弯刀）、靴形铜钺、铜钏、铜盒、铜指护、铜牛角、铜象牙等随葬品为云南地区甚至西南地区首次正式考古发掘出土的器物，极具特点。[①]

十一、会泽水城古墓群

水城村位于云南省曲靖市会泽县城西北约 4 千米处。早在 20 世纪六七十年代，水城村村民在当地开垦时发现大量陶片，但当时未引起有关部门重视。1990 年 4 月 7 日，当地村民在山坡开挖

① 云南省文物考古研究所等：《云南昌宁县大甸山墓地发掘简报》，《考古》2016 年第 1 期；保山市人民政府网站：《昌宁大甸山墓地：或揭开失传已久哀牢文化》，引用日期 2014 年 10 月 9 日；云南省文物考古研究所官方网站：http://www.ynkgs.cn，2014 年 5 月 22 日发布。

一条东西向水渠时，偶然发现了 2 座古墓并报告文物部门。1990年 4 月 15 日至 18 日，曲靖市文物管理所和会泽县文物管理所联合对古墓进行清理，在当地公安机关的配合下，收回了流落到村民手中的文物。这 2 座古墓共出土陶器 2 件、青铜器 8 件、铁器2 件、五铢钱 350 枚。经过前期勘探后，2002 年 3 月至 6 月，由云南省文物考古研究所主持，曲靖市文物管理所和会泽县文物管理所组成联合考古队对会泽公鸡山南麓山坡靠东部勘探所发现的墓葬开展发掘工作。这次清理墓葬 42 座，其中汉墓 17 座。2002年 4 月中旬，当地村民在附近的山中取土时又发现一座古墓，出土了铜剑、矛等，但墓葬已被破坏。村民手中的相关文物被及时收回并移交会泽县文物管理所。2003 年 3 月，为了配合高速公路建设，云南省文物考古研究所蒋志龙等对水城公鸡山南坡进行考古勘探，发现数座土坑墓。2004 年 10 月至 2005 年 1 月，联合考古队在公路建设用地范围进行抢救性发掘，发掘面积 3000 平方米，清理汉代竖穴土坑墓 7 座。

从勘探情况来看，水城古墓群主要分布于鱼洞山东麓、公鸡山南麓缓坡地带，西至红九军团扩红遗址、水城农家乐场所一带，北至公鸡山采石场，东至水城小学，南至水城村五、六、七组村落北部。东西长约 1000 米，南北宽 300 ～ 500 米。

十二、昭通营盘古墓群

营盘村位于云南省昭通市西北，地处洒渔河（横江上游）西岸约 1 千米的丘陵地上，昭通至洒渔的公路由南向北穿村而过。早在 1984 年进行全省文物普查时，在昭通市洒渔乡营盘村就收集到铜戈、陶罐等古代文物。1985 年 8 月，云南省博物馆文物工作队和当地文物部门同志一起到营盘村进行了实地复查，确认该批文物出自营盘村旁的古代墓葬并查明了墓葬的分布情况。当时营盘村村民因建房、改地、种植果树而多次挖出文物，对古墓地造成了一定破坏，为此特报请国家文物局进行抢救性发掘。经批准，由云南省博物馆文物工作队、昭通地区文物管理所、昭通市博物馆派人组成营盘发掘队，于 1986 年 6 月至 7 月对营盘山古墓进行了发掘。古墓地分布在公路以西，村落的西南、西北两面，互不相连，形成两个独立的墓区。此次发掘分别在营盘村西南（甲区）和西北（乙区）两处进行，发掘总面积 1412.5 平方米，发掘青铜时代墓葬 205 座。青铜时代墓葬均为竖穴土坑墓，通过多种因素分析，确定营盘甲区墓地的年代上限不会早于战国，而下限不会晚至西汉中期，即在战国至西汉早期之间，而营盘乙区墓地的时代，大致在春秋时期。①

十三、曲靖潇湘平坡墓地

潇湘乡位于云南省曲靖市麒麟区的西南部。该地地形以山地为主，海拔 1900 多米，四面环山，森林茂密。平坡是潇湘乡一条南北走向的山脊，形似进入潇湘的走廊，因坡度平缓而得名平坡。平坡墓地位于潇湘河上游的平坡村北面的缓坡地带。1978 年，平坡村民在平整晒场时，挖到一些青铜器卖给供销社。1982 年云南省文物普查时，在平坡墓地残存土堆上发现大量残破陶片、五铢钱等，有着明显的文化堆积，面积约 1000平方米，封土堆高约 3 米。由于后来平坡村民生产生活对墓地的破坏，2001 年 11 月至 12 月由云南省文物考古研究所主持，

---

① 营盘发掘队：《云南昭通营盘古墓群发掘简报》，《云南文物》1995 年 8 月第 41 期。

与曲靖市麒麟区文物管理所联合对该墓地进行抢救性发掘。发掘过程中共清理青铜时代墓葬198座，皆为竖穴土坑墓。大部分墓都有随葬品，少者仅有1件，最多者有21件（套）。随葬器物按照质地分为陶器、青铜器、铜铁合制器、铁器、玉器、玛瑙、石器、木器、漆器、料珠等。以陶器居多，有126件。青铜器数量不多，34件（套），包括兵器、生产工具、生活用具和五铢钱369枚（归为1套）等。铜铁合制器中包括铜柄铁剑和铜骹铁矛，铁器则有矛、戈、斧、凿、环首刀、釜等。玉器都是装饰品。墓葬分为4期，第一期墓葬年代约为春秋中晚期，第二期约为战国早期，第三期在战国晚期至西汉早期，第四期约为西汉晚期。从随葬品可见其文化特征与滇中地区青铜文化有很多共同点，结合史料记载，该墓地族属应为与滇国同姓相扶的劳浸、靡莫之属。①

十四、元江洼垤打篙陡青铜时代墓地

洼垤村位于云南省玉溪市元江县城东58千米的群山中的一个小盆地里，海拔1388米，三面环山。1984年，玉溪元江县开展文物普查，在洼垤乡洼垤村收集到打篙陡（彝语音译）出土的青铜器。打篙陡墓地在洼垤村北约1.5千米处。1989年，云南省文物考古研究所对打篙陡进行勘查，发掘青铜时代墓葬3座。1989年12月至1990年1月，由云南省文物考古研究所主持，玉溪市文管所、元江县文化局组成联合发掘队，对该墓地进行正式发掘。共发掘青铜时代竖穴土坑墓73座（包括1989年的3

---

① 范利军：《曲靖市文物志》，云南民族出版社1989年版；云南省文物考古研究所等：《曲靖市麒麟区潇湘平坡墓地发掘报告》，见《云南考古报告集》（之二），云南科技出版社2006年版，第1—59页。

座），均为长方形竖穴土坑墓，共随葬器物 155 件，另有采集品10 件。随葬品按质地分为铜、陶、玉、石，按用途可分为兵器、生活用具、生产工具和装饰品。根据墓葬分布以及器物形制和组合变化可推测出，该墓葬年代应为春秋晚期至战国晚期，墓主人应该为古代濮人。[①]

十五、呈贡小松山墓地

小松山地处云南省呈贡老县城北约 3 千米的小王家营村旁，为一个东西约 200 米、南北约 400 米、高约 20 米的红土丘。1973年 8 月，小王家营制砖厂在小松山西坡脚取土时，发现有铜器残片。云南省博物馆文物工作队即派专家和呈贡县文化馆胡绍锦同志一同调查，发现了残存的竖穴土坑墓 1 座，随即进行抢救性清理。1976 年 5 月，云南省博物馆文物工作队张永康、王涵及四川大学考古班 74 级的部分师生，在小松山西面山腰清理了 4 座竖穴土坑墓。前后发掘的这 5 座古墓均为长方形竖穴土坑墓，无墓道，墓中未发现葬具，骨架已朽无存，因而葬式不明。5 座墓中随葬品多为陶器，有少量铜、玉器，还有五铢钱等。随葬品中生活用具和装饰品较多，未发现兵器。专家考证，小松山 5 座土坑墓年代上限为战国时期，下限为西汉中期。

其中，小松山 1 号墓位于山脚，而且墓坑较大、较深。随葬品中出现了属于汉式器物的三足陶器、五铢钱、铜提梁壶等。其中一件铜壶的圈足上还刻有隶书"二千石大徐氏"6 字。据《汉书·百官公卿表》载："郡守……秩二千石。"滇池地区于西汉元封二年（前 109 年）设立了益州郡。由这件铜壶可推测该墓应与益

---

① 云南省文物考古研究所：《云南元江县洼垤打篙陡青铜时代墓地》，《文物》1992 年第 7 期。

州郡的某任徐姓太守有关。①

十六、陆良薛官堡古墓群

薛官堡墓地位于云南省曲靖市陆良县马街镇薛官堡村西南角，东距 G324 国道约 600 米，北距县城中枢镇约 11 千米，西北距南盘江上游（属珠江水系）约 10 千米，海拔 1859 米。20 世纪 60 年代，当地村民在村西南周家坟一带建房、筑坟、取土、打井和耕作过程中曾多次发现青铜器和铁器，当地政府和公安机关曾收缴和征集过部分遗物。2005 年，云南省文物考古研究所、曲靖市文物管理所和陆良县文物管理所等单位再次进行勘探，发现近百座古墓葬，初步判定该处存在青铜时代的古墓葬群。②2012 年 6 月至 8 月和 2013 年 7 月至 9 月，经报国家文物局批准，中国社会科学院考古研究所联系云南省文物考古研究所、陆良县文物管理所等相关单位对薛官堡墓地先后进行两次考古发掘。墓葬均为竖穴土坑墓，大多不见葬具，有一小部分于墓坑下部清理出板灰痕迹或炭化的木材，应与棺椁等木质葬具有关。墓地随葬品共计 286 件（组），主要有铜器、铁器、陶器、玉石器、漆木器等，其中铜器数量最多，且均为青铜制品，以兵器、工具和装饰品为主，有剑、戈、矛、镞、镖、箙饰、镈、斧、锛、凿、锄、削刀、扣饰、镯、铃、镜、印章和钱币，铁器除矛、斧、削刀外还有铜柄铁剑等少量铜铁合制器，陶器则包括罐、高领罐、釜、豆、纺轮等，玉石器有玦、璜、镯、扣、管饰、珠等，漆木器则发现较少，大多仅剩

---

① 云南省博物馆文物工作队：《呈贡小松山竖穴土坑墓的清理》，《云南文物》1984 年第 6 月（第 15 期）。
② 云南省文物考古研究所等：《云南陆良县薛官堡古墓群考古勘查报告》，2005 年内部资料。

漆皮。有关专家经多种因素分析，将部分出土随葬品的墓葬分为两期，第一期墓葬年代大致在战国中晚期至西汉早期，第二期墓葬年代在西汉中晚期至东汉初年。而就文化面貌和特征而言，薛官堡墓地与滇池地区的滇文化既有联系又有区别，该墓地可能与劳浸、靡莫之属一类的族群有关。①

十七、师宗大园子墓地

大园子墓地位于云南省曲靖市师宗县漾月街道新村社区，是师宗县境内发现的第一处青铜时代的墓葬遗存。大园子墓地地处师宗盆地南部一处缓丘的边缘，北侧地势低洼，有湿地分布。湿地附近有子午河向北流入九龙江，属南盘江水系。墓地外形呈近椭圆形的土堆状，东西长约 100 米，南北宽约 50 米。墓地与村庄相连，地势较高，其上覆盖茂密林木，并分布有一些近现代墓葬，当地村民俗称其为"杨家大园"或"大园子"。

2015 年和 2016 年，中国社会科学院考古研究所、云南省文物考古研究所、曲靖市文物管理所、师宗县文物管理所先后对大园子墓地进行两次发掘，揭露面积 350 平方米，清理墓葬 402 座。墓葬均为竖穴土坑墓，出土随葬品 600 余件（组）。随葬品种类主要包括兵器、工具和装饰品，质地以铜器为主，其次为玉石器，另有少量木器，陶器罕见。出土的铜器均属青铜制品，器类有剑、戈、矛、钺、臂甲、锛、锄形器、凿、削刀、镯、铃、扣饰、簪等。从墓葬文化特征及出土的器物看，大园子墓地具有鲜明的战国秦汉时期西南少数民族地区风格。

《汉书·西南夷两粤朝鲜传》载："至（西汉）成帝河平中，夜

---

① 中国社会科学院考古研究所、云南省文物考古研究所等：《陆良薛官堡墓地》，文物出版社 2017 年版。

郎王兴与钩町王禹、漏卧侯俞更举兵相攻。"按历史地理学界的研究意见，西汉时的漏卧县位于今云南罗平一带，另外今泸西附近设有漏江县。师宗正处在罗平、泸西之间，故大园子墓地或为探寻史书中的漏卧古国提供线索。①

十八、玉溪刺桐关青铜时代遗址

刺桐关遗址位于云南省玉溪市北城镇刺桐关村东旁的小山坡上。遗址东西两边是高山，山为南北走向，西山较为陡峭，东山高而坡长，在坡地上分布着大小不等的冲沟，遗址就坐落在东山坡积地上。遗址南面是玉溪盆地，北距晋宁石寨山约15千米。刺桐关遗址的发现起因于1990年修建昆明至玉溪的铁路。同年10月到次年1月，由云南省文物考古研究所领队，玉溪市文物管理所、红塔区文物管理所联合对该遗址进行了发掘。发掘共布5米×5米探方108个，面积2700平方米。出土遗物为大量陶片和少量石器、铜器残片。刺桐关遗址发掘后，取出土陶片做热释光年代测定，测定结果显示该遗址年代大致为春秋至西汉这一时期。由于出土陶器器型单一，出土的石器、铜器等其他文化遗存极少，由此推测，该遗址很可能是一般村民的居址。②

十九、广南牡宜木椁墓

2007年9月，云南省文山壮族苗族自治州广南县文物管理

---

① 云南省文物考古研究所网站：http://www.ynkgs.com/html/discover/20160118100636.htm；中国社会科学院考古研究所、云南省文物考古研究所等：《云南师宗县大园子墓地发掘简报》，《考古》2019年第2期。
② 云南省文物考古研究所等：《玉溪刺桐关青铜时代遗址发掘报告》，见《云南考古报告集》（之二），云南科技出版社2006年版。

所传来消息，因多日大雨，该县黑支果乡牡宜村白龙坡坡顶塌陷后，暴露出一古代墓穴，墓穴中发现陶罐等文物。

文山州文物管理所当即将情况上报云南省文物考古研究所，并会同文山州文物管理所、广南县文物管理所相关同志赶赴现场，于 2007 年 9 月 12 日开始抢救性清理工作。墓葬北距县城 48 千米，南距黑支果乡政府所在地 8 千米。因挖树根及盗掘活动，墓葬封土堆已大部分被破坏。经清理，墓坑口长 5.1 米，宽 4.2 米，深 2.9 米。椁室长 4.46 米，宽 2.8 米，高 2 米，为竖穴式木椁墓，椁室用 7 块长 2.8 米、宽 0.5 ~ 0.8 米、厚 0.2 米的木板为顶盖，其中两块板已塌陷。椁室内靠西端用木板搭成一台板，木台高 0.64 米。在木台上靠西端椁室，两块高 0.22 米的横置木块上放置了头箱，头箱长 2.1 米，宽 0.84 米，高 0.66 米。头箱用整段树木抠成方凹槽，两头为插板，东北角有一锯开的 0.3 米 × 0.3 米见方的开口。后经了解，开口是盗墓的李氏兄弟所为，但他们并未从头箱内取出东西。清理时头箱内空无一物，仅从底板发现数枚五铢钱。

该墓葬出土的金属器有铜钵、铜灯、锡合金的鼎与盘、鸡形壶和五铢钱，漆木器多为漆耳杯，还有漆盘和一些漆器残片，木器则有木马、车马器、案脚等，陶器均为几何印纹硬陶，有陶缸和陶罐等。在该墓还清理出 5 件木牍残片，但已是残缺不全、字迹模糊，可辨识有"××三枚""××三枝""王笋一"等字样，由此判断木牍记录着各种随葬品的名称和数量。从出土的青铜器、漆木耳杯、木雕车马器、五铢钱币等器物的形状、纹饰和质地看，应为汉代最典型的用具。从其规模、造型等分析推断，墓葬年代为汉代，上限为西汉，下限不晚于东汉时期。墓主应是地方头领或具有很高政治、经济地位的王侯。[①]

二十、梁堆墓

在西汉以前，滇文化葬俗都是掘坑埋葬死者，不加封土，即所谓"墓而不坟"；春秋战国时期，中原地区就已经出现修筑高坟、立碑刻铭的习俗。随着两汉时期打通西南少数民族地区通道，这种习俗也被带入云南。梁堆墓是云南东汉至唐代中期在地表有巨大封土堆的墓葬，被本地老百姓称为"梁王堆""粮堆""梁堆"，因此得名。

梁堆墓分布主要集中在昭通、曲靖、昆明一带，数量近千，因其突出地表，易受盗掘，今存已不多。墓主姓氏多为爨、李、孟、霍、毛、王、吕等，这些都是当时的"南中大姓"。现已得到的考古资料可以印证，当时滇池地区和滇东北地区是汉族移民的重点区域，移民范围还一直延伸到澜沧江西部。滇东北、滇中以及滇西，分布着大量东汉至南北朝时期的"梁堆"，梁堆墓的分布范围，也是基本按照南方丝绸之路中的一段路线向南、向西分布的。[②]

二十一、川滇地区的大石墓

1975 年春天，由四川大学历史系、四川省博物馆和当时的西昌县博物馆所组成的四川省安宁河流域联合考古调查队来到四川西南的安宁河谷流域时，发现了这座由众多巨大石块组成的大石

---

① 杨帆、曾跃明：《广南县牡宜木椁墓与句町古国》，《文山师范高等专科学校学报》2008年第3期，第1—9页。
② 张增祺：《古代云南的"梁堆"墓及其族属新探》，《云南民族学院学报》1989年第4期。

堆。这个墓是以大石为主要载体砌成的，用大石来覆盖墓顶，因此就给这类古墓起名为大石墓。大石墓也是南方丝绸之路上特殊而重要的墓葬形式之一。

大石墓均成群成组分布，一般 3 ～ 10 座为一组，背山面水，昂然耸立，秩序井然，排列有序。

大石墓中出土的生活用具有深腹瓶、大口尊、平底罐、单耳罐、双耳罐、带流壶等，生产工具有陶纺轮、石镞、石凿、铜刀、铜镞等，饰品有铜手镯、铜发饰、铜铃、铁环、玛瑙珠等。有的墓里发现了稻壳的痕迹。

云南省境内也有一些大石墓的遗迹，但大都分布在滇西，例如云南楚雄彝族自治州的姚安县，大理白族自治州的祥云县、弥渡县、南涧县、宾川县、巍山县和临沧市双江县等。[①]

云南大石墓特点与四川相比略有不同，云南的大石墓大多没有墓门，建墓前先在地面上挖掘一块长方形土坑，坑底四周均挖出沟槽，紧靠在坑壁处砌有板状大石块，石块下部插入沟槽，两石之间的空隙处用大小适当的碎石填满，且用小石块铺满底部。云南的大石墓分为单室和多室。张增祺先生认为大石墓的主人是沿澜沧江河谷进入滇西地区的南亚语系高棉民族，四川的大石墓一般比云南滇西地区的晚。[②]赵德云先生则倾向于认为大石墓应是由横断山区从北至南传播至滇西地区成形，再折而向北进入安宁河流域，表明文化传播的复杂性。[③]一般而言，大石墓中无葬具，人骨一般放置于墓底，所葬人数从数人到上百人不等。大石墓墓葬方式也较为不同，通过考古发现，大石墓里的人骨是将人

---

① 《祥云检村发掘三座石椁墓》，《云南文物》1878 年第 8 期；《弥渡苴力战国石墓》，《云南文物》1982 年第 12 期；《云南姚安西教场黄牛山石棺墓》，《考古》1984 年第 7 期；张增祺：《西南地区的"大石墓"及其族属问题》，《考古》1987 年第 3 期。
② 张增祺：《西南地区的"大石墓"及其族属问题》，《考古》1987 年第 3 期。
③ 赵德云：《安宁河流域大石墓的分期及相关问题》，《考古》2019 年第 3 期。

的头骨和其他骨骼分开放置。头骨堆放紧凑，主要放置在靠山一侧，其他骨头则放置杂乱，堆在另一侧。巧合的是，这些墓葬中的头骨数量基本为"5"的倍数，如5、10、15等。由此可见，大石墓的主人可能早期掌握着五进制的运算规律，而这种早期五进制应与人的一只手有五根手指有关。直到20世纪中期，非洲肯尼亚和尼日利亚的约鲁巴人仍在使用五进制。

大石墓的发展演变是一脉相承的，从新石器时代晚期延续至东汉初期，经历了千余年漫长发展演变。从大石墓分布的地理位置来看，越到后期的墓葬，分布的海拔越高，一般都在2000米以上。

而对于大石墓的主人，目前学术界说法不一：童恩正先生认为是邛都的遗迹。[1] 有些人认为是笮都遗留。[2] 有人认为是"苞蒲蛮"，属南亚语系孟高棉族。[3] 大石墓可能出现于滇西地区的今楚雄州境内，最早可能在西周至春秋时期，向西传播至大理地区，向北传播至安宁河流域，得到较大的发展，而大理地区除少数墓葬外，一直保持着较为原初的形制结构。[4] 安宁河流域的大石墓，也可能存在由南至北、由下游向上游传播的可能性。[5]

另外，除了上述列举的遗址或墓葬外，南方丝绸之路途经沿线还有一些著名的遗址和墓葬。例如大英博物馆东方部在20世纪40年代末收集的云南青铜器，据传是出自云南晋宁梁王山。此外还有东川古冶炼铜遗址、呈贡龙街石碑村墓葬、昆明上马村五台山墓葬、昆明大团山墓葬、江川团山墓葬、嵩明凤

---

① 童恩正：《四川西南地区大石墓族属试探——附谈有关古代濮族的几个问题》，《考古》1978年第5期。
② 唐嘉弘：《试论四川西南地区大石墓的族属》，《考古》1979年第5期。
③ 张增祺：《西南地区的"大石墓"及其族属问题》，《考古》1987年第3期。
④ 赵德云：《安宁河流域大石墓的分期及相关问题》，《考古》2019年第3期。
⑤ 李连：《安宁河流域大石墓的再探索》，《西南民族大学学报（人文科学版）》1987年第1期。

凰窝墓葬、安宁太极山墓葬、东川普车河墓葬、宜良纱帽山墓葬、昭通桂家院子东汉墓等，均出土了一系列有价值的文物资料。这些宝贵的历史文化遗产都是早期南方丝绸之路最好的见证者。①

---

① 黄德荣：《大英博物馆收藏的一批云南晋宁梁王山出土的青铜器》，见《考古学集刊》(10)，地质出版社1996年版；云南省博物馆文物工作队：《云南德钦永芝发现的古墓葬》，《考古》1975年第4期；云南省博物馆文物工作队：《云南德钦县纳古石棺墓》，《考古》1983年第3期；徐杭川：《云南东川古冶铜遗址调查简报》，《云南文物》第25期；李天祐：《云南东川发现的古代采铜遗址调查》，《云南文物》第36期；云南省博物馆文物工作队：《云南呈贡龙街石碑村古墓群发掘简报》，《文物资料丛刊》1980年第3期；云南省文物工作队：《昆明上马村五台山古墓清理简报》，《考古》1984年第3期；云南省博物馆文物工作队：《昆明大团山滇文化墓葬》，《考古》1983年第9期；云南省博物馆文物工作队：《云南江川团山古墓葬发掘简报》，《文物资料丛刊》第8期；云南省文物考古研究所等：《嵩明凤凰窝古墓葬发掘报告》，《云南文物》2003年第1期；云南省文物工作队：《云南安宁太极山古墓葬清理报告》，《考古》1965年第9期；云南省文物工作队：《云南东川普车河古墓葬》，《云南文物》1989年第12期；云南省文物考古研究所：《石寨山文化考古发掘报告集》（上册），科学出版社2016年版；云南省文物工作队：《云南昭通桂家院子东汉墓发掘》，《考古》1962年第8期。

两汉遗珍——两汉时期南方丝绸之路沿线的重要文物与对外交流

一、扣饰

有翼虎错金镶嵌银带扣及其他盾牌扣饰

云南晋宁石寨山 7 号墓出土的有翼虎错金镶嵌银带扣是一件可以反映早期南方丝绸之路交流的重要文物。[①]（图 2-3）此件银带扣长 10.1 厘米，有一面呈椭圆形，器物整体成方形，造型与现代人腰间使用的皮带扣相似。

整件器物形制奇特，头椭圆尾方，似盾牌，正面有突起的花纹，装饰华丽。带扣中央为一只有翼虎（长有翅膀的老虎）。有翼虎翘尾昂首，双目炯炯。虎眼内镶嵌黄色透明琉璃珠，全身嵌错金片

图 2-3 有翼虎错金镶嵌银带扣，云南省博物馆藏

---

① 云南省博物馆：《云南晋宁石寨山古墓群发掘报告》，文物出版社 1959 年版，第 112 页。

和绿松石小珠子。不仅如此，虎的前爪还抓有一个树枝形物，栩栩如生。

盾牌形带扣在中原地区的出现时间一般不早于西晋时期。近代王国维曾考证汉末才开始出现这些带扣。夏鼐和王国维的推断大致相当，认为我国出土的此类盾牌形带扣的出现时间约在魏晋以后。①

晋宁石寨山西汉中期墓葬中出土的银带扣比内地早近400年，而云南青铜时代遗物中极少有银器，且有翼虎形象出现在银带扣上的文物仅此一例。相较于同时期其他出土文物而言，尽管动物形象很多，但都没有出现有翼虎形象。因为器物上镶嵌有宝石和黄金片，艺术构思和形象特征都是西亚地区的传统风格，张增祺认为，这件银带扣很可能最早由西亚地区传入云南，然后又传至中原地区和日本，出土的这件是西亚地区的原产品。②滇池区域出土的这件盾牌形有翼虎银带扣说明古滇国与西亚地区曾有一定的交流。

此外，在羊甫头墓地发掘前，武警边防学校、公安部门追缴了一批文物，其中就包括一件与上文银带扣类似的西汉时期的

图 2-4 昆明羊甫头墓地采集的盾牌形带扣，云南省博物馆藏

盾牌形带扣（原报告称其为"压模金带扣"）。此带扣长10.5厘米，宽4.5～5.5厘米，模压浮起一变形龙雕。龙身短小，臀部肥硕，身披丝带，脚踏祥云，口吐长信，两眼用玻璃状透明物镶嵌，

① 夏鼐：《晋周处墓出土的金属带饰的重新鉴定》，见夏鼐《考古学与科技史》，科学出版社 1979 年版，第 122 页。
② 张增祺：《战国至西汉时期滇池区域发现的西亚文物》，《思想战线》1982 年第 2 期。

呈三角眼形，小耳后撇，爪尖锋利，身上密布龙鳞；龙头下有一虎，两眼也用透明物镶嵌，小圆耳，嘴巴大张呈撕咬状。[1]（图2-4）因为我国出土此类盾牌形带扣的时间大致是在魏晋以后，而这件器物属于西汉时期，故从其盾牌样式来看，应属外来产物或由本地工匠结合外来工艺所做，这反映了南方丝绸之路上的文化传播。

鎏金二怪兽铜扣饰（旧称"狮身人面像铜牌饰"）

这件器物是晋宁石寨山13号墓中所出。[2]（图2-5）在未正式定名之前的很长时间里被有关专家称为"狮身人面像铜牌饰"，因为扣饰上有明显的狮身和人面形象。狮子属哺乳纲食肉目，是猫科大型动物，其繁衍能力非常强，曾广泛分布于非洲、欧亚和北美大陆。

在西亚及北非等地，雄狮很早就被视为守护神而广泛地伫立在陵墓或神庙的入口处。亚洲盛产狮子，但是很多亚洲东部地区国家不产

图 2-5 狮身人面像铜牌饰（现文物定名为"鎏金二怪兽铜扣饰"），云南省博物馆藏

狮子。[3]美国已故著名汉学家薛爱华曾说过："在古代的亚洲，在印度、波斯、巴比伦、亚述和小亚地区，狮子这种巨大的猫科动物是很常见的动物。在古典时代，甚至在马其顿和色萨利也可以见到狮子的身影。"[4]

在中国先秦的史籍中称狮子为狻猊，后来在文献中称其为"师

---

[1] 昆明市官渡区博物馆：《昆明羊甫头文物精粹》，云南人民出版社2003年版，第251页。
[2] 云南省博物馆：《云南晋宁石寨山古墓群发掘报告》，文物出版社1959年版。
[3] 尚永琪：《莲花上的狮子——内陆欧亚的物种、图像与传说》，商务印书馆2014年版，第2页。
[4]〔美〕薛爱华：《撒马尔罕的金桃——唐代舶来品研究》，吴玉贵译，社会科学文献出版社2016年版，第229页。

子"或者"虪"。许慎《说文解字》中提到："虪，虎鸣也，一曰师子。"[1] 狮子因体形巨大、形象凶猛，故后世多用石刻狮子镇门、镇宅。中国新疆维吾尔自治区就出土了一些汉朝之前有关狮子艺术形象的文物。文献记载，西汉时期狮子才传入中国，据专家考证，在西汉时上林苑"兽圈"中就有狮子圈。东汉继续从大月氏、安息、疏勒等西域国家获得狮子。[2] 现在所能见到的狮子形象在西汉时已定型。20 世纪 80 年代初，陕西咸阳汉元帝渭陵寝殿曾出土玉狮子；1976 年，苏州虎丘农机厂出土有汉成帝河平元年（前 28 年）铭文的辟邪形铜座，其形态属于有翼狮形兽。[3]

而在南方丝绸之路上云南晋宁石寨山 13 号墓中出土的这件鎏金浮雕的铜牌饰可以反映早期交流情况。此件牌饰高 8 厘米，长 14.5 厘米，背面有便于悬挂的矩形钮，正面浮雕两只交股站立的狮子。狮面似人面形，头上有长角，可以清晰地看到口中的獠牙，耳足上均戴有圆形环，很像是滇池区域滇文化墓葬中同时期出土的玉耳环和玉璧形手镯。狮身上下有 4 条蛇缠绕，蛇口噬狮面颊，两狮神态自若、岿然不动地站立着。

中国开始引入狮子是在汉初张骞通西域以后，数量很少，早期只有皇室及内廷人员能够一睹狮子的样子，社会上一般民众是无法亲眼见到狮子的。后随着佛教于南北朝时期的东传与普及，首先在佛寺、佛像中出现了狮子形象。在佛教艺术中，狮子为万兽之王，具有辟邪护法的作用。狮子神格化后，一方面以神兽、灵兽、仁兽形象在佛教造像中出现，另一方面也作为佛的化身被崇拜信奉。而早期老百姓对狮子的直观感受也只是来源于这些塑造的形象。

有专家考证，在滇文化墓葬中发现了不少带矩形钮的铜牌

① 许慎：《说文解字》，中华书局 1963 年版，第 103 页。
② 石云涛：《汉代外来文明研究》，中国社会科学出版社 2017 年版，第 20 页。
③ 沈福伟：《中西文化交流史》，上海人民出版社 2006 年版，第 64 页。

饰，通过其造型和制作工艺可看出应是云南当地的产品。但这件狮身人面铜牌饰或许是当地滇人所制，构思来自印度。狮身人面的艺术构思在我国西汉之前的艺术品上从未见过，可见西汉中期滇池区域发现的狮身人面像

图 2-6 四川雅安东汉高颐墓前的石狮子

鎏金铜饰并非来自我国内地，很有可能是受西亚的希腊化艺术影响下的云南当地产物，这种构思艺术和形体特征在西亚、北非等地普遍存在。[1] 童恩正认为，此件牌饰上二怪兽是狮子变化而来的，古代伊朗的带角狮装饰十分普遍，例如在公元前 5 世纪的苏萨宫殿内发现了铸在戒指上的带角的狮形饰与上釉砖砌浮雕。[2] 铜牌饰图案中两头狮子相背而立的构图，在公元前 1 世纪早期贵霜王朝石雕中可见。在四川雅安东汉高颐墓前的石狮子立于建安十四年（209 年）。（图 2-6）狮子身姿雄壮，胸前刻有飞翼，具有古代波斯艺术风格，很可能是受到波斯文化影响的结果。[3]

鎏金双人盘舞铜扣饰

在晋宁石寨山 13 号墓出土的这件鎏金双人盘舞铜扣饰是2000 年前古滇国人的装饰品，其上出现了南亚人形象。[4]（图2-7）扣饰为青铜制成，器表鎏金，宽约 18.5 厘米，高约 13 厘米。扣饰上展现了两位深目高鼻的男子正在舞蹈的形象。人物脑后挽成小髻，着左衽紧身

图 2-7 鎏金双人盘舞铜扣饰，云南省博物馆藏

① 张增祺：《战国至西汉时期滇池区域发现的西亚文物》，《思想战线》1982 年第 2 期。
② 童恩正：《古代中国南方与印度交通的考古学研究》，《考古》1999 年第 4 期。
③ 石云涛：《汉代外来文明研究》，中国社会科学出版社 2017 年版，第 23 页。
④ 云南博物馆：《云南晋宁石寨山古墓群发掘报告》，文物出版社 1959 年版，第 81—82 页。

长袖衣，下着长裤，腰间配长剑，跣足，手中各持一盘，昂首屈膝，踏于一蜿蜒长蛇身上，边歌边舞。两人双手掌心所持的圆形盘应为铜钹。

日本学者林谦三经考证认定古代的钹起源于西亚，最早发源于埃及和叙利亚，其后，波斯、希腊、罗马都有过与中国的钹性质相同的乐器。印度称其为 Tāla，是"手掌、巴掌"的意思。在印度西北的犍陀罗浮雕上曾发现大型的钹，在西域龟兹古国也发现过小型的钹。[1] 这种乐器从南亚传入内地。通过比较可发现，战国至西汉时期云南青铜器上出现的滇人和昆明人的形象均不穿长裤，而扣饰上的两人从体形外貌到衣着服饰都可判断为南亚人。[2] 从歌舞者的形态衣着可以推断出我国西南边境少数民族古代的生活习俗，同时亦可看到西汉时期西南少数民族的青铜雕铸工艺所具有的独特风采。

四人乐舞铜扣饰

云南晋宁石寨山 17 号墓出土了 4 件高约 8 厘米的乐舞铜

图 2-8 四人乐舞铜扣饰，云南省博物馆藏

① 〔日〕林谦三：《东亚乐器考》，钱稻孙译，人民音乐出版社 1999 年版，第 27 页。
② 李昆声：《云南艺术史》，云南教育出版社 1995 年版，第 114 页。

南方丝绸之路研究丛书　文物考古卷

俑。^①（图 2-8）人俑头梳银锭式发髻，耳戴圆形耳环，双手戴有
很多镯子，右肩斜挎佩剑宽带，短剑系于腰处，其腹部也佩有圆
形的扣饰。衣饰前襟较短而后襟都拖到了地上。人物的两膝下各
束有一条带子，且都为跣足。1 人吹葫芦笙，而其余 3 人跟着音
乐节奏舞蹈，反映了南方丝绸之路上滇池区域的音乐舞蹈形式。

鎏金八人乐舞铜扣饰

　　1956 年，云南晋宁石寨山 13 号墓出土了一件高 9.5 厘米、
宽 13 厘米的鎏金八人乐舞铜扣饰，现藏于云南省博物馆。^②（图
2-9）该扣饰展现的是一个生动形象的乐舞场面。人物分为上下两
层：上层 4 人头戴冠冕，嘴中唱着歌，四肢作舞蹈状，是歌舞演
员。下层有 4 人，其中 2 人吹葫芦笙，1 人吹短管乐器，1 人抱一
鼓形器作拍打状，是为歌舞伴奏的乐师。整件器物反映了早期南
方丝绸之路上的乐舞合奏场景，这样的场景与现代的舞台演奏极

图 2-9　鎏金八人乐舞铜扣饰，云南省博物馆藏

① 云南省博物馆：《云南晋宁石寨山古墓群发掘报告》，文物出版社 1959 年版，第 80 页。
② 云南省博物馆：《云南晋宁石寨山古墓群发掘报告》，文物出版社 1959 年版，第 80—81 页。

为相似，上层为舞台，下层是乐池。

四川击鼓说唱陶俑

这件陶俑于 1957 年在四川省成都市天回山崖墓出土，墓葬年代为东汉晚期。陶俑高 56 厘米，俑头上戴帻，额前有花饰，袒胸露腹，两肩高耸，着裤赤足，左臂环抱一扁鼓，右手举槌欲击，张口嬉笑，神态诙谐，动作夸张，生动活泼地表现了俳优说唱形象。[1]（图 2-10）

汉朝民间极其盛行俳优说唱表演。汉代俳优表演风格诙谐、滑稽，充满讽刺意味，他们随侍主人身旁，作即兴表演，供主人

图 2-10 四川击鼓说唱陶俑，中国国家博物馆藏

和宾客们娱乐。表演时，俳优们一般边击鼓边歌唱。而当时的皇亲国戚、官员豪富蓄养俳优之风也甚盛，汉武帝"俳优侏儒之笑，不乏于前"，丞相田蚡"爱倡优巧匠之属"。在画像石的乐舞百戏图中经常可以看见一些身材粗短、上身赤裸的人物形象，他们动作滑稽、表演夸张。在四川的东汉墓中先后出土多件形象类似的击鼓说唱俑，这说明当时在成都平原此类表演形式非常流行。

二、宝石类文物

肉红石髓是世界各地常见的玉石品种，但蚀花肉红石髓珠是非自然形成的，它是由人为加工而成的特殊珠子，采用特殊工艺

---

[1] 四川省博物馆文物工作队：《成都天回山崖墓清理记》，《考古学报》1958 年第 1 期。

技法形成表面特殊纹饰。

蚀花肉红石髓珠最早见于印度河流域哈拉帕文化的昌胡·达罗遗址。[①] 早在前萨尔贡时期（前2700—前2350年）就已经传到美索不达米亚地区[②]，在阿斯马尔丘、乌尔王陵、基什等地都有发现。[③] 培克认为美索不达米亚地区的蚀花肉红石髓珠年代虽较早，但蚀花技法和珠形完全和印度河流域一致，有些连花纹也相同，应出于同一来源。[④] 约安·阿鲁兹根据最近的考古发现指出，其中有些装饰图案是典型的近东风格，在印度河流域不常见，由此表明近东地区可能存在地方性制造工场。[⑤]

1956年，云南晋宁石寨山13号墓出土的一串蚀花肉红石髓珠一直未得到辨识。（图2-11）其中有一颗是蚀花的标本，珠身上有10

图2-11 云南晋宁石寨山出土的玛瑙及蚀花石髓串珠，蚀花石髓串珠为串珠右边带白色条纹者，云南省博物馆藏（杨雪吟拍摄）

---

① 哈拉帕文化是南亚次大陆青铜时代文化，以考古发现的著名城市遗址哈拉帕而得名，因分布中心在印度河流域，故又称印度河文明。该文明的中心时期在公元前2500—前1700年，但在前两千纪出现的南部地区文化可能延续到更晚的时候。该文明的两座典型城址是摩亨佐·达罗和哈拉帕。摩亨佐·达罗考古遗址，位于巴基斯坦南部的信德省拉尔卡纳县，靠近印度河右岸。1980年联合国教科文组织将摩亨佐·达罗考古遗址作为文化遗产，列入《世界遗产名录》。哈拉帕城址位于巴基斯坦旁遮普省，在沙西瓦尔（距拉哈尔约250千米）西南35千米处，而昌胡·达罗遗址在印度河文明遗址中发掘规模很大，具有代表性。

② Nirarika, A Study of Stone Beads in Ancient India, pp.13-14, Bharatiya Kala Prakashan, Delhi, 1993.

③ Ernest Mackey, Bead Making in Ancient Sind, Journal of the American Oriental Society, Vol.57, No.1, 1937.

④ H. C. Beck, Report on Selected Beads from Harappa, Madro Sarup Vats, Excavations at Harappa, pp.392-431, Munshiram Manorarlal Publishers Pvt.Ltd, New Delhi, 1997.

⑤ Joan Aruz, Art and Interconnections in the Third Millennium B.C., Art of the First Cities, the Third Millennium B.C. from the Mediterranean to the Indus, pp.239-250, the Metropolitan Museum of Art, New York, Yale University Press, New Haven and London, 2003.

图 2-12 云南江川李家山 69 号墓出土的蚀花石髓珠，通长 6.1 厘米，直径 2.2 ~ 2.3 厘米，李家山青铜器博物馆藏

道分 4 组的平行线，这些平行线经化学腐蚀后呈现出不透明白色。这件标本在 1972 年赴北京准备参加出国展览时受到考古学家夏鼐的关注。夏鼐根据前人的研究和实地调查将它确定为蚀花肉红石髓珠。[①] 云南晋宁石寨山 13 号墓、李家山 69 号墓、广州游鱼岗 3029 号墓等几座西汉墓，各出土人工蚀花的枣核形肉红石髓珠一颗，均在橙色石质上蚀出白色的平行条纹。（图 2-12）新疆和阗、沙雅等地也发现过 6 颗此类石珠，但形状、花纹与以上两例微异。在汉代，蚀花珠子广泛分布于中亚各地，其中又以贵霜时期的坦叉始罗（巴基斯坦白沙瓦附近）发现的最多。这些蚀花珠和我国出土的蚀花珠几乎完全相同。

随后经考古发掘，在曲靖八塔台、呈贡天子墓葬中也发现了这种蚀珠。南方丝绸之路的早期贸易，也可以通过云南发掘出土的蚀花肉红石髓珠证实。研究发现，该墓地出土的 16 件标本，中央穿孔直，粗细较均匀，孔径大多很小，与玉器、玛瑙器等钻穿孔的工艺迥然不同。[②] 经过专家考证推测，这些标本很可能是从印度河流域输入的，而不是用外地传入的技术在当地制作的。[③]

根据赵德云的研究，中国出土的汉代及以前的蚀花肉红石髓珠从可以确认的标本看，集中分布于西北地区和云南、广东一

① 作铭：《我国出土的蚀花的肉红石髓珠》，《考古》1974 年第 6 期。
② 云南省文物考古研究所等：《江川李家山——第二次发掘报告》，文物出版社 2007 年版，第 222 页。
③ 云南省文物考古研究所等：《江川李家山——第二次发掘报告》，文物出版社 2007 年版，第 233 页。

带，中原地区也有少量发现。中国出土的蚀花肉红石髓珠应该都来自域外，广州、云南等地出土的两汉时期的蚀花肉红石髓珠可能来自东南亚和西亚，其余的都与印度河流域关系密切。[①]

法国学者米·皮拉左里也曾提到泰国中部偏西的北碧府的班东枚菲遗址出土了50余枚刻画肉红玉髓和玛瑙珠，以及数以百计的扁平素面肉红玉髓箍状玛瑙珠和数以千计的印度玻璃珠。这些都证明了印度和中国云南之间存在着贝和稀有珠宝交易的贸易网。[②]法国索邦大学的贝蕾妮丝·贝丽娜认为，玛瑙和肉红石髓珠是印度和东南亚交流关系的"信息指示器"，为双方公元前一千纪关系的研究提供了新证据，东南亚上层社会将进口珠饰作为身份和地位的象征，并很可能引进印度工匠进行加工和生产。[③]虽然学界众说纷纭，但不管如何争论，在云南出土的这些蚀花肉红石髓珠印刻着南方丝绸之路对外交流的早期痕迹。

蜻蜓眼玻璃珠是以眼睛图案进行装饰的玻璃珠，制作方法是在珠体上嵌入一种或数种不同于母体颜色的玻璃，组成一层或多层类似眼睛效果的玻璃珠，或是在珠体上制造出视觉上凸出表面的眼睛形状，形成一种鼓眼的效果。其外观颇似蜻蜓的复眼，西方学界称之为"眼式珠"或"复合眼式珠"。[④]中国古代玻璃器研究著名专家安家瑶女士称其为"镶嵌玻璃珠"。[⑤]它也是南方丝绸之路对外交流的重要见证者。

蜻蜓眼式玻璃珠产生时间非常早，公元前两千纪即在地中海

[①] 赵德云：《西周至汉晋时期中国外来珠饰研究》，科学出版社2016年版。

[②]〔法〕米·皮拉左里：《滇文化中的贝和铜钱》，蒋志龙译，见《贝币研究》，云南大学出版社1997年版，第230页。

[③] Bérénice Bellina, Beads, Social Change and Interaction between India and Southeast Asia, Antiquity, 2003(6).

[④] 赵德云：《西周至汉晋时期中国外来珠饰研究》，科学出版社2016年版，第54页。

[⑤] 安家瑶：《镶嵌玻璃珠的传入及发展》，见《十世纪前的丝绸之路和东西文化交流》，新世纪出版社1996年版，第351—368页。

沿岸出现，目前发现的最早标本属于埃及第十八王朝（前1550—前1307年）。[1] 在玻璃珠产生之前埃及还使用过用黏土制造的蜻蜓眼式珠子。[2] 古埃及的眼睛装饰器物十分流行，使用种类繁多，或将眼睛嵌于木乃伊或小雕像上，或将其嵌于棺木上。

　　中国目前发现的蜻蜓眼式玻璃珠已接近千枚，出土数量最多的是战国时期遗址。赵德云进一步论证了蜻蜓眼式玻璃珠在埃及出现后，广泛地在欧亚大陆传播，并形成了若干制造中心，不同的制造中心的产品具有各自的一些特征。中国出土的蜻蜓眼式玻璃珠有的是从域外传入的，有的是模仿西方同类产品制造的，有的则是在西方的基础上加入本土文化的若干因素新创造的。[3] 而云南晋宁石寨山6号墓出土了蜻蜓眼式玻璃珠。[4]（图2-13）原报告称其为料珠，深蓝色，面上嵌有浅蓝色圆点6个。这些非本地所有，可能也是通过南方丝绸之路传入的。

图2-13 蜻蜓眼式玻璃珠，云南省博物馆藏

---

① H. C. Beck, Classification and Nomenclature of Beads and Pendants, Fig.34a, A.7d, Fig.34b, A.10b, B.7a, B.8b, Fig.60, Fig.63, Archaeologia, 77, 1928.
② Joan Mowat Erikson, The Universal Bead, W. W. Norton & Company, 1993, p.139.
③ 赵德云：《西周至汉晋时期中国外来珠饰研究》，科学出版社2016年版，第76页。
④ 云南省博物馆：《云南晋宁石寨山古墓群发掘报告》，文物出版社1959年版，第126页。

三、特殊乐器

万家坝型铜鼓的继承者——石寨山型铜鼓（黑格尔I型铜鼓）

上章综合讲述了最初始的万家坝型铜鼓，随着时间的推移，万家坝型铜鼓已消失不见，演化成为石寨山型铜鼓。1980 年，李昆声、黄德荣在《谈云南早期铜鼓》中首次将晋宁石寨山出土的铜鼓命名为石寨山型铜鼓，在国际上属于黑格尔分类法第Ⅰ类型。越南学者也将黑格尔Ⅰ型铜鼓称为东山铜鼓。这种铜鼓在万家坝型铜鼓的基础上继承与发展，鼓面较宽，铸造工艺也较精细，纹饰多样，有翔鹭羽人、龙舟竞渡、瘤牛、剽牛祭祀和环形、同心、锯齿等纹饰，反映了我国南方古代民族丰富多彩的生活图景，表现了铜鼓铸造技艺日臻完善。石寨山型铜鼓中国现存 70面，其中云南有 50 面。①

石寨山型铜鼓面部宽大，胸部凸出，纹饰丰富华丽，布局对称。鼓面中心是太阳纹，太阳光体与光芒浑然一体，三角光芒之间填以斜线，在鼓面太阳纹之外则是一道道宽窄不等的晕圈，宽晕是主晕，饰以旋转飞翔的鹭鸟。在铜鼓的胸部也有与面部相同的几何纹带，其主晕饰人物划船等写实图像。石寨山型铜鼓流行于云南晋宁、江川、广南，四川会理，贵州赫章，广西玉林和越南北部等广大地区。从南方丝绸之路国外段的路线走向来看，石寨山型铜鼓同样也是南方丝绸之路上当之无愧的见证者。

1977 年 5 月，四川会理县罗罗冲社员从山坡废弃的耕地内掘出一面铜鼓。此件铜鼓通高 30.4 厘米，鼓面直径 41 厘米，足部直径 50 厘米。（图 2-14）鼓面正中为八芒光体，芒呈等腰三角形，芒间饰以各自平行的直线条。胸部为 6 幅划船纹，船身长短

① 李昆声、黄德荣：《中国与东南亚的古代铜鼓》，云南美术出版社 2009 年版，第 79 页。

图 2-14 四川会理县出土的铜鼓（左图为铜鼓花纹细部摹本），
凉山州博物馆藏

不一，每船载 2 ~ 4 人不等。船上的人均椎髻，戴大耳环，着条纹衣裳，执短桨划船。髻上饰鸟羽，或饰带巾，带巾状若蕉叶。在这件铜鼓上还饰有一副颇为生动的牛鸟图，牛为长角高峰的瘤牛。牛均背负一鸟，有的鸟振翅欲飞，有的鸟与地上别的鸟鸣叫相互呼应。[1]

广南羽人船纹铜鼓在石寨山铜鼓中是较大较重的一面铜鼓，高 47 厘米，鼓面直径 68 厘米，上饰太阳纹，反映了先民们对太阳的崇拜。（图 2-15）鼓面分

图 2-15 广南羽人船纹铜鼓，云南省博物馆藏

---

[1] 会理县文化馆：《四川会理出土的一面铜鼓》，《考古》1977 年第 3 期。

十四芒，其外分五晕，饰多种几何图案。鼓胸饰船纹，共有4组，每艘船上4～5人，人物头上戴羽冠。鼓腰饰椎牛纹、鸟纹、舞人纹等，纹饰生动、自然。鼓胸与鼓腰之间饰四耳。这件铜鼓胸部所描绘的场景应是一场规模宏大的求雨祭祀活动，船上的众多人物有巫师、划桨者、掌舵者等。大家都各司其职，祭祀的4艘船上以标柱上高悬鼍纹的船为首，然后围绕着铜鼓按照顺时针方向行驶。该鼓大气沉稳，铸造精细，纹饰美观且保存极为完整，代表了石寨山型铜鼓的最高成就。[①]

1957年，贵州赫章县可乐区辅处公社罗戈寨社员在寨子附近挖沟时，掘出一面铜鼓，后被命名为赫章铜鼓。（图2-16）铜鼓通高24.5厘米，面径45.5厘米，腰径40.3厘米，足径48.8厘米，重10.8千克，现藏于贵州省博物馆。该铜鼓器形如座墩，鼓面略

图2-16　贵州赫章出土的牛纹铜鼓，贵州省博物馆藏

小于胴部，束腰，有对称带状扁耳两对，足向外撇，近沿内收，通体纹饰，鼓面中心有太阳纹九芒，芒间饰四重圈点三角纹。这件铜鼓共八晕，第四晕上绘有鹭鸟6只。胴部有龙舟4只，俱作竞渡状。腰部有4头牛的形象。根据该铜鼓的形制和纹饰判断，属于典型的石寨山型铜鼓。[②]

越南LSb-5722铜鼓于1893年4月由越南河南省南商县如琢乡出土，现藏于越南国家历史博物馆。（图2-17）该鼓面径79.5

---

① 广南羽人船纹铜鼓在1919年出土于云南省广南县南乡阿章寨，《新纂云南通志·金石考》著录并有较详的叙述，《云南省博物馆铜鼓图录》（1959年）著录了第四鼓。此鼓通体完整，为国内现存铜鼓中之最早及最精美者。冯汉骥：《云南晋宁出土铜鼓研究》，《文物》1974年第1期。
② 宋世坤：《贵州铜鼓的分布、类型和断代》，《贵州文史丛刊》1980年。

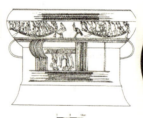

图 2-17 越南 LSb-5722 铜鼓、拓片及纹饰图，越南国家历史博物馆藏

厘米，高 62.6 厘米，胸径 87.2 厘米，腰径 64.2 厘米，足径 82 厘米，足壁厚 0.7 厘米，重 83.6 千克。鼓面中心有十四太阳芒，共十六晕。鼓上刻画了舞人、舂米场景、持矛的人、鹭鸟、羽人竞渡等纹饰。[1]

越南 LSb-5725 铜鼓于 1958 年在越南和平省收集，现藏于越南国家历史博物馆。（图 2-18）铜鼓高 35.5 厘米，面径 49.5 厘米，胸径 53.8 厘米，腰径 42.5 厘米，足径 55 厘米，壁厚 0.4 厘米，重 19.8 千克。鼓身双合范线，鼓面中心有十二太阳芒，共十一晕。鼓上刻画了怪兽、舞人、翔鹭、长喙鸟等形象。[2]此外，国外的考古学家在缅甸也发现了石寨山型铜鼓。（图 2-19）

图 2-18 LSb-5725 铜鼓，越南国
家历史博物馆藏

图 2-19 缅甸发现的石寨山型铜鼓

① 广西壮族自治区博物馆等：《越南铜鼓》，科学出版社 2011 年版，第 20—23 页，第 292 页。
② 广西壮族自治区博物馆等：《越南铜鼓》，科学出版社 2011 年版，第 62 页，第 307 页。

从秦汉时期中央政府对中国西南地区逐步拓土开发开始，中国云南地区特有的文化逐渐消失，而最具本地特色的青铜鼓仍然保持着顽强的生命力，随着古人们的分散定居传播到中国其他地区和东南亚，逐步演变为冷水冲型（西汉中期至南朝晚期）、遵义型（唐宋时期）、麻江型（南宋至晚清）、北流型（西汉至唐代）、灵山型（东汉至唐代）和西盟型（唐代中期至今）铜鼓。在中国，如今铜鼓仍被很多少数民族赋予了各种吉祥的寓意。在云南的一些少数民族地区，铜鼓被有威望的族长珍藏保管，每逢重大节日便敲铜鼓起舞。演奏时既可敲打鼓面也可打击鼓身，奏出各种热闹的曲调作为歌舞伴奏。尤其是在过年时，他们敲击铜鼓希望和神明一起欢度节日并保佑子孙平安、五谷丰登。从考古学证据可以看出，铜鼓从其产生到发展都是沿着南方丝绸之路进行的，铜鼓是先民们智慧的结晶。

在越南东山文化中曾经出现过铜鼓和铜锣并存的状况，如今的云南佤族、克木人在使用铜鼓时也敲击铜锣。而1956年在晋宁石寨山12号墓曾出土一面青铜锣。[①]锣直径54厘米，整体呈斗笠状，有一个用于悬挂的半圆环钮，其器身类似于铜鼓上的"晕状"，正中心分布着八角光芒的太阳纹。其中有23名羽人舞者，领舞者身着长衫，佩有长剑，髻插翎饰，其余舞者戴有羽冠，赤裸上身，身着前短后长的衣裙，所有舞者姿态极其优美。铜锣打击时悬挂在木架上，用木锤敲

图2-20 云南晋宁石寨山出土的铜锣，云南省博物馆藏

① 云南省博物馆：《云南晋宁石寨山古墓群发掘报告》，文物出版社1959年版，第139页。

打，形状与铜鼓类似。（图2-20）

向外辐射——秦汉时期羊角钮铜钟的发展与传播

从楚雄万家坝墓葬发现的最早的羊角钮铜钟出现开始，羊角钮铜钟也在不断地向外传播发展。南方丝绸之路的中路是一条水陆相间的交通线，水陆分程的起点为云南步头，先由陆路从蜀、滇之间的五尺道至昆明、晋宁，再从晋宁至通海，利用红河下航越南。这条线路是沟通云南与中南半岛的最古老的一条水路，秦灭蜀后，蜀王子安阳王即从此道南迁至越南北部立国。

羊角钮铜钟分布地域很广，在中国南方的云南省、贵州省、广西壮族自治区、广东省、湖南省南部和越南的北部都有发现，东到广州，南到越南的兴安，西到云南楚雄，主要是在西江流域和红河流域。现今出土的羊角钮铜钟的分布情况也可以清晰地看出南方丝绸之路的国外段中路和东路的交流。

除中国与越南外，其他国家暂未发现此类器物。据不完全统计，中国境内40件。[①] 而在越南境内共有14件，越南羊角钮铜钟在20世纪20～40年代发现8件，其余6件均为20世纪90年代出土的。以下列举一些经过不断发展后的羊角钮铜钟，可以清晰地看出，钟的出土地点基本与南方丝绸之路的分布路线相吻合。

1956年，云南晋宁石寨山在6号墓中发现一件羊角钮铜钟，此件器物现藏于云南省博物馆。（图2-21）此墓随葬大量青铜器并伴随出土了滇王金印，经考证为滇王墓。在滇王墓室东南角有1件执伞铜俑

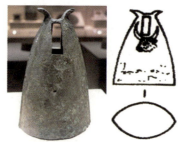

图2-21 云南晋宁石寨山6号墓出土的羊角钮铜钟

---

① 蒋廷瑜：《羊角钮铜钟补述》，《广西民族研究》1989年第4期。

跪在铜鼓上，执伞俑北边置 6 件环钮编钟，南侧置 1 件羊角钮铜钟（原报告把这件羊角钮铜钟称为"大铜铃"）。羊角钮铜钟出土时与 6 件半环钮直筒形的铜编钟放置在一起，钟体饰一线刻牛头纹，牛头的位置在竖长方形透穿孔的正下方，牛角弯至透穿孔上方，弯而长，牛眼十分大，整体形象极为生动。

1989 年，云南省玉溪市元江县牛街一农民锄地时在一个土坑内发现 4 件羊角钮铜钟。（图 2-22）四件钟的形制相同，铸造粗糙，表面凹凸不平，内侧呈平台状，重量分别为 0.45 千克、1.2

图 2-22 云南玉溪元江县牛街出土的羊角钮铜钟，玉溪市博物馆藏

千克、1.25 千克和 1.75 千克。钟体一面刻有一瘤牛，另一面图案模糊，似为虎状纹饰。现藏于云南省玉溪市博物馆。[①]

广西壮族自治区发现羊角钮铜钟 28 件，除去因历史等问题遗失的之外，现存 23 件，其出土羊角钮铜钟数量为全国第一。

1976 年，在广西壮族自治区玉林市容县六王镇龙井坳出土 4 件羊角钮铜钟。（图 2-23）这 4 件羊角钮铜钟的形状和大小略有差异，钟身显得修长。其中一件（容·龙 1 号）钟顶端钮饰为倒八字形，其余 3 件顶端的两片錾钮横拉成一字形，通高 22.7～24.2 厘米，底径

图 2-23 广西壮族自治区容县六王镇龙井坳出土的 4 件羊角钮铜钟，容县博物馆藏（李伟、李维洲拍摄）

---

① 云南玉溪市博物馆资料。

10.3～11厘米。四件钟的面部皆饰S形云纹，和岑溪五铢钱纹铜鼓所饰者相接近，下端饰密集的弦纹。现藏于广西壮族自治区容县博物馆。①

据黎文兰等《越南青铜文化的第一批遗址》一书所载，1927年在越南河北省的北江发现2件羊角钮铜钟，钟高22.5厘米，收藏于越南河内历史博物馆。1932年，在越南北部又发现2件该类型钟，具体地点已失考。其中一件高22.8厘米，已下落不明；另一件高23厘米，底径横长14厘米、纵宽9厘米，孔高4厘米、宽1.8厘米，钟身两面各饰2只长喙长尾的翔鹭，内壁光滑，无铃铛，也藏于越南河内历史博物馆（图2-24）。1941年，在越南兴安省发现4件羊角钮铜钟，当时套在一起，外表均无纹饰，高22～24厘米。越南学者把这种铜钟称为象铃，推测是挂在象颈上的。②

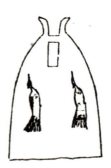

图2-24 翔鹭纹羊角钮铜钟，越南河内历史博物馆藏（红河学院叶少飞拍摄）

以上这些是南方丝绸之路国外段沿线发现的部分羊角钮铜钟。随着时间的推移，羊角钮铜钟从素面到表面刻有纹饰。从出土地点来看，基本是沿着南方丝绸之路国外段中路和东路传播，作为礼乐文明的重要组成乐器，直到越南北部都有分布。

① 广西壮族自治区博物馆：《近年来广西出土的先秦青铜器》，《考古》1984年第9期。
② 〔越南〕黎文兰、范文耿、阮灵：《越南青铜时代的第一批遗迹》，河内科学出版社1963年版。中文本，梁志明译，中国古代铜鼓研究会1982年印。

四、贮贝器

贮贝器较为特殊，世界上其他地区均未出现过，自从被发现以来便被国内外学界所关注。它的艺术价值和工艺价值远远超过贮贝器的实用功能，被称为滇青铜文明中最具有代表性的器物，是社会权力、地位、财富的象征。

贮贝器里到底贮藏的是什么？它为什么会取这个名字？答案十分简单，字如其名——贮藏贝的青铜容器，类似于现代银行的保险柜。这跟古滇国的地理位置有关，其距离大海十分遥远，故海贝十分珍贵。小小的海贝见证了南方丝绸之路上古滇国与中原、南亚、东南亚各国频繁的贸易往来，也见证了古滇国经济的繁荣和发展。

贮贝器造型各异，精美绝伦，一般器高20～40厘米，根据形制分为提桶形贮贝器、束腰形贮贝器、铜鼓贮贝器、铜鼓形贮贝器和异形贮贝器5种类型。[①]贮贝器由器盖、器身两大部分组成，有的是专门制作的筒状带盖贮贝器，有的是用击破鼓面的废铜鼓改制的，还有的是用2件现成的铜鼓对着口合制而成。两鼓合制成的这种贮贝器以一鼓面为底、另一鼓面为盖，器底通常为3足，从力学上看很好地维持了器物的平衡。

《左传》有言："国之大事，在祀与戎。"贮贝器作为古滇国的"国之重器"，除了可以藏贝，精彩之处还在于其器盖和腰部两部分铸造了生动活泼的人物、动物等造型，以及栩栩如生的生产、生活、战争、祭祀等画面。滇文化独具特色的政治、军事、文化、经济和早期南方丝绸之路的交流情况等诸多疑问，往往都可以在贮贝器上找到答案。贮贝器上除了人物活动场面以外，出

---

① 张增祺：《滇国与滇文化》，云南美术出版社1997年版，第158页。

现最多的就是 40 余种的动物造型。这些动物中牛的数量最多，有一牛、四牛、五牛、七牛不等。人物活动则有战争、集市、祭祀、狩猎、纺织、出行、纳贡等多种社会生产、生活场面。其高超的铸造工艺集青铜文化之大成，显示出了古滇人高超的艺术水平和审美能力。自 20 世纪 50 年代至今，在云南晋宁石寨山、江川李家山、呈贡天子庙等地已出土 50 多件青铜贮贝器。现藏于中国国家博物馆的诅盟场面青铜贮贝器的尺寸见方的器盖上竟有 127 个活灵活现、造型各异的立体小青铜人，描绘了一幅生动的活动场景。贮贝器上的造型设计及青铜铸造技术蕴涵着古代滇民的聪慧才智，下面列举几件跟南方丝绸之路相关的贮贝器以供欣赏。

贡纳场面贮贝器，1956 年在云南晋宁石寨山 13 号墓出土。该贮贝器残高 39.5 厘米，原本由重叠的两鼓组成，出土时上鼓已残，下鼓鼓口铸有立体人物、牛、马等，胴、腰间铸四环耳，器身下部铸有四卧牛，出土时贮贝器中装满了海贝。[①]青铜在当时很珍贵，其内部贮藏的海贝价值也就不言而喻。根据发式、装束及行进之状，其口沿所铸雕像大致可以分为 7 组，每组多者 4 人，少者 2 人，其为首者均盛装佩剑，后随者或牵牛引马，或负物，生动地展示了臣服的诸族来向滇王纳贡的场面。（图 2-25、2-26）[②]据《华阳国志·南中志》记载，滇西地区还有"身毒之民"和"僄越人"侨居，表明古代云南地区居民成分是相当复杂的。这些人物形象中，可以明显区分出"椎髻"的滇人和"编发"的昆明人，还可以发现同为"椎髻"的滇人中人们的梳髻位置和服饰又大不相同。当时来往云南的各国客商数量不少，人口流动十分多样。尤其值得注意的是这组背物牵牛的人物均深目高鼻，身

① 云南省博物馆：《云南晋宁石寨山古墓群发掘报告》，文物出版社 1959 年版，第 74 页。
② 云南省博物馆：《云南晋宁石寨山出土有关奴隶社会的文物》，《文物》1959 年第 5 期。

南方丝绸之路研究丛书 文物考古卷

0.98

图 2-25 贡纳场面铜贮贝器，中国国家博物馆藏

图 2-26 贡纳场面贮贝器上的人物形象

穿长裤，和其他人明显不同，推测是侨居云南的外国商人。在古代交通不发达的背景下，云南区位优势尤为明显，所以才可以成为南方丝绸之路上的对外重要门户和货物集散地。

诅盟场面青铜贮贝器，1956 年在云南晋宁石寨山 12 号墓出土。（图 2-30）这件贮贝器通高 51 厘米，盖径 32 厘米，底径29.7 厘米，出土时器内贮贝 300 余枚。贮贝器盖上铸有圆雕立体人物 127 人（未能辨识的残缺人物未算在内）和 1 间干栏式房屋，以干栏式建筑上的人物活动为中心，表现了一幅杀祭诅盟的典礼场面。器身整体呈筒形，其腰微束，两侧有对称的虎形耳，底部则有 3 只兽爪足。房屋建筑主要由屋顶和平台构成。屋顶呈人字形，平台由小柱支撑，上面高凳上垂足坐着一位主祭人。这位主祭人的周围放置 16 面青铜鼓，左前方和右侧均为参与祭祀者，面前摆放着祭品。平台左右两侧为椎牛刑马、屠豕宰羊等场面。平台之后有击打青铜鼓和錞于的乐师，有待刑的裸体男子和持盛物

图 2-28 诅盟场面铜贮贝器局部图

图 2-27 诅盟场面铜贮贝器及
局部图，中国国家博物馆藏

器的妇女等。（图 2-27、2-28）①《华阳国志·南中志》里提到当时的南中习俗说："其俗征巫鬼，好诅盟、投石、结草，官常以诅盟要之。"《建宁郡·味县》条下云："有明月社，夷、晋不奉官，则官与共盟于此社也。"这些都说明"诅盟"为古代西南民族中极为盛行的一种风俗，凡有重大事件都要用盟誓来约束，设立祭坛，供奉祭品，举行典礼。

战争场面贮贝器器盖（M13：356）于云南晋宁石寨山 13 号墓出土。盖径 30 厘米，高 12 厘米。②贮贝器器盖上共有 13 个人物，以全身鎏金的骑马的滇国战士为主体。鎏金战士身着盔甲和战裙，左手持缰绳，右手拿矛，骑着一匹高头大马，坐骑装备也很齐全，马辔头、肚带、缰绳、攀胸、后鞦一应俱全，特别是马脖子下还挂着一个刚刚斩获的敌人首级。其他滇国战士则没有马，分别拿刀或者剑与敌人进行殊死搏斗，场面十分血腥。这件贮贝器描绘了一个紧张、危险、刺激的战斗场面，表现了战争的残酷。（图 2-29）

① 云南省博物馆：《云南晋宁石寨山古墓群发掘报告》，文物出版社 1959 年版，第 75—76 页。
② 云南省博物馆：《云南晋宁石寨山古墓群发掘报告》，文物出版社 1959 年版，第 75 页。

图 2-29 战争场面贮贝器器盖（杨雪吟拍摄）

由于滇国的主要敌人是居住在今大理洱海区域的昆明人。从器物上所描绘的战争情况来看，这场战争滇国军队无疑是占了上风，鎏金战士极为英勇，带领兵士大破敌阵，灵活地挥刀搏杀对手，把入侵的敌人赶出家园。只有他通体鎏金，其他 12 个人都没有鎏金，而且他的装备比其他人要好很多，说明他是一名军官或指挥官。这件器物是滇国真实战争中的一个小小场景的还原，今天看到这件器物，仍会让人感觉身临其境，思绪瞬间穿越到两千多年前那场残酷的战争中去。

五牛一鼓贮贝器（M17：2），1972 年云南江川李家山 17 号墓出土。该器物为一个圆筒形束腰三足的贮贝器。贮贝器通高31.2 厘米，口径 16.3 厘米。器盖上雕铸有 5 头牛和 1 面铜鼓，器盖边沿有四只体格壮硕的牛逆时针围绕一个铜鼓奔跑；硕大的铜鼓中间伫立着一个体格更为壮硕、双目炯炯有神的牛。器身铸双旋纹、三角齿纹、菱形纹。[①]铜鼓和贮贝器在滇国是"重器"之一，象征着权力，而牛同样是财富的象征。在此物上，象征财富

---

① 云南省博物馆：《云南江川李家山古墓群发掘报告》，《考古学报》1975 年第 2 期，第 132 页。

图 2-30　五牛一鼓贮贝器，云南省博物馆藏

的牛威武霸气地站立在象征权力地位的铜鼓上。看似普通简洁的五牛一鼓的组合造型，将墓主人的权利与财富、欲望与奢靡展现得淋漓尽致。此件器物上的牛为瘤牛，也叫封牛，是外来的物种之一。

祭祀场面铜贮贝器，1991 年于云南江川李家山 69 号墓出土。（图 2-31）该贮贝器高 40 厘米，器身为铜鼓形，器盖上共雕铸 35 人，人物分别单独铸造，并放置于器盖相应位置。人物形象高 4～8.5 厘米，马长 8.9～9.1 厘米。盖中央有圆孔，穿孔立有一上宽下窄的立柱，顶较大并作盘状，侧饰雷纹，柱上段饰有曲腰椭圆形斑纹的虎皮、长条毛纹的牛皮，柱底部为铜鼓形。① 该贮贝器展现的是一次农业祭祀活动，乘坐的 4 人全身鎏金，显得雍容华贵，衣着靓丽的贵妇人很明显是此次祭祀仪式的主祭人。

虎牛搏斗贮贝器，1997 年出土于云南省晋宁石寨山 71 号墓。（图 2-32）该贮贝器高 42.8

图 2-31　祭祀场面铜贮贝器，李家山青铜器博物馆藏

---

① 云南文物考古研究所等：《江川李家山——第二次发掘报告》，文物出版社 2007 年版，第 123—126 页。

厘米，器盖直径 20.5 厘米。[①]该器
为一件束腰圆筒形贮贝器，筒腰两
侧装饰有对称的虎形耳，两虎作奋
力向上攀爬状，古朴的造型，却丝
毫不掩万兽之王的威武霸气。虎首
的细节刻画得非常细致，虎口微张
耳后抿，腰腹略微下沉，前肢略
弯，臀略翘，后肢作蹬腿状，獠牙
依稀可见，虎足为三只兽爪形足，
虎尾均向左甩，尽显猛虎威严。器
盖正中间有一棵大树，虬枝苍劲。

图 2-32 虎牛搏斗贮贝器，云
南省博物馆藏

树下两只健硕的牛围绕着一只猛
虎逆时针旋转奔跑，显然是一只猛虎向两头牛发动攻击，而牛面
对猛虎不愿束手就擒，欲弯腰侧头用犄角与猛虎展开生死搏杀，
大有一种鱼死网破、奋战到底的架势。而猛虎的后肢已被牛角刺
穿，恼羞成怒的老虎作伏击状且侧目张口咆哮，不甘示弱，虎首
上扬，怒目而视，獠牙尽露，显然要作最后一搏。震耳的虎啸惊
吓到了树上的两只猴子，这两只体格弱小的猴子因惊吓而爬到树
枝顶端并惊恐地向下张望，树枝上的两只鸟也因虎啸而惊恐地作
起飞状。

　　尽管这个场景只是贮贝器上的一种装饰，却描绘了一场异常激
烈的搏斗场面。象征财富与勤劳的牛与威震八方的猛虎搏斗，体现
了滇民勤劳质朴的外表下同样有着不畏凶险与困难的奋斗精神。贮
贝器器盖上的青铜树很可能是早期神树崇拜的产物，有学者认为这
些神树及树形器是古蜀青铜文化对西南地区各青铜文化的历时性辐

---

① 云南省文物考古研究所等：《晋宁石寨山——第五次发掘报告》，文物出版社 2009 年版，
第 73 页。

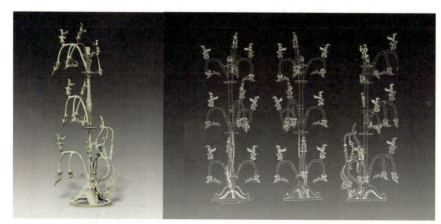

图 2-33 三星堆青铜神树及神树线图，三星堆博物馆藏

射与影响的产物，沿着南方丝绸之路不同程度地向南传播，并在传播过程中与西南诸青铜文化发生碰撞、交融、整合。①

三星堆祭祀坑出土的青铜神树残高 396 厘米，分为树座、树干，树干上有三层树枝，此外还有 9 只鸟和 1 条龙。（图 2-33）②

五、其他文物所见早期南方丝绸之路上的中外交流

木祖与林伽

"木祖"是用木头做成的男性生殖器模型，这是一种古代生殖崇拜的象征。按材质不同，考古学上将其分为"石祖""陶祖""木祖"等。

它产生于母系氏族公社时期。那时人类过着群居生活，孩子只认母亲，不知父亲。人类初级社会阶段面临着维持生活最低需要以及人类繁衍延续的考验。一方面由男性用石器、木棒狩猎和采集、种植等维持生存所需能量，另一方面依赖男女之间的性活

① 段渝等：《论三星堆与南方丝绸之路青铜文化的关系》，《学术探索》2011 年第 4 期。
② 四川省文物考古研究所：《三星堆祭祀坑》，文物出版社 1999 年版，第 214、219 页；高大伦：《三星堆出土文物全记录》，天地出版社 2009 年版，第 212—213 页。

南方丝绸之路研究丛书　文物考古卷

动进行繁衍。人类对于男女的生殖器非常重视，以至于后来逐渐产生了对于男女生殖器的生殖崇拜。

1998 年，在西汉时期昆明羊甫头 113 号墓中出土了 8 件以猪、牛、猴、鹰爪、人物等为装饰的漆木男根——漆木且（木祖）。[①] 木祖一般解释为男性生殖崇拜物。[②] 有学者认为这是从古代印度传入云南的印度教的男性崇拜物——林伽。[③] 林伽是"Linga"的音译，意指男性生殖器，源于印度教三大派之一的印度教性力派，其所崇拜的是从起源至今最重要的主神湿婆形象。湿婆兼具孕育和生殖、破坏和毁灭的双重性格。在印度教中，湿婆的形象众多，而男性生殖崇拜的林伽相被称作其最基本的形象，时至今日仍然得到很多信众的膜拜。从目前部分学者的研究来看，出土于南方丝绸之路上的这些"木祖"和"青铜祖"也是早期古代印度传入云南的林伽本地化的表现。

猪头形木祖，通高 14.8 厘米，长 26.4 厘米。[④] 猪鼻唇前突向外，脸形又由野猪作为模板，小眼直圆，耳长立尖，貌态逼真。整体虽为木祖崇拜，却也不失野猪的相貌，器身髹黑漆为地，用棕红色漆勾勒形象。在兼顾原始元素的同时，也带有物品本身的特点，诸如木祖下部，獠牙锋利且上翘。（图 2-34）

鹿头形木祖，通高 13.6 厘米，长 29 厘米。[⑤] 图 2-35 所示为本件木祖的侧面。从图片不难看出，鹿头形木祖大致结合了原始的生殖崇拜和自然动物的元素而成。一端为鹿头，细看之下，双

---

① 云南省文物考古研究所、昆明市博物馆等：《昆明羊甫头墓地》（第 1 卷），科学出版社 2005 年版，第 239 页。

② 李昆声：《考古材料所见生殖崇拜考——以云南史前及青铜时代为例》，《云南民族大学学报》2003 年第 4 期。

③ 谢崇安：《略述石寨山文化艺术品中所见之早期中印交通史迹》，《四川文物》2004 年第 6 期。

④ 云南省文物考古研究所、昆明市博物馆、官渡区博物馆：《昆明羊甫头墓地》，科学出版社 2005 年版，第 245 页。

⑤ 云南省文物考古研究所、昆明市博物馆、官渡区博物馆：《昆明羊甫头墓地》，科学出版社 2005 年版，第 245 页。

图 2-34 猪头形木
祖，云南省博物馆藏　　　　图 2-35 鹿头形木
祖，云南省博物馆藏　　　　图2-36 祖形铜铲，
云南省博物馆藏

角清晰可见，双角向上自然卷曲，两耳居于侧旁，小巧且尖，乖巧藏于脑后。木祖前部，嘴唇纹理清晰可见，鹿鼻圆润可爱。整件木祖因以鹿作为模板，带有一丝少有的灵动气息。

昆明官渡羊甫头墓 113 号墓还出土了一件祖形铜铲，长约 40 厘米。（图 2-36）铲底为扁平形，边沿向外翘起，很像是现代畚箕。①

罽宾大狗形象

罽宾国又作凛宾国、劫宾国、羯宾国，为汉朝时西域的一个国名，古代中亚内陆地区的一个国家或地区名。古希腊人称喀布尔河为 Kophen，"罽宾"为其音译。罽宾国公元前 4 世纪曾被马其顿帝国的亚历山大大帝征服，其后属巴克特里亚的希腊王朝统治。在公元前 160 年前后，塞种人受大月氏人的驱赶，向南迁徙越兴都库什山，占领喀布尔河流域成为当地新的统治者，此即汉代之罽宾。中国与罽宾建立关系始于汉武帝时期。沿着南方丝绸之路，罽宾商人经常来往中国。该国农业发达，盛产稻米，城市

---

① 云南省文物考古研究所、昆明市博物馆、官渡区博物馆：《昆明羊甫头墓地》，科学出版社 2005 年版，第 245 页。

生活繁荣，商业、手工业较为发达。《汉书》中记载罽宾有大狗：

> 罽宾地平，温和。有目宿、杂草、奇木、檀、槐、梓、竹、漆。种五谷、蒲陶诸果，粪治园田。地下湿，生稻，冬食生菜。其民巧，雕文刻镂，治宫室，织罽，刺文绣，好治食。有金银铜锡，以为器。市列。以金银为钱，文为骑马，幕为人面。出封牛、水牛、象、大狗、沐猴、孔爵、珠玑、珊瑚、虎魄、璧流离。它畜与诸国同。①

而颜师古注引郭义恭《广志》云："罽宾大狗大如驴，赤色，数里摇鞅以呼之。"石云涛先生曾考证罽宾传入的大狗，曾被圈养在上林苑的犬台宫。②

至于史书里记载的大狗是什么样的，我们现今只能从寥寥文字中获悉其体型很大，大如驴。其他的无法得知。除此之外，中原出土文物中也并未发现大狗的形象，文献中同样也没有留下更多的文字材料予以描述说明。而恰恰在南方丝绸之路上古滇国青铜器中，有一幅图像可以窥探到"大狗"形象，我们可以在晋宁石寨山 12 号墓出土的籍田铜贮贝器中找到其存在的痕迹。③ 这件贮贝器的腰部刻有花纹，描述的是一幅社会生产的美好场景。冯汉骥先生考证其为《祈年播种图》，这幅图中描绘了大狗的形象。（图 2-37）

图 2-37 籍田贮贝器拓片全图（黑色拓片部分）

---

① 班固：《汉书·西域传》卷九十六，中华书局 1962 年版，第 3885 页。
② 石云涛：《汉代外来文明研究》，中国社会科学出版社 2017 年版，第 71 页。
③ 云南省博物馆：《云南晋宁石寨山古墓群发掘报告》，文物出版社 1959 年版，第 78 页。

图 2-38 籍田贮贝器局部的线图，由此可清晰地看到大狗形象

该图像也是滇国社会生产劳动的一个缩影，具有很强的写实性。（图 2-38）在图像中可见两条大狗，其身形巨大，头部高度接近人的胸口和肩膀的位置。这两条狗如果站立起来，和人差不多高。从其体形和大小来看，符合历史文献中提到的"罽宾大狗大如驴"的描述。因为滇青铜文化多以写实为主，从人和狗来看都是一种写实性的图像描述，并没有蓄意地夸张烘托，因此这件贮贝器图像上的大狗很有可能是《汉书》中记载的产于罽宾国的大狗。

现代社会按照狗的身高和体重可以将其分为超大型犬、大型犬、中型犬和小型犬。大型犬通常指体高在 61 厘米以上、体重 30 千克以上的犬类。大型犬具备有力、强壮和精力充沛的特质，在恶劣的社会生产环境下可以成为狩猎人的好伙伴。从图像中也可以看出大狗是人们的好帮手，所以工匠们才会将它刻在珍贵的贮贝器上。

南方丝绸之路的瘤牛

牛自古以来被人们所喜爱和歌颂，中国的十二生肖中就有牛。早在商周青铜器上就出现过一些牛的形象。例如湖南衡阳包家台子出土的牛尊[1]，就是整个器皿作牛形。以牛形象作为敬神祈福的彝器纹饰，反映了商周时期对牛的尊崇。

对于滇池区域来说，史书记载："滇池河土平敞。"这里水草肥美，适合耕种，从古至今就适合动物和人类繁衍生息。滇池地

---

[1] 冯玉辉：《湖南衡阳市郊发现青铜牺尊》，《文物》1978 年第 7 期。

图 2-39 现代瘤牛

区的牛都是长峰有角，今称"瘤牛"，直到今天在云南西南部地区仍可见到。（图 2-39）

在滇池区域出土的青铜器上多次出现用牛献祭的场景。因为在农耕社会，牛象征着财富。牛除了可以肉食外，还可以帮助人们耕田，极大地提高了农业社会生产力，每年收获更多的生产资料以养活更多的人。

1972 年，云南江川李家山 24 号墓出土的牛虎铜案就是一件瘤牛文物。这件器物通高 43 厘米，长 76 厘米，为国家一级文物。[1]（图 2-40）其造型由二牛一虎巧妙组合而成，以一头体壮的大牛为主体，牛四脚为案足，呈反弓的牛背作椭圆形的案盘面，一只猛虎扑于牛尾，四爪紧蹬于牛身上咬住牛尾，虎视眈眈地盯着案盘面。大牛腹下立一条悠然自得的小牛，首尾稍露出大牛腹外，寓意大牛牺牲自己保

图 2-40 李家山出土的牛虎铜案，云南省博物馆藏

护小牛，也体现了母爱的力量。牛虎铜案中的大牛颈肌丰硕，两巨角前伸，给人以重心前移和摇摇欲坠之感，但尾端的老虎后仰，后坠力使案身恢复了平衡。

除了牛虎铜案外，南方丝绸之路上紧挨缅甸的腾冲出土了一件"山"字形双钩连旋纹青铜案，高 11.4 厘米，案面长 38.6 厘米，两端宽 24.03 厘米，中间宽 15.2 厘米，重 2.4 千克。该铜案 1989 年

---

① 云南省博物馆：《云南江川李家山古墓群发掘报告》，《考古学报》1975 年第 2 期。

图2-41 "山"字形双钩连旋纹青铜案，腾冲博物馆藏

1月在腾冲曲石江南村张家寨出土，为国家一级文物。（图2-41）

该件铜案由案面和支架组成。案面两端宽，中间稍狭，四角微上翘，呈银锭形。案面由12组对称涡纹、锯齿纹、勾连纹和云雷纹相间而成。案面下连接对称"山"字形支架，支架之间有两横档固定。[1]

此外，1991年在江川李家山68号墓出土了十一人缚牛扣饰。该扣饰通长13.4厘米，高10.3厘米，[2]表现了祭祀前众人合力制服一头健壮公瘤牛的场面。（图2-42）众人螺髻，跣足，手戴多钏。五人推按牛背，两人于前执牛绳，两人于后拉尾，一人大腿被牛角洞穿成倒立状，发型散乱，一人扳牛角。在牛前立一铜柱，柱顶立有一头牛，柱身饰三角形纹和弦纹多道。地面一蛇作竹状形。

因为牛的力量大，牛角又具有攻击性，一般都要至少8个青

图2-42 十一人缚牛扣饰及文物线图，李家山青铜器博物馆藏

---

[1] 李新波：《腾冲文物志》，云南民族出版社2018年版，第414页。
[2] 云南省文物考古研究所等：《江川李家山——第二次发掘报告》，文物出版社2007年版，第115页。

壮年男子合力才能够降服一头牛。牛可能被滇人赋予了多种复杂特殊的情感心理因素，有时被当作神灵来敬畏，牛被献给神灵之后过一段时间，则当作参与民众们的娱乐吃食。

　　1955 年出土于云南晋宁石寨山的一件斗牛（瘤牛）场面长方形扣饰很有代表性。[①]扣饰上描绘了斗瘤牛活动即将开始的场面：在场地上有 3 层看台，最上层坐着 10 个人，中间 2 个人身份高贵，他俩身旁的 8 个人和他们保持一段距离，猜测是随从，中层和下层或坐或蹲的可能是观众。一头奔跑的瘤牛从门中冲出来，

图 2-43　长方形斗牛扣饰，云南省博物馆藏

图 2-44　缅甸的早期玛瑙，上有雕刻的瘤牛形象，从中可以清晰地看到其背上鼓起来的鲜明特征[①]

图 2-45　印度哈拉帕文明的印章，从中也可以清晰地看到瘤牛形象

图 2-46　摩亨佐·达罗出土的瘤牛形象文物

---

① 云南省博物馆考古发掘工作组：《云南晋宁石寨山古遗址及墓葬》，《考古学报》1956 年第 1 期。

活灵活现。（图2-43）观赏动物搏斗在很多民族都存在过，滇人也不例外。同样，缅甸和印度也发现了一些带有瘤牛形象的早期文物。（图2-44、图2-45、图2-46）

铜盒

图2-47 三兽铜盒（三豹钮），云南省博物馆藏

三兽铜盒，云南晋宁石寨山12号墓出土。（图2-47）铜盒高12.5厘米，直径13.9厘米，镀锡青铜器，器盖、器身相扣呈圆球状。鼓腹，圈足，盖和身皆有凹凸有序的莲瓣纹，盖顶雕铸三兽形象。[①] 这种莲瓣纹铜盒是早期西亚、波斯居民常用的器物。

云南有着丰富独特的矿物原料，《续汉书·郡国志》记载，当时全国产锡的地方仅有3处，在今云南境内的则是益州郡"律高，石室山，出锡"，贲古"采山，出锡"。经过镀锡的青铜器，表面呈银白色，不仅比原青铜器美观、富有光泽，且有较强的抗腐蚀性，这便是镀锡青铜深埋地下数千年依然银光闪耀的原因。

图2-48 三鸟铜盒（三鸟钮），云南省博物馆藏

石寨山11号墓还出土了一件铜盒，钮为3只小鸟，口沿稍向内凹入，表面皆呈水银色。（图2-48）整件器

---

① 云南省博物馆：《云南晋宁石寨山古墓群发掘报告》，文物出版社1959年版，第69页。

物大方朴素。①

1991年，云南江川李家山第二次发掘69号墓出土了一件鎏金铜盒，器身和盖腹部铸有凸起颠倒交错的一道尖瓣纹，和石寨山第二次发掘的两件铜盒器形略有差别。李家山69号墓出土的鎏金铜盒（图2-49），

图2-49 云南江川李家山出土的鎏金铜盒，李家山青铜器博物馆藏

盒身与盖均呈半圆球形，盒身口部内敛折成子口，身与盖子扣合后形状为稍扁的圆球形。铜盒平底，矮圈足，底部有2个小孔，腹部铸有凸起的一道颠倒交错尖瓣纹，表面通体鎏金。该铜盒通高16厘米，口径17.6厘米，腹径20厘米。②

这两件石寨山铜盒和李家山出土的鎏金铜盒非常特殊，它们难以纳入我国铸造工艺自身发展序列中。特别是盖面上的3枚兽形钮、鸟形钮与喇叭形圈足，是在原盒基础上后加配的铜铸件。其原因是由锤揲法在金属器上打压凸瓣，与中国公元前用陶范乃至用蜡膜铸花纹的传统迥异。这种器皿被称为筐罍，原为地中海沿岸巴尔干半岛的古罗马人或伊朗的古波斯阿契美尼德王朝和安息王朝制作使用的生活用具，经海运到达广州。③

纵观现有出土文物，此类石寨山出土的铜盒造型与纹饰独具一格，与秦汉时期人们普遍使用的器皿不同。令人惊讶的是，在波斯帝国的金银器中不难找出与之相类似的标本。且这几件出土于云南的莲瓣纹鎏锡或鎏金铜盒的造型、纹饰和南越王墓出土的

---

① 云南省博物馆：《云南晋宁石寨山古墓群发掘报告》，文物出版社1959年版，第69页。
② 云南省文物考古研究所等：《江川李家山——第二次发掘报告》，文物出版社2007年版，第91页。
③ 孙机：《中国圣火——中国古文物与东西文化交流中的若干问题》，辽宁教育出版社1996年版，第139—144页；林梅村：《汉唐西域与中国文明》，文物出版社1998年版，第316—318页。

图 2-50 广州南越王墓出土的凸瓣纹
银盒，西汉南越王博物馆藏

凸瓣纹银盒（图 2-50）几乎一模一样。①

西汉南越王墓出土的银盒是海外舶来品。伊朗苏萨城曾出土阿契美尼德王朝时期的一件银盒，属公元前 5 世纪制作，上刻波斯国王薛西斯的名字，与南越王赵眜墓出土的银盒类似。② 此类银盒是古代波斯帝国阿契美尼德王朝（前 550—前 330 年）和安息王朝（前 247—224 年）的常见器物。有学者还认为这种银盒是罗马人使用的器物，类似的器物屡见于今巴尔干半岛古代遗址。③

① 广州市文物管理委员会：《西汉南越王墓》，文物出版社 1991 年版。
② 石云涛：《汉代文明研究》，中国社会科学出版社 2017 年版，第 206 页。
③ 林梅村：《中国与罗马的海上交通》，见《汉唐西域与中国文明》，文物出版社 1998 年版，第 316—317 页。

第 三 章

魏晋至唐宋（南诏大理国）时期
南方丝绸之路考古与文物

片羽吉光——魏晋唐宋时期南方丝绸之路沿线的重要遗址、遗迹与墓葬

一、城市遗址

　　南方丝绸之路沿线，民族众多，城市建筑风格各异，既有中原汉地的城市格局，又有独特的当地民族风格，这些独特的建筑风格至今在中南半岛等东南亚国家仍可找到踪迹。成都地区自古就隶属中原王朝管辖，汉文化程度很高，城市建筑除符合南方自然条件外，风格同中原无异。进入云南界之后则属于南诏、大理国的统治范围，南诏、大理国对城址的选择与兴建，基于对四周山川地理形势的审视及对地质情况的考察。充足的供水是城邑选址最重要的条件之一，南诏的太和城、龙口城、龙尾城等，大多建在洱海附近。南诏的城邑建设与政治、经济、军事等密切相关，出于安全和防卫需要，城墙的设置就是具体表现，城门作为城邑的"保护神"，因此其设置关系到全城的福祸吉凶。城内道路的布置，一般以城邑的南北中轴线为主导，多呈矩形分布。城邑之中的庙、阁、楼这类特殊的建筑物，亦很讲究，既要成为一城的文化景观与标志，又要与礼制相符，同时又适应了世俗心理的

需要。除了极具传统文化色彩之外，又具有弥补自然环境、使景观趋于平衡与和谐的作用。①

太和城

太和城是唐代云南地方政权南诏国建立后的第一个都城，从公元739年南诏国定都于此，至公元779年迁都阳苴咩城（大理古城）止，作为都城共40年。

公元739年，皮逻阁率众离开巍山蒙舍诏（即南诏）的发祥地，定都大理太和城，太和城由此开始了作为南诏王都的历史。唐大历十四年（779年），南诏与吐蕃联军出兵西川并欲攻取成都，为唐将李晟率兵所败。《新唐书·南蛮传》云："异牟寻惧，更徙苴咩城。"南诏国的都城由太和城北迁至距太和城约8千米的阳苴咩城，"自是故城别为一城"（《读史方舆纪要》卷117），太和城结束了作为都城的使命。

太和城地处滇西横断山脉的苍山马耳峰与佛顶峰间的东西向狭窄冲积扇缓坡上，西高东低，西陡东缓。该城西有海拔达4000多米、南北绵延长4万多米的苍山，东临海拔仅1970米、南北长约40千米、东西宽3～9千米、面积达250多平方千米的洱海。云南省文物考古研究所，大理州、市文物管理所，大理市博物馆于1997年3月至1998年1月先后两次对太和城遗址进行了调查勘探，其结果如下：

太和城城墙、城门今已无存，其卫城金刚城（《僰古通纪浅述》传抄本云："天宝六年（747年）十月，筑太和城，因唐赐《金刚经》，故名金刚城。"），据勘探，有东端瓮城门和南侧南门等2个城门。太和城城内建筑遗址有3处，一处位于太和城中心的《南诏德化碑》以西约58米处，另两处在内城金刚城内。位于太和城中心的《南诏

① 张泉：《白族建筑艺术》，云南民族出版社2005年版，第28页。

德化碑》以西约 58 米处的遗址据调查勘探证实为大型建筑遗址，其南北长约 85 米，东西宽约 13 米，面积约 1100 平方米，坐西向东平面呈"凹"字形。金刚城内有 2 处遗址：一处位于中段北部边缘，该遗址坐南朝北略呈正方形，东西宽约 27 米，南北进深约 29 米，面积约 780 平方米，地面铺有卵石，仅有零星南诏风格的残厚布纹瓦、有字瓦出土，推测可能为木结构瓦顶建筑。另一处遗址位于金刚城西南部，南北向呈长方形，南北长约 27 米，东西进深 17 米，面积约 460 平方米，地面亦用卵石铺就。太和城内还有佛顶寺夯土台基遗址，位于内城西段，为内城的最高处，西边紧靠西城墙，大致呈椭圆形，面积约 7500 平方米。①

南诏都城于公元 779 年从太和城迁至阳苴咩城之后，太和城虽不再作为南诏王都，但并未废弃，经历南诏（唐）、大理（宋）两代，直到元初郭松年在其《大理行记》中还有"诸峰罗列，前后参从，有城在其下，是曰太和，周十有余里"的描述。

图 3-1 太和城遗址与城墙夯土层

---

① 云南省文物考古研究所：《大理太和城遗址调查勘探报告》，《云南文物》1999 年第 2 期。

拓东城

公元 764 年（唐代宗广德二年，南诏阁逻凤赞普钟十三年），阁逻凤令其子统兵昆川（今昆明），筑拓东城。《蛮书》记载："拓东城，广德二年凤伽异所置也。"《新唐书·南诏传》曰："广德初，凤伽异筑拓东城。"《南诏德化碑》载："十二年（763 年）冬，诏（阁逻凤）候隙省方，观俗恤隐，次昆川，审形势，言山河可以作藩屏，川路可以养人民。十四年（765 年）春，命长男凤伽异，于昆川置拓东城，居二诏，佐镇抚。于是威慑步头，思收曲靖。颁告所及，翕然俯从。"李家瑞先生考察认为，拓东城应在今昆明城南，地跨盘龙江两岸，其北到今长春路附近，南到今金碧路附近。[①]

南方丝绸之路研究丛书

文物考古卷

120

从史籍记载来看，大理国时期，鄯阐城（即拓东城）整体规划比阳苴咩城规模大，布局更为合理。在现在的拓东路一带，修建了一座周长 3 千米的土城，控制了金马山隘。北边以五华山为天然屏障，东面扩展到盘龙江以西，西面到达福照街至鸡鸣桥一线，西南面以玉带河为护城河，河上架有 3 座桥梁。为了军事和经济的需要，修通了鄯阐通往中国川西、广西和越南、缅甸的驿道，成为连通西南地区的交通枢纽。

拓东城开有 6 门，每道城门上建有城楼。其中前正门上的城楼被称为近日楼。城外开挖了护城河，可以行船。城内街道纵横交错，划分为各种区域。城中心正义路、威远街一带建有鄯阐侯的官府、衙门，城南为居民区，东关和南关为商业区，近郊多为达官显贵的别墅和花园。[②]

龙口城与龙尾城

阁逻凤从龙尾城沿苍山洱海间的冲积平原，夺太和城，灭了

① 李家瑞：《南诏拓东城的地点究竟在哪里》，《学术研究》1962 年第 5 期。
② 张泉：《白族建筑艺术》，云南民族出版社 2005 年版，第 48 页。

越析诏，占大厘城（今喜洲），追击败退的浪穹诏到了洱海源头。阁逻凤见这里位于点苍山的源头云弄峰和洱海源头，地形险要，便筑了龙口城（今上关）。士兵和工匠在苍山云弄峰坡修筑了城墙，一直延伸到洱海源头，驿路边修筑了城楼，形成了龙口城。龙口城建于公元 737 年。《蛮书》记载："开元二十五年，蒙归义逐河蛮，夺据大和城。后数月……取大厘城，仍筑龙口城为保障。"[1] 龙口城遗址在今上关，亦仅筑南、北两道城墙，东、西两面仍以苍山洱海为天堑。南北城墙现仅存 100 米左右。北城墙筑有一段半月形城墙，所圈区域是为瓮城。城墙底部宽约 15 米，系夯土筑成，上部残宽约 5 米，用青砖和石块垒成。用青砖和石块垒成的城墙以及瓮城，可能是明代在原城址基础上修筑的。

龙尾城又称龙尾关，今称下关，位于西洱河北岸。《蛮书》卷五记载："龙尾城，阁逻凤所筑。萦抱玷苍（指斜阳峰）南麓数里，城门临洱水下。河上桥长百余步。过桥分三路，直南蒙舍路，向西永昌路，向东白崖城路。"[2] 从考古调查的情况看，到 20 世纪 80 年代，从天生桥到西洱河口北岸一些低矮地段还留存有墙，从天生桥到打渔村还留存着一道 250 米长的夯土墙，高2 ~ 3 米。在苍山斜阳峰最南端侧面即天生桥上的山峰上有一段用石块砌成的防御工事，大概也是南诏时的建筑。[3]

阳苴咩城

阳苴咩城遗址位于大理苍山中和峰下，北界在梅溪南岸。林声在《南诏几个城址的考察》中已有论述[4]，民国《大理县志稿》中记载："羊苴咩城在点苍中和峰下……亦曰阳苴咩，南距太和

---

[1] 向达：《蛮书校注》，中华书局 1962 年版，第 36 页。
[2] 向达：《蛮书校注》，中华书局 1962 年版，第 36 页。
[3] 刘光曙：《大理文物考古》，云南民族出版社 2006 年版，第 240 页。
[4] 汪宁生：《南诏几个城址的考察》，见《民族研究文集》，云南民族出版社 1987 年版，第 203 页。

城十余里。"城原为洱海周围居民所筑，唐大历十四年（779年）异牟寻因与吐蕃联军攻打成都为唐将李晟所败，恐吐蕃因败兵迁怒于己，另一方面也谋求与唐朝和好，遂从太和城迁都至阳苴咩城。从此时至元世祖忽必烈灭大理国，在中庆（昆明）建云南行中书省前，阳苴咩城有500余年的国都历史，后改为大理路军民总管府所在地。明洪武十五年（1382年），在阳苴咩另建了今大理古城，旧城废弃。

阳苴咩城内的建筑布局，从地面上已不可能知道，不过《蛮书》中留下了较为详细的描述："阳苴咩城，南诏大衙门。上重楼，左右又有阶道，高二丈余。甃以青石为磴。楼前方二三里，南北城门相对。大和往来通衢也。从楼下门行三百步至第二重门，门屋五间，两行门楼相对，各有榜，并清平官、大军将、六曹长宅也。入第二重门，行二百余步至第三重门。门列戟，上有重楼。入门是屏墙。又行一百余步至大厅，阶高丈余。重屋制如蛛网，架空无柱。两边皆有门楼，下临清池。大厅后小厅，小厅后即南诏宅也。客馆在门楼外东南二里。馆前有亭，亭临方池，周回七里，水深数丈，鱼鳖悉有。"[1]

图3-2 阳苴咩城遗址

据马长舟调查，今大理古城北面250米为桃溪南岸，西靠苍山中和峰麓北坡，东至城邑才村西面200余米，大部分为夯土建筑，部分用石块砌成。[2]这可能是阳苴咩城的外部防御城。

2004年11月至2005

---

① 向达：《蛮书校注》，中华书局1962年版，第40页。
② 薛林等：《新编大理风物志》，云南人民出版社1999年版，第103页。

年 6 月，云南省文物考古研究所对大理阳苴咩城遗址大凤公路沿线进行了考古发掘，共分为 A、B、C、D 四区。A 区出土了陶瓷片，清理了沟、路、石墙、古河岸等，人为加工废弃的动物骨骼大量出现。B 区出土了筒瓦、板瓦、瓦当、滴水等建筑用品，以及大量本地窑瓷片、釉陶及外来青花等，也有漆皮出土，此区出土的有字瓦很多。另外还对房子、水井、墙、路沟、石阶、柱坑、灰坑等进行了发掘。C、D 两区出土物同 A、B 两区相类似，均为建筑构件筒瓦、板瓦、绿釉红陶砖、瓦当、滴水、灰砂陶片等。此外还有房子、水井、灰坑、路沟、石阶、柱坑等遗址被发掘出来。[1]

峣峕山城

峣峕山（古称峣峕图山）位于巍山县城西北 17 千米处，海拔2100 米左右。其北、东面为巍山坝子，阳瓜江（《徐霞客游记》称阳江。今称西河、蒙化大河或巍山河）蜿蜒从东面山脚下流过，西面为大黑山，南面有莲花池。峣峕山是南诏的发祥地，也是早期王都所在地。明正德《云南志》山川条记："龙宇图山在府城西北三十五里。蒙化龙伽独将其子细奴逻自哀牢而东迁，居其上，筑龙宇图城，自立为奇王。今上有浮图及云隐寺。"同书还记载："龙宇图城在龙宇图山上，周围四百余丈。昔细奴逻筑此以自居。今遗址尚存。"《徐霞客游记·滇游日记十二》载："按《一统志》，峣峕图山在城西北三十五里，蒙氏龙伽独自哀牢将其子细奴逻居其上，筑峣峕图城，自立为奇王，号蒙舍诏，今上有浮屠及云隐寺。始知天姥崖即云隐寺，而山实名峣峕图山也。"从以上资料可知，峣峕山城为南诏最早的都城，细奴逻所筑。唐玄宗开元二十六年（738 年）左右南诏立国，直至唐开元二十七年（739

---

[1] 云南省文物考古研究所：《大理阳苴咩城遗址大凤公路沿线考古发掘简报》，见《大理丛书·考古文物篇》（卷六），云南民族出版社 2009 年版，第 468 页。

年）皮逻阁迁都太和城止。这里一直为南诏的政治中心。[①]

　　1958 年 10—11 月，云南省博物馆考古工作队、大理州文管所、巍山县文物管理所分别对该遗址进行了发掘。此次发掘因为时间仓促，仅以开探沟、探方的方法，出土了零散的有字瓦片、瓦当和滴水等建筑材料。

古城村城

　　古城村城在唐宋文献中没有记载，其名称是考古工作者按其城镇遗址所在地命名的。该城址位于巍山县庙街乡古城村东，形状为正方形，边长约 90 米，城墙用土夯筑成，东南面保存较好，残高 3 米。城址中靠北侧残存一个面积约 400 平方米的方形土台，高约 2 米，上面还有残瓦遗留。与此土台遥遥相对的是南城墙的城门遗址。[②]

　　城址内出土了两种有字瓦，一种是模印反文楷书"官"字瓦，另一种是模印正文楷书，残存"大方广佛"4 字。遗址内还发现莲花纹瓦当、滴水等建筑材料，与岐岇山城遗址的出土物大致相同。最早研究及实地踏勘结果都认为此城址系南诏城址，是可信的。[③]同时，明代天启元年（1621 年）《重修古石祠碑记》中记载："广阳瓜州郡，古石祠九天娘娘……"据此可判断此城初为南诏城址，后为阳瓜州郡址。

　　从城址所在位置来看，当为南诏城镇无疑。但岐岇山城与此城均在唐代阳瓜州郡内，而一个州只能有一处治所，所以在没有唐代文献记载而又无确切实物证据的情况下，也只能说这一城址可能为阳瓜州郡址。

---

① 云南省博物馆巍山考古队：《巍山岐岇山南诏遗址 1991—1993 年度发掘综述》，《云南文物》1993 年第 12 期。
② 李昆声：《云南艺术史》，云南教育出版社 1995 年版，第 262 页。
③ 李昆声：《云南艺术史》，云南教育出版社 1995 年版，第 262 页。

邓川城

邓川城遗址位于洱源县南部邓川镇东北约 1 千米的德源山山顶上。《蛮书》称其为邓川城，至明时又被称为德源城。《蛮书》载："邓川城，旧邓川也。南去龙口城十五里。初望父部落居之，后浪穹诏丰咩袭而夺之。丰咩孙铎望与南诏战败，退保剑川南，遂有城。城依山足，东距泸水，北有泥沙。自阁逻凤及异牟寻皆填固增修，最为名邑。东北有史郎川，又东禄诺品川，又北俄坤。"①

1981 年，马长舟先生对该遗址进行了试掘，出土了南诏有字瓦、铜锣、砂质红陶和灰陶、少量泥质红陶片、陶水管，并发现一山两城，他认为：山脚之城时代较早，在丰咩建立邓赕诏之前，即公元 710 年之前；山顶之城时代则可能晚至咩罗皮等联合抗拒皮逻阁时，约公元 738 年。云南省文物考古研究所于 2001 年 2 月至 5 月对邓川城进行了考古勘探。遗址中出现的遗迹有墙基、柱洞、火堆、火塘、铺地砖、铺地瓦、铺地石等。据北京大学考古实验室测定，遗址年代为距今 1340±70 年前，大概在公元 7 世纪后的邓赕诏时期，与望欠部落有关。据赵吕甫《云南志校释》记："邓川城……初望欠部落居之，后浪穹诏丰咩袭而夺之。……自阁逻凤及异牟寻皆填固增修，最为民邑。"②通过对城墙遗址的分析，邓川城应为防御之城而非王都城。

白崖城

据唐代文献记载，阁逻凤在勃弄川修筑西城。弥渡古名勃弄川，在今弥渡县红岩镇西北 2 千米古城村前的城址为旧城，位于白崖城东北的金殿窝遗址则为新城。《蛮书》载："白崖城在勃弄川，天宝中附于忠、诚、阳等五州之城也。依山为城，高十丈，

---

① 向达：《蛮书校注》，中华书局 1962 年版，第 41 页。
② 赵吕甫：《云南志校释》，中国社会科学出版社 1985 年版，第 148 页。

四面皆引水环流，惟开南北两门。南隅是旧城，周回二里。东北隅新城，大历七年阁逻凤新筑也，周回四里。城北门处有慈竹丛，大如人胫，高百尺余。城内有阁逻凤所造大厅，修廊曲庑，厅后院橙栀青翠，俯临北墉。旧城内有池方三百余步，池中有楼舍，云贮甲仗。川东西二十余里，南北百余里。"[1]

白崖城又称彩云城、文案洞城，早期为时傍部落所据。其现存城墙周长约 1300 米，城基宽 12 米，城墙夯土层厚 8 ~ 10 厘米。城内出土大量有字瓦。白崖城新城为阁逻凤于唐大历七年（772 年）所建，今存夯土城墙，墙基宽 6 米，墙顶宽 4 米，城周长 1700 米，面积约 300 平方米。该遗址出土 100 余块有字瓦等南诏遗物。[2]

金殿窝遗址，又被称为"白王宫"，位于弥渡县城北大铺地村，距县城约 18 千米。有关该遗址在《弥渡县志》记载说："白王宫故址……在白崖驿后，名大台子。"附近村庄的农民则称之为"金殿窝"。白王宫遗址实际是南诏王阁逻凤在白崖新建造的一座古城。1986 年 9 月 7 日，田怀清和弥渡县志办的盛代昌一起对南诏阁逻凤大历七年（772 年）所建新城遗址进行了调查。该城地势十分险要，城依山的缓坡而建，北面背负昆弥山，东南面有铺水河（又叫"后河"）作为护城河，西面有很深的一条山沟箐。城址南面比较陡峭，形似一个大高台，故该城址又被称为"大台子"。城址内有洗马池、赛马场、旗墩、房基等遗迹。[3]

大厘城

大厘城即今日的喜洲镇，距大理古城 18 千米，距上关 12.5 千米。《蛮书》记载："大和城、大厘城、阳苴咩城，本皆河蛮所

---

① 向达：《蛮书校注》，中华书局 1962 年版，第 41 页。
② 刘光曙：《大理文物考古》，云南民族出版社 2006 年版，第 250 页。
③ 田怀清：《南诏大理国瓦文》，云南人民出版社 2011 年版，136 页。

居之地也。开元二十五年蒙归义逐河蛮，夺据大和城。后数月，又袭破咩逻皮，取大厘城。"另据《蛮书》载："大厘城南去阳苴咩城四十里，北去龙口城二十五里，邑居人户尤众。咩逻皮多在此城，并阳苴咩并邓川，今并南诏往来所居也。家室共守，五处如一。东南十余里有舍利水城，在洱河中流岛上。四面临水，夏月最清凉，南诏常于此城避暑。"[①] 大厘城城墙今已无存，仅喜洲周围的城东、城南、城北村落名称犹存。

二、佛塔与寺院遗址

中原古塔，自唐以后细部处理多采用仿木构平座，出檐，装饰繁缛。而南诏、大理国古塔一般采用简单的叠涩挑檐，装饰上采用各式花纹图案。南诏、大理国时期的古塔，大多为密檐式空心砖塔，建筑材料主要是青砖，极少数用石料，石料多用在基础和基座部分。青砖的规格也具有时代特色，一般都比较厚重。如南诏时期多用长方形大砖，大理国时期青砖的品种规格有所增加，除南诏时期常用的规格外，增加了一些尺寸较小、形制不同的品种，主要用在塔檐出挑的犬牙棱角和转角处，对加强塔体的牢固性起到一定的作用。南诏、大理国时期的塔砖，表面平滑，砖面上大都模印有梵汉相间的佛教咒文及建造年代，字迹清晰，排列有序。后世的砖块，除规格变小外，砖文大都模印施者姓氏，或烧制者姓名。[②] 这与东南亚或南亚印度佛教文化有明显的关系。

南诏、大理国时期的古塔，融合了本民族、本地区的传统建筑风格，具有鲜明的民族特征。如西安小雁塔，在塔心和门道下

---

① 向达：《蛮书校注》，中华书局 1962 年版，第 50 页。
② 李朝真：《南诏大理的古塔》，见《南诏大理文物》，文物出版社 1992 年版，第 126 页。

面一般都有地宫，而千寻塔没有地宫。南诏、大理古塔的又一特点是塔身上下较小，中部较大，塔体高峻，外部轮廓呈曲线。同时期中原古塔自下而上收缩，塔身外形礅厚有余，挺拔秀美不足。[①] 这一时期所使用的砂浆均为红烧土，这种红烧土的黏性抗拉力也很强。云南地处西南边陲，石灰的烧制和使用比较晚，所以，凡南诏、大理国时期的古塔和其他建筑，均使用红烧土作黏合剂。[②] 这一时期的佛塔主要有大理崇圣寺千寻塔、海东罗荃塔、下关佛图塔、昆明东寺塔和西寺塔、大理崇圣寺南北塔等。

大理崇圣寺千寻塔

千寻塔距大理城西北约 1 千米，点苍山麓，原崇圣寺前，东距洱海约 2 千米，背山面水。塔高 69.13 米，为 16 级方形密檐式空心砖塔。主塔外部不用柱梁斗拱等，以轮廓线取得艺术效果，塔内采用木楼梯，与西安小雁塔等一样，是我国唐代塔形之一。

1978 年，云南省文物工作队对千寻塔进行了加固维修，并实测和清理了塔顶、塔基文物。千寻塔塔基总高为 13.45 米，正方形，边长 9.9 米，方向 95.5 度，四周用砖石砌两层台基。上层台基四边长为 21 米，高 1.9 米，用砖砌成须弥座状，台面四周用石铺砌。东面正中有一石照壁，长 8.23 米，厚 1.1 米，正面是大理石篆刻的"永镇山川"4 字，其中川字涂朱色，传为明人李元阳所作，其他 3 字为 1925 年大理地震倒塌后补刻。照壁两侧各有石砌过道与下层台基相连，8 阶，宽 1.5～1.6 米。下层台基南北宽 33.5 米，东西宽 33.35 米，高出地面约 1 米。基座用卵石砌成虎皮纹石墙，四周有压面石一周，其上安有青石栏杆。栏杆望柱高 1.2 米，柱头多数刻桃形，四角刻坐狮。栏板通高 0.8 米，宽 1.5

① 李朝真：《南诏大理的古塔》，见《南诏大理文物》，文物出版社 1992 年版，第 126 页。
② 李朝真：《南诏大理的古塔》，见《南诏大理文物》，文物出版社 1992 年版，第 126 页。

米，中间镂空作窗格花纹。[①] 对塔基的清理发掘，一是在塔的西南角开探沟一条，以便探明基座的外部结构，一是由西窗洞入内自上而下清理塔心。[②]

塔外探沟探明的情况是，在距塔地面 18 厘米处，塔基开始向外扩宽 58 厘米、高 99 厘米，由 12 层砖砌成。其后又扩宽 64 厘米、高 98 厘米，由 17 层砖砌成。再次又扩宽 82 厘米、高 43 厘米，由 7 层砖砌成。其下即是卵石及红胶泥夯土地基。三层扩宽部分总高 2.35 米、宽 2.04 米。总高没有超过塔的两层台基，可见该塔实际是充分利用苍山山麓的石头地基，而无更多的人工处理，塔身几乎是"平地而起"。

塔心部分堆积可分 3 层：第一层由西窗洞内起，有 1 米左右的草木杂土层，为历年登塔者所积。第二层厚 3.15 米，为碎砖杂土层。其上 2 米左右，堆积杂乱，似为修塔后的废土，其中曾发现木楼梯的残片。其下塔门两侧堆积整齐，南侧宽 1.04 米，北侧宽 1.1 米，高约 1.7 米，形成南北两个台基，中有石条相连，形成一"凹"字形，似为原来塔内楼梯的底层结构。堆积被拆除以后，南、西、北三面皆露出几个墙洞，出土一批泥质佛像和塔模。第三层由距塔地面高 1.6 米至塔地面以下 1.8 米处，为经过筛洗夯实的灰绿色细砂层。在去除上层南北两侧台基之后，有 3 层铺地砖，细砂在铺地砖之下。在距门道地面 30 厘米深处，塔身砖墙各向内缩小 0.5 米左右，塔心空间面积减为 2.5 米 × 2.5 米左右。距门深 3.38 米处，去除填砂之后，塔底露出铺地砖 7 层，斜砌，从高度和结构看皆与塔外扩展的第三层台基相一致，而塔身即砌于铺地砖之上。再下则为 1.34 米的夯土层，正中有一直径 2.2 厘米的小孔，看来是建塔时立的中心点，夯土层的深度只比崇圣寺现

[①] 云南省文物工作队：《大理崇圣寺三塔主塔的实测和清理》，《考古学报》1981 年第 2 期。
[②] 云南省文物工作队：《大理崇圣寺三塔主塔的实测和清理》，《考古学报》1981 年第 2 期。

在场地地面低 60 厘米。[1]

从整个塔基的发掘情况看，与西安小雁塔等同时期、同类型的砖塔相比较，在结构处理上有明显不同之处。小雁塔等塔心与门道下有存放佛牙等物的"地宫"，而千寻塔没有。千寻塔塔基部分逐层向外扩宽加大承重面积则为小雁塔所不见。虽然千寻塔已历千年地震和风雨的侵袭，但没有发现塔身有任何倾斜的现象，看来与厚墙和加宽基座的做法有关，在建筑技术上有独到之处。

千寻塔共 16 层，由下至上从第二至第十五层结构基本相同，第十六层为塔顶部分。从第二至第九层除结构相同外，尺寸大小也十分相近，第九层以上收缩逐步明显。现以第二层为例：塔身高为 1.35 米，每面上宽 10.2 米、下宽 10.5 米，下部有一宽 25 厘米、高 20 厘米左右的横梁与第一层的檐面相连接。上部砌出叠涩檐，共 17 层砖，每层出挑 5～7 厘米不等。出挑的第二层砖砌成菱角牙子。檐部总长 12.2 厘米，高 1.8 厘米。其中叠涩部分高 1.2 米，檐面宽 0.6 米。四角稍往上翘，高出塔檐中部 30 厘米左右。[2]

塔身东西两面正中各有佛龛，内各置石佛 1 尊。龛作券顶，高 90 厘米，深 80 厘米。佛龛两侧距 2 米左右砌有亭阁式小龛各 1 个，莲花座，庑殿式顶，中嵌梵文刻经 1 片。南北两面亭阁式龛相同，唯中间改为门洞，直通内壁。第三层塔身则南北为佛龛，东西是门洞，其上逐层依次交替。第二层门洞深为 2.35 米，可见随着塔身的收缩，墙壁有所减薄。[3]

塔身通体抹有石灰，一般厚 2 厘米左右，有些断裂面可见所抹石灰达七八层之多。更值得注意的是，自第二至第十四层塔身贴有一层面砖，皆顺砌，用石灰作填料，宽 25 厘米左右，贴面的

① 云南省文物工作队：《大理崇圣寺三塔主塔的实测和清理》，《考古学报》1981 年第 2 期。
② 云南省文物工作队：《大理崇圣寺三塔主塔的实测和清理》，《考古学报》1981 年第 2 期。
③ 云南省文物工作队：《大理崇圣寺三塔主塔的实测和清理》，《考古学报》1981 年第 2 期。

砌法是先在塔身下部贴四层砖，宽 48 厘米，形成塔身与塔檐连接部的横梁，再顺墙横砌直至塔身上部和檐连接处，敲去原塔檐第一层出挑部分，填砖形成贴砖后的第一层出挑，其上用半砖做菱角牙子，形成第二层出挑，其上则无贴砖。塔身第二至第十四层的这一层贴砖，使塔墙增厚了 25 厘米，从砖料、填料和砌法等方面看，皆与原塔身不同，显然是后人所加，且已有许多地方贴面部分与内壁脱离，露出缝隙，内壁之中还有另一层石灰。[①]

塔顶现仅存铜制覆钵和塔刹中心柱基座等部分。覆钵直径为 2.28 米，通高 1.08 米，壁厚约 1.5 厘米。钵底向上，收缩成一直径约 50 厘米的圆口，作"凹"字形边，中嵌铁制相轮的内圈。钵面铸有简单的三角形和圆形纹样。现存相轮 4 圈，扣在覆钵之上，最高一圈直径为 2.15 米，用 8 根扁铁与嵌在覆钵上口的相轮内圈相连接，内外圈之间另有 2 道加固圈。第二道轮圈直径 2.2 米，第三、四道圈则为圆口铁，直接扣在覆钵上，直径分别为 1.8 米与 2.1 米。据出土塔模及佛骨塔等塔刹形制推测，其上应钉有铜莲花瓣装饰。

在覆钵内中心有一铜制方形筒状物，每边宽 37 厘米，壁厚 1 厘米，口部向内收缩成圆形，直径 30 厘米左右，现仅保留部分已经扭裂的残片。该物即是原塔刹中心柱的基座，嵌砌在塔顶正中，上口距覆钵上口约 50 厘米，里面填满了含各种杂质的黑褐色湿土。[②]

关于崇圣寺主塔的修建年代，文献记载主要有以下三种说法：一种是贞观说。李元阳《崇圣寺重器可宝者记》曰："顶有铁柱记曰：'大唐贞观尉迟敬德监造。'"一种是开元说。张道宗《记古滇说集》曰："唐遣大匠恭韬、徽义至蒙国，于开元元年癸

---

① 云南省文物工作队：《大理崇圣寺三塔主塔的实测和清理》，《考古学报》1981 年第 2 期。
② 云南省文物工作队：《大理崇圣寺三塔主塔的实测和清理》，《考古学报》1981 年第 2 期。

丑造三塔于点苍山下，建崇圣寺于塔之上。"景泰《云南图经志书》卷五《大理府寺观》曰："塔石刻曰唐玄宗开元元年癸丑岁，大匠恭韬、徽义所造。"是年为公元713年。一种是开成元年说。王崧《南诏野史·丰佑传》曰："开成元年，嵯颠建大理崇圣寺，基方七里，圣僧李贤者定立三塔，高三十丈，自保和十年至天启元年功始成。匠人恭韬、徽义、徐立。"是年应为公元836年。[1]

对于以上三种不同的说法，方国瑜在《大理崇圣寺塔考说》一文中作了详细的考订，认为开成说的可能性大，这也是较为符合历史实际的看法。以贞观六年（632年）来说，其时较南诏统一要早116年，较之西安小雁塔的建塔年代也要早65年，从政治、经济、文化等各方面情况看，当时皆无建塔的可能。从佛教传入的历史来说，《中兴图卷》等宗教画认为从细奴逻时传入，其本身即是后人的附会之说，然即使是事实的话，也不是初唐。这次修塔，塔顶也未见有任何铁铸款识的痕迹，因而贞观建塔是缺乏根据的。以开元元年（713年）来说，通观南诏历史，唯有杨慎《南诏野史》中"开元二年立土主庙"与"开元十四年，立庙祀晋右将军王羲之为圣人"的记载。此外李京《云南志略》曰："晟逻皮立，是为太宗王，开元二年遣其相张建成入朝，玄宗厚礼之，赐浮屠像，云南始有佛书。"其后才有"大历十二年（777年）建观音寺于白崖""贞元十九年（803年）为景帝建妙音寺塔"等最早建塔的记载。开元初是佛教传入洱海地区的最初阶段，修建三塔也是不可能的事。而所述修塔匠人恭韬、徽义则与开成元年说同，方国瑜认为开元乃开成之误，是有道理的。开成元年建塔之说，不仅叙事详尽具体，而且从当时南诏的社会经济文化的发展来说比较切合实际。当时，劝丰佑、世隆时北面两度攻占成都，

---

[1] 云南省文物工作队：《大理崇圣寺三塔主塔的实测和清理》，《考古学报》1981年第2期。

南方丝绸之路研究丛书 文物考古卷

图 3-3　崇圣寺千寻塔

南面攻占交趾，正值南诏对外扩张的时期。特别是从四川掳掠了大批的汉族工匠，"自是南诏工巧，埒于蜀中"（《资治通鉴》卷二四三），对大理地区经济文化的发展起了极大的推动作用，而被俘人员中亦包括不少僧道在内。这一时期佛教亦已传入南诏，《滇略》卷一〇引《太平广记》曰："唐乾符二年，韦陀将军童贞告宣律师曰：西洱河袤百里，广三十里，中有洲岛古寺，经像尚存，无僧主持，经文与人相同，时闻钟声，百里殷实，每三年供养。古塔基如戒坛，二重，塔上有覆釜，彼土诸人，见塔每放光明，即以素食祭之，求其福祚也。"是时距开成元年有 40 年。

此次实测崇圣寺主塔并清理塔内文物，可见自唐宋以来，祖国边疆的民族文化与中原地区的汉文化交往联系极其密切。千寻塔的造型与结构属于典型的唐代砖塔；塔上能见的文字资料，除佛教典籍中常见的梵文外，基本全部是汉字，包括唐代武后所创的字体在大理国时仍继续沿用；塔上清理出土的许多文物，如"开元通宝"及"湖州""成都"等字样的青铜镜、瓷器、经卷、印章等，都可以直接证明大理是南方丝绸之路上与内地经济文化交往密切的重镇。

海东罗荃塔

罗荃塔位于大理市海东镇向阳村西北罗荃半岛的罗荃寺后山，西临洱海。该塔 1966 年被毁。1996 年 10 月大理州文物管理所对该塔塔基进行了清理发掘。据调查，罗荃塔原为四方形密檐式空心砖结构，13 级，无刹（不知是后期损毁还是原建时未曾完工），残高 20 多米。[①]

塔基为砖石结构，正方形，每边长约 12 米。地宫位于塔基中部填石层中，长 48 厘米，宽 34 厘米，深 50 厘米，上面用尖头梵

---

① 大理州文物管理所：《大理海东罗荃塔塔基发掘报告》，《文物》1999 年第 3 期。

文砖封口，底部也用梵文砖铺垫。出土器物：天王像 2 件，金刚杵 2 件，绿釉罐 1 件，陶罐 1 件，海贝百余枚，扣环 1 件，瓷罐 1 件，塔砖若干。[①] 在此次发掘前，大理州博物馆征集到一件手握式金刚杵，长 20.5 厘米，铜质，属该塔内文物。

　　关于罗荃塔的建造年代，史书无确切记载。谢肇淛《滇略》云"唐时杨都师创洱海东罗荃寺"，虽提及罗荃寺，但未言具体修建时间，也未言罗荃塔。按佛教建制，在早期古塔中，作为放置舍利的处所，是佛寺建筑中重要的组成部分，塔寺互为联系，有塔必有寺。据此可推断，罗荃塔与罗荃寺时代不会差得太远。从前文《滇略》引《太平广记》云，唐乾符二年，洱海地区已有佛教传入。乾符二年即公元 875 年，此时距南诏的统一已 100 多年。经过南诏统治者的拓展及与唐朝、吐蕃的战争与交往，特别是唐代汉文化对云南地区的影响，佛教在南诏广为传播，大理崇圣寺千寻塔、建极铜钟、铜观音像、剑川石钟山石窟等均为这一时期的杰作。《太平广记》所述虽未言明具体的塔名，但从南诏的盛况及佛教的流传情况看，罗荃寺建于这个时期是有可能的。从出土文物推断，地宫里出土的金刚杵为简单的指佩式，而在崇圣寺塔、弘圣寺塔及佛图寺塔等古塔的维修过程中，均出土了大量的各种质地的金刚杵。这些金刚杵在造型上由简单变化到复杂，此次清理所出的两件天王像，阔鼻深目突颧骨，具有明显的"胡僧"特点，大理其他古塔均不见此类型造像，当为早期密宗造像。该塔的早期塔砖，单面模印梵文经咒，无相应的汉文对照。大理地区时代较早的几座古塔的基本建筑材料塔砖各有特点。佛图寺塔塔砖都是素面，崇圣寺千寻塔塔砖梵汉文对照，烧制技术精湛，弘圣寺塔也大致相同。[②]

---

① 大理州文物管理所：《大理海东罗荃塔塔基发掘报告》，《文物》1999 年第 3 期。
② 大理州文物管理所：《大理海东罗荃塔塔基发掘报告》，《文物》1999 年第 3 期。

综合以上比较、分析，可以看出罗荃塔在大理以及云南的古塔中属早期的佛塔，时代当在南诏中晚期，至少不晚于崇圣寺千寻塔。①

下关佛图塔

佛图塔亦名蛇骨塔，位于云南大理点苍山第十九峰斜阳峰东麓，北距大理镇 9 千米，南距下关镇 4 千米。

佛图塔为方形密檐式空心砖塔，共 13 级，高 30.07 米。1981 年 5 月至 9 月，大理州文物管理所、下关市文化馆对此塔进行了实测和清理。出土文物有：金刚杵 36 件，青铜八卦镜 1 件，铜质造像 2 件，塔模 2 件，手镯 8 件，金片 1 件，银花 1 件，各色饰珠 26 粒，货贝 80 枚，卷经木轴 30 根，鎏金铜函、经卷若干。②

关于佛图塔的兴建年代，史志无明确记载，故只能从塔的建筑风格、出土文物以及现存《重修佛图塔记》碑的有关记载考察推测。此塔的整体造型、细部处理、建筑材料等，均与云南大理崇圣寺千寻塔相类似，都是方形密檐式空心砖塔，每级塔檐四面的佛龛及采光洞都采用交替上升的方式，塔门均为木过梁圭角式，砌砖用的灰浆都是红烧土等。

从塔内出土的文物看，许多文物的造型、纹样、尺寸特征与大理崇圣寺千寻塔中所出文物基本一致。

佛图塔塔身现嵌置一明万历乙亥年（1575 年）赵纯一撰《重修佛图塔记》碑。据碑文记载："大理城南二十里阳和山之麓，右有寺，名曰佛图寺，之外有塔十三阶，盖以应佛图之大观也。昔人造之必有所因，粤考传记在洪武历元时已有矣，迄建文即位四年复修之。其源自无忧王遣使臣张罗造浮屠八万四千，此居其一焉。"碑文说明此塔在明初已是一座破旧的古塔了。如果此塔为

① 大理州文物管理所：《大理海东罗荃塔塔基发掘报告》，《文物》1999 年第 3 期。
② 大理州文管所、下关市文化馆：《下关市佛图塔实测和清理报告》，《文物》1986 年第 7 期。

元代建筑，那么到明初应不至于到需要维修的阶段，因此，它兴建的年代应在元代之前。

综上所述，佛图塔的初建年代当与大理千寻塔相近，即南诏劝丰佑时期或稍晚。从南诏发展史看，这正是经济文化较发达时期，这一时期建造崇圣寺三塔及佛图塔等大型佛塔，是具备历史条件的。

图 3-4　佛图塔

昆明东寺塔和西寺塔

南诏国时期，在拓东城内建有常乐寺和慧光寺。两寺位置一东一西，又称"东寺"和"西寺"。在两座寺院内分别建有一塔，即常乐寺塔和慧光寺塔。常乐寺塔，也称"东寺塔"；慧光寺塔，又称"西寺塔"。两座寺院早已废弃，唯有两塔仍耸立在昆明市内。东寺塔位于今昆明市书林街，西寺塔位于今昆明市东寺街。两塔耸立在城南，与城北大德寺双塔（明代所建）遥遥相对，成为昆明市城中古景。

东寺塔为四方形 13 级密檐式空心砖塔，高 40.57 米，底层南面辟有塔门，第二层檐上四面均开有券洞，每洞内置石雕佛像一尊。西寺塔为四方形 13 级密檐式空心砖塔，高 31 米（最高两层已塌陷，塔刹和金鸡已无存）。①

《南诏野史》记载："唐宣宗大中八年（854 年）甲戌建东寺塔，高百五十尺。西寺塔高八十尺，大匠尉迟恭韬造。自大和三年（829 年）至大中十三年（859 年）功完。"再从两塔形制看，均

---

① 李昆声：《云南艺术史》，云南教育出版社 1995 年版，第 276 页。

与崇圣寺千寻塔、弘圣寺塔相似，是南诏时期所建。[①] 现今的东寺塔为清光绪十六年（1890年）仿西寺塔重建，1980年又重修被风吹落的塔刹和金鸡。西寺塔也曾在明弘治十三年（1500年）因地震而倒塌，5年后在原塔址上重修。

大理崇圣寺南北塔

大理国时期，在千寻塔南北两侧各建一座八角形的砖塔。两塔均为10级，各高42.19米。塔身除第一级以外，逐渐收缩至顶部，每级檐面出伸较短，无出挑，上面装饰人物、莲花和"卍"字图案。从第二级塔身外壁每面开一券龛，每龛置一尊佛像。塔身表面涂一层白色泥皮，塔顶有铜制葫芦、伞形铜铃等。[②]

大理弘圣寺塔

弘圣寺塔位于大理市大理古城西南隅，苍山玉局峰东麓，原弘圣寺前。今仅存古塔。弘圣寺塔是一座典型的方形密檐式空心

图3-5 崇圣寺南北塔

① 李昆声：《云南艺术史》，云南教育出版社1995年版，第276页。
② 李昆声：《云南艺术史》，云南教育出版社1995年版，第275页。

砖塔，16 级，通高 43.87 米。[①]塔身上下略小，中间稍大。塔平面呈正方形，下垒塔基 3 台。塔身每层都有砖砌成叠涩式檐面，四角起翘，较为壮观。第二层至第十五层每层四角均有佛龛，龛内供佛像。塔刹为铜制，由中心柱、葫芦、伞盖、相轮及莲花座等部分组成，伞盖为八角形，每一角上均挂有风铃。[②]

1981 年 9 月至 1982 年 3 月，大理州文物管理所对其进行了维修并清理出土文物 600 余件，其中佛塔模型 60 件、佛造像 19 件、菩萨像 27 件、其他造像 52 件、金刚杵 142 件、铜镜 10 面，此外还有铜镯 11 件、水晶饰品 7 件、念珠 127 粒、海贝 156 枚、卷经轴头 50 件、铜瓶及挖耳各 1 件。[③]

关于此塔的修建年代，文献尚无明确的记载，因此，只能从其造型、出土器物及后人的研究中寻找一些蛛丝马迹。1938 年 11 月 30 日，我国著名的古建专家刘敦桢曾实地对该塔进行过详细的调查考证，在其专著《刘敦桢文集》中说："考塔之形制与详部结构，显较南诏建造之佛图、慧光二寺塔及崇圣寺千寻塔略晚。而视元妙应兰若塔与明妙湛寺塔为早，故疑成于南诏末叶或大理国时期。"此次出土的阿嵯耶观音像与云南剑川县石钟山石窟中开凿于大理国时期的阿嵯耶观音像在风格造型上是一致的。

从该塔造型结构及用料上看，也说明它不是南诏和元明时期的建筑，而是大理国时期的建筑。南诏时期的佛塔多与中原唐塔相近，从其塔体轮廓上看，上下略小，中部稍大，呈曲线收刹，平缓过渡。塔檐厚度，自下而上逐层减薄，檐之两端形成明显反翘，檐面出伸较长，凹入较大。而此塔外部轮廓线较为僵直，塔

---

① 云南大理白族自治州文物管理所：《云南大理弘圣寺塔清理报告》，见《考古学集刊》（第 8 期），科学出版社 1994 年版。

② 张增祺：《云南建筑史》，云南美术出版社 1999 年版，第 342 页。

③ 云南大理白族自治州文物管理所：《云南大理弘圣寺塔清理报告》，见《考古学集刊》（第 8 期），科学出版社 1994 年版。

檐厚度自上而下逐层减薄，塔檐出伸短，檐口平直，无反翘，虽然与南诏佛塔造型相似，但已是貌似而神非了。再者从近年维修的众多古塔中我们注意到，南诏、大理国时期的佛塔，砌筑砖块使用的砂浆均为红烧土，而元明以来已开始用石灰砂浆作黏合剂了，因此，也从另一方面说明弘圣寺塔不是元明时期的建筑。由以上几方面看，该塔为大理国早期的建筑。南诏时期的佛塔与唐塔更为接近，而大理国时期的佛塔与唐塔相比，有所不同。正是在这种貌似神非之中促进了区域性、地方性、民族性的造型艺术的萌芽。之后，云南佛塔逐渐形成了地方性、民族性的造型艺术风格，独秀于我国的建筑园林之中。

大理弘圣寺塔中出土文物上所包含的文字，除了佛教典籍中常见到的梵文外，都是汉文，包括武后所创的"仏"（佛）、"圀"（国）等字，大理国至元明时期仍在继续使用。塔上清理出的许多文物，如青铜镜、印章等，都是与中原内地经济、文化密切交往的证据。同时，塔内出土的各种佛像，具有各种不同的风格，其中还有西域梵僧像，这与南诏、大理国时期所流传的梵僧入洱海地区传教的记载相呼应。此外，这也印证了弘圣寺塔属于这一时期的建筑。

祥云水目寺塔

水目山位于祥云县城东南约 25 千米的马街乡，据清康熙九年（1670 年）督理云南省清军民屯粮储兼管水利道按察司副使李元阳撰《水目寺诸祖源起碑记》记载，唐宪宗元和八年（813 年）起，普济庆老禅师即首建水目寺，"纳子千余，六诏诸王，咸来问道"。水目山曾建有水目寺、宝华寺、普贤寺、灵官寺等诸多名刹古庙，今仅存水目寺及塔院中的水目寺塔和北岗塔林。

水目寺塔为大理国时建造，为 15 级四方形密檐式砖塔，高 18.17 米。塔基为双基座。第一台即下层台基座呈正方形，以石

南方丝绸之路研究丛书 文物考古卷

块砌成。第二台用砖砌成须弥座式台基，呈八角形。塔身第一层南面壁上有彩色佛教绘像 23 幅，东面有封闭式塔门一个。塔身每层四面均设龛洞一个，塔檐为 3 层方砖叠涩出挑而成，第一层为犬牙状。塔身从 2 级起至 10 级收分较小，11 级以上逐级收分明显。[①] 塔刹铜质，由仰莲、覆钵、宝顶组成。在水目寺塔前原有小塔 2 座，后塌毁。[②]

水目山北岗塔林，位于水目山寺右侧的劲岗山上。据《水目寺诸祖源起碑记》载："妙澄禅师姓高氏，大理国段氏国公仁懿太后之父……天开七年七月二十一日迁化于水目禅室，越翼日，火化于北岗而建塔焉。""天开七年"应是公元 1211 年。此后这里成了大理国的历代名僧圆寂之地，至今还存有 50 余座墓塔。墓塔由东而西作台阶状排列。墓塔形状一般为亭阁式和窣堵波式两种，通高 3 ～ 6 米不等；墓塔基座有四方形、六方形两种，塔刹用砖石制作成相轮、仰月、宝珠等形状。[③] 墓塔下设竖井形地宫，从塔基侧面开地道口，道口设有大理石双合门。墓室高 3 ～ 5 米，墓道两壁有石砌台阶，每台又分若干小格（龛洞），用来安放骨灰罐。墓塔从大理国时代一直延续到清代，如此多的墓塔，为全国少见。

大姚白塔

大姚白塔，又名磬锤塔，位于大姚县城西文笔峰上。塔高 18 米，为空心砖塔。白塔造型奇特，云南省唯此一例。塔基座是八角形须弥座，其上是八角形柱体，柱上砌 12 级密檐，上托起塔的主体——上大下小的椭圆形塔身，表面全用石灰涂抹，浑体皆白，故名白塔。这种塔是受印度窣堵波造型影响下产生的。窣堵波的

① 郑允昌：《祥云水目山塔林》，《云南文物》1992 年第 4 期。
② 刘光曙：《大理文物考古》，云南民族出版社 2006 年版，第 392 页。
③ 邱宣充、张瑛华：《云南文物古迹大全》，云南人民出版社 1992 年版，第 230 页。

特点是方形台基、圆形塔身。但大姚白塔是经过改造后的塔，既非窣堵波式，又非喇嘛塔，这一改造塔形的主导思想，可能与婆罗门教崇拜的楞伽有关。①

关于大姚白塔的建造年代，较早的文献中未见记载。清道光《云南通志》说："建于唐时，西域番僧所建，尉迟即梵僧名。"道光《大姚县志》记载："白塔砖有字曰'唐尉迟敬德监造'，与昆明东、西寺塔砖字同。"又说："唐天宝年间吐蕃所造。"从近些年在白塔附近散落的塔砖上，常见模印汉、梵文。汉字有"大佛顶""八大灵塔咒""十方诸佛镇塔咒""资益谷塔咒""尉迟监造"，特别是"阿閦佛灭正极咒"汉文砖，与大理弘圣寺塔和昆明东、西寺塔原塔砖上的字相同，也可以作为大姚白塔系南诏国时所建的证据。此塔在明代地震后受损，清代同治十一年（1872年）修葺，除使用原塔砖外，还新烧一批"同治壬申年署"等字样的塔砖。②

姚安矣保山塔

矣保山塔位于姚安县城北约7千米处。1956年，云南省博物馆考古工作者在原塔基处发现大量残砖，砖上模印文字有"大宝六年甲戌"纪年。知此塔为大理国段正兴大宝六年，即宋高宗绍兴二十四年（1154年）建。矣保山塔不知毁于何年，明万历《云南通志》卷三《姚安府古迹》云："矣保山塔，在姚安城北十五里，段正兴大宝六年甲戌建，实宋高宗绍兴二十四年，上有砖记之，今犹存。"可见明代后期，此塔还未毁。③

景洪曼飞龙塔

曼飞龙塔位于西双版纳傣族自治州首府景洪市大勐龙乡曼飞龙村后山上。曼飞龙塔由1座大塔和四周8座小塔组成塔群。群

① 李昆声：《云南艺术史》，云南教育出版社1995年版，第277页。
② 李昆声：《云南艺术史》，云南教育出版社1995年版，第277页。
③ 张增祺：《云南建筑史》，云南美术出版社1999年版，第302页。

塔建筑在巨大圆形基座上，基座高 3.9 米，上面砌出 8 个角，内含 8 个佛龛，龛上装饰莲花。8 个角上分别建 8 座小塔，各高 9.1 米。从空中鸟瞰，呈八瓣莲花形。8 座小塔像众星捧月似的拱卫着主塔，主塔高 16.29 米，位于正中。9 座佛塔均为砖砌，外面雪白，金色的塔尖翘然挺拔，直刺蓝天，犹如春笋破土而立，故又有"笋塔"之称。①

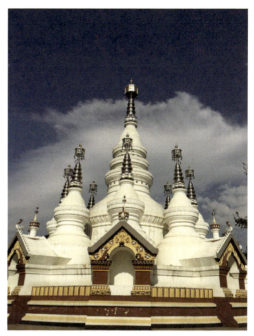

图 3-6　景洪曼飞龙塔

这组塔群，每座塔的塔身都建造在三层莲花须弥座上，塔身作覆钵式半圆形，塔刹由莲花座托上的相轮和宝瓶组成。曼飞龙塔的造型与东南亚诸国小乘佛教的佛塔类似，与泰国北部的马哈拉特塔造型尤为相近。从细部看，莲花座托上的舍利塔，又有我国大乘佛教舍利塔的特点。据西双版纳傣族典籍记载，这座塔群建于傣历 565 年（1204 年），塔的式样由印度僧人设计，由勐龙傣族头人古巴南批主持建筑。②现存的曼飞龙塔为清代重修。

缅甸那罗塔

公元 756 年，南诏王皮逻阁率大军到了边境开南（今德宏）一带，分兵两路，一路开往茫乃道（今西双版纳一带），自己率另一路大军乘竹筏渡过瑞丽江，进入骠国（今缅甸）中部的伊洛瓦底

① 李昆声：《云南艺术史》，云南教育出版社 2001 年版，第 281 页。
② 李昆声：《云南艺术史》，云南教育出版社 2001 年版，第 281 页。

江。此战取得了胜利，为了庆祝征讨骠国的胜利，皮逻阁命南诏工匠带当地人在骠国王都宝利差坦罗古城附近的山坡上建造了那罗塔。此塔由位于中央的主塔和周围 4 座小塔组成，砖石结构。主塔高约 20 米，小塔高约 10 米。整座塔形主次分明，高低有致。洁白的塔身、金灿灿的塔尖，犹如破土而出的玉笋，挺拔隽秀。塔座的四方，还设有供佛像用的佛龛。[①]

有佛塔则必有寺院，寺院将佛塔围绕其中。南诏、大理国时期的寺院历经多次战乱，早已毁于兵燹，如今通过文献记载和考古调查依然能够还原大致的情形。这一时期的寺院遗址主要有：

大理苍山雪人峰南诏寺庙遗址

南诏寺庙遗址位于今大理市下关镇南约 17 千米处。2001 年 1 月 11 日，何超雄、覃光荣、田怀清等人对该寺庙遗址进行了调查。寺庙遗址东西宽约 70 米，南北长约 200 米，占地面积约为 1.4 万平方米，发现了大量的绳纹青砖、残陶鸱尾、板瓦、筒瓦等器物，最主要是发现了 45 片南诏时期的有字瓦。通过对有字瓦研究，可确认此处寺庙的建造年代应为南诏王世隆建极十四年至建极十五年之间，即公元 873 年至公元 874 年。[②]

大理崇圣寺遗址

崇圣寺遗址位于大理市北面，距大理市 14.5 千米。崇圣寺为南诏、大理国时期所建，清代已毁，现仅存崇圣寺三塔。1978 年，平整三塔土地时发现一批原寺庙建筑使用的瓦当、有字瓦等器物，共采集到 26 片。[③]

大理喜洲归源寺遗址

归源寺遗址位于大理市北喜洲金挖寺村，距大理市区约 37 千

---

① 张泉：《白族建筑艺术》，云南民族出版社 2005 年版，第 260 页。
② 田怀清：《大理苍山雪人峰南诏寺庙遗址调查简报》，《云南文物》2006 年第 1 期。
③ 大理州博物馆：《大理地区部分古城址、古寺庙遗址、古窑址调查简报》，《云南文史丛刊》1995 年第 1 期。

米。在该遗址上发现了 4 片南诏、大理国时期有字瓦片。[①]

巍山挖钟村寺庙遗址

挖钟村寺庙遗址位于巍山县城西南面，距县城约 4 千米，东有阳瓜江，南接挖钟溪水，西接挖钟村，北依莲花山。考古人员在对遗址进行调查时采集到有字瓦片 21 件。[②]

腾冲金轮寺遗址

金轮寺遗址位于今腾冲城西约 3 千米的西山坝南诏、大理国时期腾冲城遗址东南角，东西宽 150 米，南北长 190 米。原为一组群建筑，由山门、前殿、正殿、后殿及配殿、厢房、僧舍等组成。现存正殿为民国二年（1913 年）重建，但柱基大多为南诏、大理时期的遗物。在山门与前殿之间尚存一通道，宽约 2 米。寺左右两侧各有一条东西纵向的大道，直通城西。正殿、后殿基台和天井保存完好。[③] 经多次踏勘，在该寺遗址内，先后捡到许多片有字大布纹厚瓦残片，以及莲瓣纹、牡丹花纹、八角形纹瓦当，云纹、牡丹花纹、葵花纹滴水，以及琉璃砖、"卍"字符号砖等典型的南诏大理国时期的建筑遗物。1982 年又在该遗址发现了瓦当、滴水等建筑器物，同时还出土了陶制佛教艺术品 5 件，均属南诏时期遗物。[④] 据清乾隆《腾越州志》载："金轮寺，城西五里，相传蒙诏时夷酋建殿于此。"清光绪《腾越厅志》载："金轮寺……相传蒙诏时所建，又名大佛寺，腾冲古寺，莫过于此。"方志记载该寺的时代与出土遗物可互为印证，金轮寺确是南诏时所建的佛寺。金轮寺西南侧建筑遗址位于金轮寺与黑塔寺东北侧之间的山坡台地上，因地表已开垦为耕地，不能确认范围，但还

[①] 大理州博物馆：《大理地区部分古城址、古寺庙遗址、古窑址调查简报》，《云南文史丛刊》1995 年第 1 期。

[②] 大理州博物馆：《大理地区部分古城址、古寺庙遗址、古窑址调查简报》，《云南文史丛刊》1995 年第 1 期。

[③] 保山市政协教科文卫体委员会：《保山名胜古迹》，云南民族印刷厂 2006 年印，第 98 页。

[④] 李正：《云南腾冲境内早期佛寺遗迹调查与研究》，《东南文化》1992 年第 3、4 期。

存在建筑遗迹。[1]

腾冲黑塔寺遗址

黑塔寺遗址位于金轮寺遗址西南侧的缓坡台地上，东西距金轮寺约 350 米。遗迹尚存，遗址内的夯土墙址平面形制呈梯形。根据残存墙基位置以及基台情况，可推断黑塔寺原为一组群建筑。其遗址范围东西宽约 170 米，南北长约 90 米，有月台、山门、前殿、正殿、厢房等组成。前殿与正殿之间天井，十分宽敞，东西宽 60 余米，南北长 50 余米。月台下有一条大道，宽达 11 米。遗址内瓦当、滴水、琉璃塔、青砖、有字大布纹瓦等的形制与金轮寺所出土的南诏、大理国时期建筑遗物相同。[2] 据清乾隆《腾越州志》载："李贤者……蒙诏时常宿黑塔寺及金轮寺，募修圮废……蒙氏于大理建崇圣寺……寺成，王谓众曰：'殿中三像何以为中尊？'众未及对，贤者曰：'中殿是我。'王怒其不逊，流之南甸……及死，南甸人焚其骨瘗黑塔寺。"由此推断，腾冲黑塔寺、金轮寺与大理崇圣寺可能系同时代建筑，抑或早于崇圣寺，时代当属南诏晚期。此寺遗址内未发现大理国以后的建筑遗物，方志中也未见到以后的记载，可见该寺毁于大理国时期，后世未有重建。[3]

腾冲豹子窝佛寺遗址

豹子窝佛寺遗址位于金轮寺后约 600 米的山坡台地上，东距金轮寺约 300 米，为一组群建筑遗址。遗址范围东西宽 160 米，南北长 100 余米，由山门、前殿、大殿、后殿、配殿组成。山门外有一条 5 米左右宽的大道直通金轮寺左侧。豹子窝遗址内的砖瓦堆积平面形制呈"凸"字形，原建筑墙基尚可寻见。从遗址内捡到的莲瓣纹、兽面纹、八角形纹瓦当，卷云纹、葵花纹滴水以及

---

① 保山市政协教科文卫体委员会：《保山名胜古迹》，云南民族印刷厂 2006 年印，第 98 页。
② 李正：《云南腾冲境内早期佛寺遗迹调查与研究》，《东南文化》1992 年第 3、4 期。
③ 李正：《云南腾冲境内早期佛寺遗迹调查与研究》，《东南文化》1992 年第 3、4 期。

大布纹厚瓦（其中有不少是有字瓦）、琉璃瓦、青砖等，均系南诏、大理国时期建筑遗物。后殿台基上出土一残破石雕佛像头，经鉴定为南诏遗物，可证此寺为南诏时所建。地方志上未记载此寺，故不知其寺名。遗址内未发现大理国以后遗物，说明此寺毁于大理国时期。[①] 数百年来常有豹子栖息于此废墟中，故民间俗称此遗址为豹子窝。

腾冲宝峰寺遗址

宝峰寺遗址位于今腾冲城西 4 千米外的宝峰山麓。1990 年 5 月，文物考古人员勘查时在现宝峰寺佛殿后 60 余米处山脊上发现一建筑遗址。基址内尚遗墙基，东西宽 13 米，南北长 12 米。从墙基判断，原为一单体建筑。基址内瓦砾堆积厚达 0.4 米，堆积物中，发现琉璃砖、"卐"字符号砖、青砖、大布纹厚瓦等。沿此建筑遗址往东北方向下行约 300 米，又发现一些建筑遗迹，似为亭榭之类的建筑遗址。[②]

腾冲宝峰山西北坡佛寺遗址

西北坡佛寺遗址位于今腾冲城西核桃园村南山坡顶，距腾冲城约 5 千米，距宝峰寺约 1 千米。调查该遗址发现，其坡顶平坦，上见一长宽各 11 米的正方形建筑台基，南侧尚存墙基一段，宽 0.6 米，入土部分约 0.3 米，系用毛石砌成。台基暴露剖面可见用砂子和黏土混合筑成的地坪，厚约 0.5 米。地坪下为夯筑土层，厚约 0.3 米，地坪上布满一层炭屑，可知此建筑毁于火灾。台基及其周围堆积层中，随处可见板瓦、筒瓦残片，均为大布纹厚瓦（其中包括有字瓦）、琉璃瓦等，其形制与金轮寺遗址所出土南诏、大理国时期建筑遗物相同。在台基南侧下瓦砾堆积层中，还发现一残破石雕菩萨头像，经鉴定，属南诏时期佛教造像。从

---

① 李正：《云南腾冲境内早期佛寺遗迹调查与研究》，《东南文化》1992 年第 3、4 期。
② 李正：《云南腾冲境内早期佛寺遗迹调查与研究》，《东南文化》1992 年第 3、4 期。

遗址内出土文物分析，该遗址为南诏佛寺建筑遗址。①

腾冲玉宝寺遗址

王宝寺遗址位于腾冲城南 10 千米洞山乡长洞村西长洞山麓。从遗迹看，原有山门、前殿、配殿、厢房等建筑，现仅存建于清光绪年间的正殿。据明《一统志》载："摩伽陀，天竺人。蒙氏时卓锡于腾冲长洞山，阐瑜伽教，演秘密法。"又载："宝峰山（按：此处有误，应为长洞山）有玉宝寺，乃高僧摩伽陀修道之所。"此言南诏时已有玉宝寺，而且是印度僧人传教之所。文物考古人员实地勘查中，发现在玉宝寺大殿右侧尚存明嘉靖三年（1524 年）《重修玉宝寺记》碑，碑文为曾任四川重庆府涪州彭水县教谕的腾冲人杨淳所撰。文中载："古有寺在腾阳长洞村之西，寺名曰玉宝。盖昔人自汉唐时刻石以成佛像，其佛显现灵异，人崇敬之，其意以石类玉，玉乃石中之真宝，故取名玉宝……正统戊午间遭麓川贼兵火，乡随修整之，香火不断。正德辛未间，又遇地震，殿宇倾颓，墙壁崩坏，金身独存……邑人唐海、杨钺、杨景辈为倡，重修焕然……"②《重修玉宝寺记》碑文的记载与文献玉宝寺的记载可互为印证，玉宝寺为南诏时的佛寺，后世代有修葺和重建。

巍山云隐寺遗址

云隐寺，又名天姥崖，俗名西边大寺，在峳岈图山西南侧，距巍山县城 15 千米。《蒙化志稿》记："云隐寺，在峳岈图山之巅，细奴逻建。……"并记载初建时，在半山腰曾建浮屠（塔）。由此可见，云隐寺是南诏初期的建筑。1990 年年初，在距塔不远的山湾里曾出土一批古代石雕和有字砖瓦。这些文物和南诏峳岈图城遗址的砖瓦相同，经考古认定为南诏初期古寺观遗址，与史

---

① 李正：《云南腾冲境内早期佛寺遗迹调查与研究》，《东南文化》1992 年第 3、4 期。
② 李正：《云南腾冲境内早期佛寺遗迹调查与研究》，《东南文化》1992 年第 3、4 期。

籍记载相符。[①]

巍山垅圩图山寺庙遗址

垅圩图山寺庙遗址位于巍山垅圩图山塔弯石场岭岗，因1990年4月巍山县文物管理所在此处发掘出南诏时期的石刻造像180余件[②]，故云南省博物馆考古队于1991年和1992年对该遗址进行了两次发掘。根据明万历《云南通志》卷三《蒙化府·古迹》载："垅圩图城，在垅圩图山，周围四百余丈，昔细奴逻筑城于此以居。"此处遗址分为1号南诏寺院遗址和2号寺庙附属房屋遗址。1号遗址平面呈正方形，坐西朝东，面积约80平方米，西高东低。东壁深度较浅，接近地表。北壁和西壁保存较好，高约0.9米，用石块、砖、瓦交错砌成，内壁贴瓦片。1号遗址共出土红砂石质石刻造像残片100多件，以立像居多，具有明显的初唐雕刻艺术风格，显然是寺庙供奉的雕像。[③]2号遗址，在1号遗址东7米处，遗址上有阶梯，铺地砖，有土墙、火塘、瓦当、瓦片、滴水以及完整的有字瓦，是一座过厅式建筑，为寺庙附属建筑。

大理葱园村寺庙遗址

葱园村寺庙遗址位于大理古城西葱园村，即阳苴咩城范围内。1997年8月至11月，云南省文物考古研究所、大理州文物部门对该遗址进行了考古发掘，发现了大量陶片、砖瓦残片，还揭露了房址、水沟的遗址。遗址出土了生活用具类陶碟3件、碗11件、陶盘1件、陶盆3件、陶罐2件、器盖3件、陶三足器2件、木刀1件、陶模1件，还有零星鎏金铜片、铜器口沿片。从中还出土了一批建筑材料，如滴水8件、瓦当18件、鸱吻3件，

---

① 张泉：《白族建筑艺术》，云南民族出版社2005年版，第125页。
② 刘喜树：《云南巍山发现一批石刻造像》，《云南文物》1992年第4期。
③ 云南省博物馆、巍山考古队：《巍山垅圩图山南诏遗址1991—1993年度发掘综述》，《云南文物》1993年第6期。

以及大量的有字瓦。从此次发掘的情况分析，遗址中出土的遗物均显示大理葱园村寺庙时代上限为大理国晚期。[①]

另外根据其他寺院碑刻记载，属于这一时期的寺庙还有云岩寺、圣源寺、水目寺、曹溪寺、圆通寺等。史籍中记载属于这一时期的寺庙还有观音阁、苍山神祠、常乐寺（又称"东寺"）、慧光寺（又称"西寺"）、无为寺、苍山玉局寺、九鼎寺、石屏秀山寺、保山云岩卧佛寺、护珠禅寺、罗荃寺、兴宝寺、地藏寺、弘圣寺、佛图寺、普照寺等。

三、石窟寺与摩崖石刻

石窟艺术发源于古印度，是佛庙的一种，原是僧人们排除尘世间的各种念想，打坐修行的地方，所以大多选在山间水边等人迹罕至的僻静之处。专为坐禅而设的石窟叫"禅窟"；略晚一点出现了专奉佛像的石窟，称为"佛殿窟"；有些因高僧讲经需要而设立的石窟叫"讲堂窟"。这些各式石窟在某一地点连成一个石窟组合群，便成为"石窟寺"。[②] 我国最早的石窟可以追溯到东汉时期。到魏晋南北朝时，石窟艺术已蔚然成风，此时的石窟造像多受到来自古印度的犍陀罗、秣菟罗和旃陀罗笈多艺术风格的影响，带有一些西方开脸、东方神韵的味道。至魏晋时期石窟艺术慢慢开始趋于中国化、世俗化，故有"宫娃如菩萨"之称。唐代造像多以丰腴、健硕为美；宋代则呈现清丽秀雅之姿。南诏国时期的石窟雕刻艺术首先在云南腹地的洱海地区和滇池地区繁荣起来，出现了以佛教题材为主的造像群；至大理国时期，除了继承

---

① 大理州文物管理所：《大理葱园村古建筑遗址清理报告》，《云南文物》2002 年第 1 期。
② 宿白：《中国佛教石窟寺遗迹——3 至 8 世纪中国佛教考古学》，文物出版社 2010 年版，第 7 页。

南方丝绸之路研究丛书 文物考古卷

和发展南诏国的传统风格外，所表现的题材内容更为广泛，雕刻工艺也更为娴熟，并在传统佛教造像的基础上，开创性地延伸出反映世俗生活和人物故事的题材。南诏、大理国的石窟艺术，整体风格以丰腴典雅、壮硕厚实为主，从造像的艺术角度来看，更接近唐风，这可能与云南地区地处偏远，在文化和艺术发展上较之中原王朝有一定的滞后性有关。此外，这一时期的石窟艺术还受到来自印度、藏传佛教、汉传显宗以及东南亚佛教造像风格的影响。这些恰恰体现出了南诏、大理国开放豪迈的民族性格。这一时期著名的石窟寺遗迹有剑川石钟山石窟、安宁法华寺石窟、剑川金华山摩崖造像、禄劝密达拉摩崖造像、四川昭觉石刻造像等。

石钟山石窟群是南诏、大理国石窟寺艺术的重要组成部分，按其地理位置可分为石钟寺、狮子关、沙登箐 3 个区。整个石窟群共有 16 窟，造像 139 躯，碑碣 5 通，造像题记 4 则，其他题记 40 则，摩崖壁画 1 处。[①]这些窟龛、造像与题记以其高超的历史艺术和科学价值、历史价值和科学价值成为我国古代南方丝绸之路上西南地区少数民族的文化艺术宝库，是研究南诏、大理国与内地、东南亚以及吐蕃之间政治、经济、民族、宗教、艺术等社会历史和民俗研究的重要实物资料。

异牟寻坐朝图

异牟寻坐朝图所在石窟高 1.66 米，宽 1.2 米，进深 0.49 米。[②]窟内雕一平座，其上雕 9 躯造像，中间于双头龙椅之上端坐一位王者，据李家瑞考证应为南诏第六代王异牟寻。[③]异牟寻头戴金刚

---

① 北京大学等：《剑川石窟——1999 年考古调查简报》，《文物》2000 年第 7 期。

② 石窟尺寸及本章部分内容参见李昆声：《云南艺术史》，云南教育出版社 1995 年版，第 183—195 页。

③ 李家瑞：《石宝山石雕王者像三窟试释》，见《大理白族自治州历史文物调查资料》，云南人民出版社 1958 年版，第 102 页。

宝塔莲花冠，这种王冠被称为"头囊"，在唐代樊绰的《蛮书》中详细地记载了这种南诏王冠的形制："南诏以红绫，其余向下皆以皂绫绢。其制，度取一幅物，近边撮缝为角，刻木如樗蒲头。实角中，总发于脑后一髻，即取头囊都包裹头髻上，结之。"异牟寻背靠屏风，双目前视，身着圆领左衽偏襟大袖长袍，两手收于袖中，衣纹刻画细腻流畅。王座前雕一童子，头顶供盘，盘中置香炉及花果供品。王座左侧雕侍从 3 人，一位右手举团扇拂尘，左手提壶，一位双手抱曲柄龙头剑，另一位一手握剑鞘，一手抽剑。王座右侧雕侍从 2 人，一位手捧经盒于肩，另一位背负斗笠，手持藤类植物制的长杖，上有莲花形杖首。白居易诗云："清平官持赤藤杖。"可推测此人为南诏清平官，相当于唐朝宰相的官职。窟门两侧还雕有对坐的清平官 2 人，一老一少，戴短翅幞头，身着圆领朝服，这是在南诏做官的唐朝内地人郑回和杜光庭。窟前正中雕"山高水长"4 字，其侧榜题刻有"隆德七年宾川人李承德游此"，"隆德"年号尚无据可考。窟内左侧还有一位阴线刻成的印度僧人形象。异牟寻是南诏历史上一位颇有远见的君主，在他祖父阁逻凤当政期间，爆发了南唐天宝战争，南诏与唐王朝断绝往来 40 余年。异牟寻继位后，在政治上实行一系列改革，吸收大量汉文化，重用汉族人在南诏宫廷任职。后来又听从郑回劝告，于公元 793 年，遣使团入唐，决定重新归附唐朝，并于贞元十年（794年）被唐德宗册封为南诏王，举行苍山会盟，并赐金印一方，从此南诏又恢复了与唐王朝之间的友好往来。

阁逻凤议政图

阁逻凤议政图所在石窟高 1.9 米，宽 1.52 米，进深 0.51 米。此窟位于石钟寺上层崖面最西侧，窟内共雕造像 16 躯，是石钟山石窟群中雕像最多的一窟。整窟雕成一座华贵的帐形佛龛，龛外檐有 3 重浮雕：第一重龛楣雕莲瓣纹；第二重龛边雕饰一道连珠

152

纹；第三重雕出"人"字形垂幔，下面还雕出卷起一半的幔幛。下部为一束腰龛台，极其生动逼真。窟内石座上雕一把龙椅，椅子两端挑出部分各雕一回首龙头，椅背上搭覆一块厚锦。龙椅上端坐着南诏第五代王阁逻凤，头戴莲花宝珠纹塔形头囊，头囊两翅上翘呈S形，末端分叉收作尖状，系带结于颏下，头囊后的宝缯垂至肩部上方。阁逻凤面相长圆，眉骨隆起，双眼半睁，鼻、嘴及左半面颊略有残毁，右嘴角微微上扬，胸部微凸，两肩宽厚，内着一件圆领衫，外穿圆领左衽偏襟大袖长袍，两手纳入袖中盘坐于高椅之上，大袖覆盖双足垂于椅座上半部，双腿两侧及大袖底下露出长袍摆边。椅后雕一长方形屏风，屏风凸缘中央雕一圈连珠纹，上方的卷云纹中雕出一龙，龙作回首反顾姿态，屏风两侧上方，雕出祥云烘托的日月纹，在日月之下又雕出两"弓"字向背的黻纹，黻纹为历代帝王专用的"十二章纹饰"之一，代表君主治国应该张弛有度。在王座下方还蹲伏着石雕的一狮一虎，另有说这是一雌一雄的双狮。[①]此窟中将世间帝王所用的黻纹与毗卢遮那佛所坐的狮子雕刻于南诏王阁逻凤的龙椅上下，这些象征符号的组合，从图像学的角度来说是要传达一种"佛、王一体"的治国意识形态，即"毗卢遮那佛王信仰"。

在阁逻凤像的左侧雕有6人分3排站立，有的手持曲柄长剑，有的手举旌旗，肩背一圆顶盾牌，有的紧握扇柄。右侧雕7人也分为3排，有的斜挂曲柄长剑，颈系虎头披膊，即《蛮书》所记载的"波罗皮"，有的颈系云头纹披膊，手握书卷，有的双手前伸，托举一高颈瓶，有的手握羽扇柄，有的手持旌旗。唯有一位僧人坐在椅子上，僧人面部已毁，仅残留左耳，内着交领僧衣，外披袈裟，袈裟大袖和下摆垂覆于高椅上，左臂屈伸至胸前，手

① 剑川石窟考古研究课题组：《剑川石窟——1999 年考古调查简报》，《文物》2000 年第 7 期。

图 3-7 阁逻凤议政图

持一串念珠，拇指与食指作数珠状，右手于腹部托住念珠。这位僧人座椅的造型与阁逻凤的龙椅很相似，椅背两端呈弧形，挑出部分雕成卷云纹饰，椅子后面有一把曲柄杠伞。这种曲柄杠伞未在早期南诏国的相关资料中有所记载，因此推测很可能是天宝战争之后，吐蕃送给南诏的礼物。由此可见这位僧人的地位很高，在此窟中仅次于南诏王阁逻凤。据考证，这个地位极高的僧人就是阁逻凤之弟阁陂大和尚。[①] 靠近窟门的左右两壁雕有相对而坐的两位清平官，两躯造像头部已残，身着圆领左衽偏襟大袖长袍，坐在高椅之上，大袖垂至膝下，两手于腹部收入袖中。在此窟左壁刻有"高保合庆知府母师永乐七年到此四月十二"的铭文（"永乐七年"为公元 1409 年）。

阁逻凤议政图从殿堂布局、人物身份、仪态来看，确实是南

---

① 李家瑞：《石宝山石雕王者像三窟试释》，见《大理白族自治州历史文物调查资料》，云南人民出版社 1958 年版，第 106 页。

诏王坐朝与臣属议政的石窟造像，是研究南诏历史的珍贵资料。从雕刻艺术手法和风格来看，多数高浮雕，也有用圆雕和浮雕相结合的手法，有的还使用线刻。造像中，清平官长袍的线条雕得非常细密，衣纹流畅，衣服紧贴肌肉，衣薄透体而重叠多褶，颇有"曹衣出水"的艺术特征，这也是唐代绘画的流行风格，远在西南边陲的阁逻凤议政图石窟中可以看到这种风格。

释迦三尊像

释迦三尊像所在石窟长 1.45 米，宽 1.8 米。此窟石像为摩崖造像，内部雕造像 7 躯。中间主尊为释迦牟尼佛，善跏趺端坐于高束腰须弥座上，佛像肉髻突起，上饰右旋螺发与一颗髻珠。脸型丰满圆润，双目微睁作俯视状，嘴角轻微上扬，眉间额心饰以白毫，双耳垂肩，颈部刻有三道弧线，亦称"蚕纹"。佛像着右袒式大衣，右肩至肘部搭一块偏衫，大衣下部呈 U 形衣纹覆盖双膝垂于座上，这种装饰手法继承了古印度笈多王朝的造像特点，并带有唐代遗风。佛像右手当胸结说法印，左手原应结与愿印（已残毁），双脚跣足，落于两朵从海浪中升起的仰莲之上。佛像后有双重桃形火焰纹身光，在头光处还刻有连珠纹和莲瓣纹。在佛像身光后两侧浅刻有合掌而立的迦叶、阿难两大弟子。佛像右侧雕普贤菩萨，结全跏趺坐于象背莲台之上，脸庞圆润清秀，目光平视，凝神沉思，双手持如意于胸前，头戴花冠，左右缯带向上飘扬，双耳戴环，双手戴钏，胸前饰有璎珞挂饰，菩萨天衣柔透贴身，帔帛垂于莲台向上飘扬。白象象鼻向右翻卷，后有一象奴手执驯象长钩。象奴体魄矮小健壮，大嘴圆目，双耳穿环，气质粗犷，为典型的胡人形象。佛像左侧为文殊菩萨，端坐狮上，狮身及狮奴已毁。两尊菩萨身后均雕有火焰形背光。

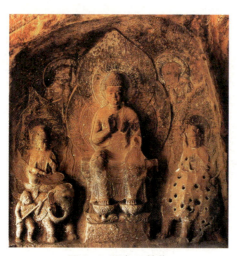

图 3-8 释迦三尊像

此窟石像也可定名为"华严三圣像"。[1] 华严三圣指的是毗卢遮那佛、文殊菩萨、普贤菩萨的组合。毗卢遮那佛是佛的法身，是一切宇宙的中心，居于五方佛的中央，代表法界体性智。释迦牟尼佛则为佛的应化身，表示随缘教化，并到娑婆世界中度化有缘众生。毗卢遮那佛在密宗金刚界里的造像为双手当胸结智拳印，在胎藏界里的造像为双手结禅定印，在显宗里多为双手食指相对于胸前结毗卢遮那印，此窟主尊佛像上并未出现这些手印。释迦三尊在藏传佛教里多为释迦牟尼佛与弟子舍利弗、目犍连的组合形象出现，在其他地区的佛教里则为释迦牟尼佛与文殊菩萨、普贤菩萨的组合。不同地域由于各种文化因素的差异，即便是同一宗教也会显出不同的造像特征来。南诏、大理国时期云南地区主要信奉的是滇密佛教（阿吒力教），所以我们在考察石钟山石窟时应多站在滇密的角度去思考，多用同一时期的标准器进行比较研究。在传世的《宋时大理国描工张胜温画梵像》（以下简称《梵像卷》）中，第六十三至六十七开所绘的《南无释迦牟尼佛会》图中可找到相关参照。画面中主尊右手结说法印，左手施与愿印，两侧分立迦叶与阿难，文殊骑青狮于左侧，普贤乘白象于右方，亦有狮奴、象奴在旁。画面右上方榜题为"奉为皇帝骠信画"，左上方榜题为"南无释迦牟尼佛会"，这幅画面与第四窟的造像基本相似，因此可定

① 董增旭：《天南瑰宝——剑川石钟山石窟》，云南美术出版社 1998 年版，第 20 页。

名为"释迦三尊像"。本来佛教中讲求不以"相"来观佛,正如《金刚经》所云:"凡所有相皆是虚妄,若见实相无相,即见如来。"毗卢遮那佛与释迦牟尼佛皆为如来,只不过因为传法的需要而出现不同的化身,所以此窟也可称为"华严三圣像",只是考虑到本土造像应多从滇密的角度去考量,所以定为"释迦三尊像"似要准确一些。此窟造像是石钟山石窟中雕刻极为精美的一组作品,是南诏、大理国时期石窟艺术成熟的代表作。

高僧说法像

高僧说法像所在石窟由左、中、右三个部分组成。中间高1.26米,宽1.3米,进深0.5米。该窟雕有华丽的佛龛,两层龛檐雕刻卷草纹与仰莲纹,中部雕仿木结构的斗拱一层间饰莲花,龛楣雕刻一排金刚杵,内为"人"字形幔帐,幔帐上刻有绶带及连珠纹,两侧为莲花纹与垂云纹相间的立柱,右柱上有题记两则,上壁为"至正元年五月",下壁为"杨纯施恩成王甫杨录张受海杨镇董大明杨大许陈芳施保山于嘉靖"。中央一窟雕刻造像5躯,正中为一老者,结全跏趺坐于岩石座上,头缠幅巾,巾带长垂,内着一件僧衣,外罩一件披风,衣服褶叠下垂覆盖双膝与石座。老者颧骨微凸,面容清癯,双眼下垂似作沉思状,右手曲指作说法印,左手持麈尾。背景为山洞,雕有樵夫、琴童、猴、马及净瓶、宝塔等。在老者右侧有一位身穿大袖宽袍、手拿经书、脚穿芒鞋、抚足舒坐的人;左侧也为一宽袍大袖的人物,双脚着履垂放在脚踏上。两躯造像相对而坐,可惜上半身均已残毁。窟龛前方的须弥座下还雕有两位金刚力士在支撑基座。

此老者造像被当地人俗称为"愁面观音",在部分著作中被称为《维摩诘经变图》或《文殊问疾品》。然而此老者与传世的维摩诘形象相去甚远,是否能定名为维摩诘大士值得商榷。在佛教造像上,很多时候是依据造像的服饰、持物、台座和背景来辨识身份的。维摩诘的形象在长期的流传中已成固定模式，均是长髯老者舒坐倚靠于榻上神采飞扬、侃侃而谈的形象，其背景多为华丽的宝帐垂幕，坐具为宽大的几榻或是壸门形小床，以示维摩诘富有的身份，并与文殊菩萨呈左右对峙的布局。这种形象不仅固定于内地的各处石窟、壁画和图卷中，在大理国《梵像卷》的第五十九至六十二开《文殊问疾》与《维摩大士》中也是如此。另外收藏在美国纽约大都会艺术博物馆中的大理国时期写经《维摩诘经》，卷首的《维摩诘会图》也是相同形象。反观此窟老者形象，虽头戴幅巾，却并没有长髯，更没有维摩诘与文殊菩萨辩经时的那种表情激昂的神态，反而给人一种静谧安宁的感受。老者身下也不见床榻，从岩石座和背后的山景来看，这位老者应是一位在山寺中修行的本土高僧。[①] 其左右两侧的人物也非文殊菩萨。左侧一人从位置和衣着与第一、二窟的清平官相似上判断，应为南诏、大理国时期的一名官员。右侧一人虽手持经卷，但从衣着纹饰来看，与文殊菩萨华丽的天衣和精美的璎珞相去甚远，且此尊造像足穿草鞋、手脚筋腱突出，也与文殊菩萨的形象不符。另外从佛教《造像度量经》分析，凡是佛、菩萨的形象无论是本尊还是变相，其后背都应该有头光出现，此窟造像中虽有两躯上半身残毁，但并无头光或背光的痕迹可寻。此窟应为南诏、大理国时期的阿吒力高僧在山中与宫廷官员和远来问道的行脚僧说法的场景，因此定名为"高僧说法像"。

左边圆拱形窟内雕有造像 6 躯。正中为杨枝观音，结全跏趺坐于仰莲之上，头戴宝冠，身着天衣，胸部饰以璎珞，帔帛随两肘垂至莲台。杨枝观音脸型圆润，面部慈祥，屈右臂，右手持杨柳枝，屈左臂，左手托一净水钵，好似在向世间普洒甘露一般，

① 金申：《云南剑川石窟造像身份再考》，见《大理民族文化研究论丛》（第 1 辑），民族出版社 2004 年版，第 483 页。

背部有桃形火焰纹背光。左右两侧各站立一位供养天女（上身已残毁），台座下方的左右两侧各站立一男供养人（上身已残毁），从剩余的衣着佩饰来看应为南诏、大理国时期的贵族。

图 3-9 高僧说法像

在台座下方正中刻有一尊带有圆形头光的小佛（头部已残毁），双手结禅定印于腹间捧一钵，结全跏趺坐于蒲团之上。

右边圆拱形窟内也雕有造像 6 躯。正中为阿嵯耶观音，头梳螺髻，中有化佛，头饰花环和发辫沿螺髻而下搭于两肩。上身袒露，颈、胸部满饰璎珞，两臂戴钏，双手戴镯，下身着裙，右手当胸结说法印，左手施与愿印，善跏趺坐于束腰须弥座上，双脚跣足踏于两朵莲花上，背部有桃形水波纹背光。左右两侧各站立一位供养天女（面部已残毁），头饰双角髻，身着宽袖长衣，体态丰腴。台座下方的左右两侧各站立一男供养人（上身已残毁），着宽袖长袍，作哈腰状，右侧供养人手握曲柄长剑，左侧供养人手握书卷。台座下方正中为一尊替佛僧（面部已残毁），身着通肩大衣，双手结禅定印，结全跏趺坐于蒲团上，后有圆拱形身光。

八大明王堂

八大明王堂所在石窟长 11 米，高 3 米。这是石钟山石窟群中最大的一窟，共有造像 13 躯。窟顶刻有 3 重檐，6 根雕花立柱将此窟分为 5 龛，有两台基座，各台上下都刻有花卉图案和动物图案。正中雕刻一尊佛像，肉髻缓凸，上有螺发，身着袒右肩式大衣，结全跏趺坐于束腰须弥座的莲台之上，右手结降魔触地印，左手结禅定印，后有双重桃形火焰纹身光，纹饰刻画得十分精细。这尊佛像与《梵像卷》第八十四开所绘佛像一致，画面榜题为"南无大日遍照佛"。

此外，1998 年香港孔祥勉先生捐赠给上海博物馆一尊大理国时期的铜鎏金大日如来像，佛像中空铸有铭文："时盛明二年岁次癸未孟春正月十五日，敬造金铜像，大日遍照一身座……"①上海博物馆收藏的大日如来像与第六窟主尊像造型相同，通过与这两件标准器的比对，可将此窟主尊定名为"大日遍照佛"，即大日如来。大日如来两侧为迦叶与阿难，均着僧衣披袈裟，双手合十，跣足立于莲台上，后有圆形头光。二弟子头光上刻有流云缠绕的方形榜题，上有墨书，迦叶榜题为"泛淡祥光，泛淡慈光"，阿难榜题为"是无上咒，是无等咒"。

除中间 3 躯造像外，从左至右的 10 躯造像分别为：四臂大黑天神，跣足立于莲台上，头盘高髻，一面三目，怒目圆睁，二牙上出，双耳挂蛇，一串骷髅斜挂于左肩，右边两臂残毁，左第一臂当胸握嘎巴拉碗，左第二臂残毁，后有火焰纹头光。大圣东方六足尊明王，为文殊菩萨的化身，六面六臂六足，坐于水牛背上，水牛下方有莲台束腰须弥座及海浪纹座，造像右三手全部残毁，持物不辨，左第一手于胸前结期克印并持羂索，第二手上举持《般若经》，第三手搭于左腿持弓。大圣东南方降三世明王，为金刚手菩萨的化身，顶戴化佛冠，左右二手结吒枳印，右第二手上举持金刚杵，第三手搭于左腿上持箭，左第二手于体侧，小臂已残毁，第三手似弯曲向上，持物不明。大圣南方无能胜明王，为地藏菩萨的化身，三面六臂，右第一手上举持金刚杵，第

① 杭侃：《大理国大日如来鎏金铜佛像》，《文物》1999 年第 7 期。

二手手臂已残毁，第三手于胸前，持物已毁，似残存箭头，左第一手于胸前结期克印并持羂索，第二手于体侧，手臂残毁，似上举，第三手搭于左腿持弓。大圣西南方大轮明王，为弥勒菩萨的化身，头戴骷髅冠，三面六臂，右第一手上举持金刚杵，第二手似持宝杖，第三手残毁，左第一手于胸前结期克印并持羂索，第二手上举，持物不明，第三手于左腿上，持物似残断的弓。大圣北方步掷明王，为普贤菩萨的化身，三面六臂，左足下踏魔（大自在天），右第一手上举持剑，第二手持钺斧，第三手残毁，持物不明，左第一手于胸前结期克印并持羂索，第二、三手残毁，左腿前似留有残断的弓。大圣东北方不动明王，除盖障菩萨的化身，三面六臂，右上手持剑，下方有一物，似为般若经，第二手向上弯曲，持物残毁，似为金刚杵，第三手搭于右腿，持物不明，左第一手于胸前结期克印并持羂索，第二手于体侧弯曲向

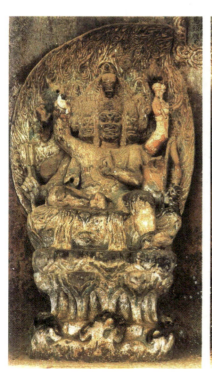

图 3-10　八大明王堂造像局部

上，持物不明，第三手搭于左腿持弓。大圣西方马头明王，为观音菩萨的化身，三面八臂，三面上方见一马头，右第一手上举，持物残毁，第二、三手的小臂残毁，持物不明，第四手于体侧持箭，左第一手于胸前结期克印并持羂索，第二手小臂残毁，持物不明，第三手上举持莲花，第四手于体侧持弓。大圣西北方大笑明王，为虚空藏菩萨的化身，头戴骷髅冠，三面八臂，左足下踏一魔，右第一手上举，持物不明，第二、四手于体侧，持物亦不明，第三手已残毁，左第一手于胸前结期克印并持羂索，第二手于体侧残毁，第三手上举持锤，第四手搭于左腿上，手残毁，持物不明。八大明王面部均呈愤怒相，舒坐于海浪云纹束腰须弥座上，身后皆有火焰形背光，背光上均雕有数尊小佛。最后一躯为毗沙门天王（北方多闻天王），跣足踏于鬼奴背上，头戴宝冠，身着铠甲和护胸，帔帛沿双肘下垂飘动，右手作托举状，已残毁，推测原来应该托一宝塔，左手持三叉戟杵于地上。

甘露观音

甘露观音像所在石窟长 11 米，宽 2.7 米。该窟共雕刻造像 3 躯。正中甘露观音，善跏趺坐于梯形金刚座上，跣足踏于两朵从海浪上升出的仰莲之上，头戴宝冠，冠中化佛为阿弥陀佛坐像，左右冠带垂于两肩，身着天衣，帔帛缠绕身体垂于两侧莲座之下，胸饰璎珞，下着羊肠裙，屈右臂，右手持杨柳枝，左手于腰间托一钵，双腕均戴臂钏和手镯。观音正中胸部有一空洞，俗称"剖腹观音"。身后刻有双重桃形火焰纹身光，其上刻有卷草纹、连珠纹、火焰纹，精美华丽。

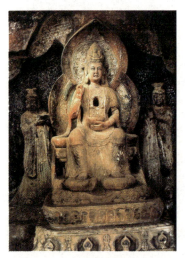

图 3-11 甘露观音造像

南方丝绸之路研究丛书 文物考古卷

梯形金刚座分层刻有莲瓣纹、水纹、金刚杵、小佛龛等。甘露观音两侧各站立一名供养天女，左侧供养女梳双角髻，身着宽袖长衣，双手当胸捧一经盒，右侧供养女双手当胸捧一净瓶，其余发型、装束皆与左侧供养女相同。

　　甘露观音右上方的石壁上有一段藏文题记，译成汉语是："将世间受无边苦难的众生从痛苦的深渊中拯救出来的是佛！当把你的尊严刻在岩壁上时，祈求佛的保佑，把我等福薄的罪恶众生从苦难中解脱出来吧！吉祥！"[①] 左内壁刻明嘉靖壬戌（1562 年）李元阳游石宝山诗 1 首，右壁刻有明崇祯己卯（1639 年）王元英和李元阳同游石宝山诗 1 首。

阿姎白

　　阿姎白所在石窟位于石钟寺区上层崖面最东侧，是一组石窟与摩崖造像组合成的雕像。全窟分为上、下两台：上台中央为一拱形龛，高 0.9 米，宽 0.6 米，进深 0.65 米。正中雕刻莲花座，莲座上原先雕刻的造像已毁，1999 年由北京大学考古系和云南大学历史系组成的云南省剑川石窟联合考察队对此窟进行了详细考察，释读出以前未被认出的"兰若观世音……造像主"等题记。题记既称造像主，结合"观世音"名号，推测原来莲座上的造像可能是观世音菩萨。[②] 后人在已毁造像的基础上雕刻一锥状物，中裂一缝，形状为女性生殖器，即当地民间所谓的"阿姎白"，其时代应比石窟晚。在阿姎白的两侧有墨书榜题，右为"广集化生路"，左为"大开方便门"。这具女阴雕刻已成为附近居民求子嗣的膜拜对象，当地白语中的"阿姎白"，即女性生殖器之意。在佛教石窟中出现女阴雕刻在全国仅此一例。在窟内左右两侧壁各有浅浮雕的佛造像 1 组：左侧壁主尊为阿弥陀佛，头有螺发肉髻，

---

① 张楠：《南诏大理国的石刻艺术》，见《南诏大理文物》，文物出版社 1992 年版，第 143 页。
② 剑川石窟考古研究课题组：《剑川石窟——1999 年考古调查简报》，《文物》2000 年第 7 期。

图 3-12 阿姎白

身着圆领通肩大衣，双手结弥陀定印，全跏趺坐于莲台上，后有圆形火焰纹身光，上有流云；莲台下方正中为地藏菩萨，右手持锡杖，左手置腹前托摩尼宝珠，舒坐于莲台上；阿弥陀佛左侧为观音菩萨，善跏趺坐于莲台上，右手举杨柳枝，左手当胸捧一钵；阿弥陀佛右侧为大势至菩萨，舒坐于莲台上，右手施无畏印，左手托一宝瓶；画面下方还有一尊形似僧人的剪影造像，侧身而坐，比例较小。右侧壁主尊为大日如来（毗卢遮那佛），身着祖右肩式大衣，右手当胸结说法印，左手结降魔触地印，全跏趺坐于仰莲之上，后有圆形火焰纹身光；莲座正下方为一替佛僧，全跏趺坐于蒲团上；大日如来左侧为四臂尊胜佛母，坐具模糊不清，头戴高冠，前两手当胸合十，后两手高举冠顶合十，这是南诏、大理国特有的尊胜佛母造型；大日如来右侧为摩醯首罗，坐具模糊不清，三面六臂，前两首当胸握法器，似为钺刀与嘎巴拉碗，右第二手持经函，左第二手持金刚杵，后两手分别托举太阳与月亮。此窟外楣额浮雕莲花宝盖，榜题正中阴刻"五匹西"3字，榜题右上侧有墨书题记9行："□□圣主□在□□□□道兰／□观世音者法了无□渡四生／而方便法师忙广无形□□情／□□□□□其造像□□坐／上士布□□□天王者□言／继于相如能太于□□万／代次名□□□□福田无穷／子孙世了□□□果生了无尽后／盛德四年作□己亥岁八月三日记。"题记虽大部分已泐蚀不清，但最重要的文字（年代）保留了下来。"盛德"为大理国第十八代君主段智兴的年号，"盛德四年"相当于内地南宋孝宗淳熙六年（1179 年）。此窟开凿时代可判断为大理国时期。石窟的下台为起伏的石壁，石壁上有数个小龛，内有僧人、佛塔、猴子、孔雀、鸟兽、童子等形象，表现出幽深玄秘的山中景象。

阿姎白左右两侧各有一圆拱形浅龛。右侧龛内雕东方持国天王1躯，天王着将军铠甲，胸前甲分左右两片，胸背甲在两肩上用带前后扣联，战袍垂至脚踝，两肩披膊作虎头状，右手置于腰部，已残毁，从残存的剑鞘痕迹来看，原先应握一剑，左手外扬前伸，已残毁，从残迹看，原先应持琵琶，足蹬战靴，头后有火焰纹头光，双脚各踏一鬼奴。左侧龛内雕毗沙门天王（北方多闻天王）1躯，天王身着盔甲，帔巾绕臂飘扬，右手与持物已毁坏，仅剩一个三戟叉头，左手已残毁，头后有火焰纹头光，双足踏在3个鬼奴之上。在东方持国天王的右侧还有一莲瓣形浅龛，内有造像4躯，内容与阿姎白右壁所刻内容一致，为大日如来、替佛僧、四臂尊胜佛母和摩醯首罗像。

波斯国人

波斯国人造像所在石窟高1.13米，宽0.9米。此窟位于山脚，为拱形浅龛，龛内仅雕一躯造像，体态粗犷，面部残毁，依稀可见头发鬈曲齐肩，上半身剥落严重，服饰不甚明了，腰部束有围裙，裙下穿裤，左腿矗立，右腿微舒，足着长靴，双手持一物，垂于双腿间拖至地面，造像右侧壁上竖行阴刻"波斯国人"4字。从其发型和短衣装束来看，有别于峨冠博带的贵族形象和宽袍大袖的佛教造像。

关于这躯造像的定名，众多学者意见不一，有"天竺僧人"说、"婆罗门人"说、"穆斯林"说、"毕摩"说、"骑奴"说，等等。清代《康熙剑川州志》载："波斯国人像在钟山麓，螺髻短须，披罽拄杖，镌刻非凡手所及。"从造像的体态、发式和装束来看，与石钟山其他窟龛所雕的象奴、柱础力士的风格很相近，可推测此躯造像也应当为着胡服的外国人。而"波斯国人"4字书法拙劣，南诏、大理国时期崇信佛教，且受到武则天造字的影响，"国"字多写作"圀"，在此处却为"國"，可见应为后世所刻。"波斯国"也并非指今天伊朗地区的古波斯国，正如胡人也不一定特指西域人，而是当时对外国人的一种统称。从地理位置及当时的疆域来分析，此"波斯国人"可能为远道而来的东南亚人。

梵僧观世音像

梵僧观世音像刻于狮子关左崖崖壁上，所在石窟高1.83米，上宽1.07米，下宽1.87米。像高1.66米，整体为一位古印度僧

图3-13 梵僧观世音像

人形象，头戴双层莲花冠，深目高鼻，面容慈祥，眉间饰有白毫，颈后有圆形头光，内着交领僧衣，外披袈裟垂至脚面，袈裟一角偏搭于右肩之上，衣袂翻卷，线条流畅，左手当胸持净瓶，屈右臂，右手前伸持一柳枝，柳枝已残毁，足穿翘尖短筒靴。左下方有一犬跟随，颈系铜铃，躬身回首张望。在梵僧观世音左臂上方有一块高0.42米、宽0.22米的阴刻4行榜题："紫石云中／信境兰若／盛德四年六月七日造像施主工匠金榜／杨天王秀并办。""盛德四年"为公元1179年，此窟开凿年代可定为大理国时期。

梵僧在《南诏图传》和《梵像卷》中均多次出现，两幅画卷里在梵僧的头顶还出现了阿嵯耶观音的形象，表明他为阿嵯耶观音的化身。在《南诏图传》中他还是关键性人物，曾授意细奴逻建国，并在洱海地区传播佛教等。

南方丝绸之路研究丛书 文物考古卷

细奴逻全家福

细奴逻全家福造像所在石窟高 0.85 米，宽 1.2 米。此窟位于狮子关顶，居高临下，独占山头，与石钟山隔谷相对，开凿于一块天然的窟式岩壁上，上方有一块巨石平覆，形成了天然宝檐。窟内共有造像 7 躯，其中 5 躯雕于榻上，2 躯分立榻下左右两侧。榻上右边男像盘膝端坐，头戴莲花形塔式头囊，两翅上翘呈 S 形，双目圆睁正视前方，下颌蓄有一圈络腮胡，着圆领宽袖长袍，前襟与两袖沿榻垂下，双手平举于腹部收入袖中并持一笏板。左边女像为一中年贵妇形象，盘膝端坐，头戴莲花束发冠，面部圆润，双耳戴环，身着圆领宽袖长袍，前襟与两袖沿榻垂下，双手收入袖中平举于腹前。两像之间雕刻一男童，盘腿坐于榻上，身穿肚兜，头部微向右侧，右手上举，左手置于小腹前，天真可爱。榻上还雕有一男一女两位侍从，均袖手分立于两主像两侧后方。榻下刻有云头形纹饰，榻前有一供桌，上置 3 样供品。五躯造像后方立有一方形背屏，在屏风中央有一块方形榜题，上有 4 行墨书题记："大圣耳呈躅罗口／大王及后妃男女从者／等尊容元／改造像昌宁记之。""耳呈躅罗"即"圣独罗"也就是第一代南诏王细奴逻。由此可知此窟为南诏王细奴逻与王后及太子的阖家造像。在屏风外左上角有红色圆轮，中绘三足金乌，象征着太阳；右上角有黄色圆轮，中绘桂树及玉兔，象征着月亮。

在细奴逻榻下右侧立一男性祭司（彝族毕摩），头裹包头，着锦袍，腰束带并绅带下垂，上体前趋，作述说状，左手持一卦筒，称为"屋透"，右手握着竹签。在王后榻下左侧立一女巫，梳高发髻，双耳戴圆形耳环，着圆领宽袖锦袍，垂至脚面，双手持一羽扇，称为"切克"。①

---

① 李昆声：《南诏大理国雕刻绘画艺术》，云南人民出版社、云南美术出版社 1999 年版，第 13 页。

1962 年，云南省博物馆文物普查小组在石钟山的桃羌村和牟平村调查时，这两个白族村落的老人皆称他们的祖先在石钟山。牟平村本主庙中供奉着一组木雕本主像，当地白族称其为"红脸本主"，与此窟细奴逻衣着相同。而王子神态也与此窟相同。由此推测，第十一窟细奴逻全家福原先就是作为"本主"而雕凿的可能性极大。①

图 3-14　细奴逻全家福

弥勒佛与阿弥陀佛

　　弥勒佛与阿弥陀佛造像开凿在一块高 3 米、长 6 米的巨大岩石上，分成上、下两层，上层为线刻浅浮雕，有 5 小龛，下层为浅龛高浮雕，有 4 龛，两层共雕大小造像 18 躯。

　　下层 4 龛从左至右依次为：

　　第一龛雕释迦牟尼佛造像 1 躯。释迦牟尼像面相长圆，头有螺发肉髻，螺发较厚，肉髻缓凸，双耳垂肩，颈部有 3 道蚕纹，身着右祖式大衣，右肩搭一块偏衫，右手结触地印，左手结禅定

---

① 李昆声：《云南艺术史》，云南教育出版社 1995 年版，第 192 页。

印，结全跏趺坐于仰莲之上，颈后有火焰形头光。

第二龛为方形浅龛，内雕造像 2 躯。左为弥勒佛，面部长圆，头部为螺发肉髻，肉髻高缓，间饰一颗髻珠，身着右袒式大衣，轻薄贴身，右肩搭一块偏衫，佛衣一角从右肩横搭至左肩上，有右手当胸结说法印，左手自然下垂抚膝，结善跏趺坐，跣足踏于两朵小仰莲之上，颈后有火焰形头光；右侧雕刻为阿弥陀佛，面部长圆，头部为螺发高肉髻，颈后有火焰形头光，身着圆领通肩大衣，双手结禅定印，结全跏趺坐于方形台座的仰莲之上，座下有一长方形榜题，上刻题记 11 行，满行 5 字："沙追附尚邑／三睒白张傍／龙妻盛梦和／男龙庆龙君／龙世龙安龙／千等有善因／缘敬造弥勒／仏阿弥陀仏／圀王天启十／一年七月廿／五日题记。"断句后应释读为："沙追附尚邑三睒白张傍龙，妻盛梦和，男龙庆、龙君、龙世、龙安、龙千等，有善因缘，敬造弥勒仏、阿弥陀仏，圀王天启十一年七月廿五日题记。""沙追"即今沙溪的古称，"附尚邑"应为沙溪镇的一个村落，现已无考。"三睒白张傍龙"，在《南诏图传文字卷·铁柱记》中有"三睒白大首领将军张乐进求"的题记，此二者之间的关系可能为：三睒白张傍龙确实系三睒白张乐进求的后人；或者是三睒白张傍龙为了抬高家族威望而攀附当时西洱河蛮的望族张乐进求。[1] 5 个儿子"龙庆、龙君、龙世、龙安、龙千"为南诏国时期"冠姓父子联名制"的习俗。这里出现了"仏""圀"，应为武周时期武则天所创的"佛"和"国"的异体字。"天启十一年"，"天启"为南诏国第十代王劝丰佑的年号，天启十一年相当于内地唐宣宗大中四年（850 年）。这是整个石窟群中唯一有南诏国纪年的一窟，也是有明确纪年的最早的一窟，应为剑川石钟山石窟的开创年代。

---

[1] 田怀清：《南诏时期白族对弥勒佛、阿弥陀佛的信仰》，见《大理民族文化研究论丛》（第 1 辑），民族出版社 2004 年版，第 197 页。

第三龛为圆拱形浅龛，正中刻弥勒佛造像 1 躯。弥勒佛像头部为螺发高肉髻，身着通肩大衣，右手结说法印，左臂自肘部以下残毁，善跏趺坐于须弥座上，跣足踏两朵小仰莲，背部有双重火焰纹身光。造型、风格与第二龛左侧的弥勒佛相同。

第四龛为圆拱形小浅龛，内雕观音菩萨立像 1 躯。观音菩萨像头戴宝冠，上有化佛，内穿圆领衣，外罩天衣，胸部饰有璎珞，右手当胸执一柳枝（已残毁），左手于腹前持一净瓶，跣足而立，背部有双重火焰纹身光。

上层 5 龛为线刻浅浮雕造像，从左至右依次为：一佛二弟子；一佛二菩萨；一佛二弟子；阿弥陀佛接引像；一佛二弟子。上层造像风格一致，均为面部方圆、头部较大且直接落于肩上，上眼皮与鼻子为一条线刻出，大衣、袈裟也为线条刻出，整体来说，造像艺术感不强，工艺也较为粗糙。

阿嵯耶观音像

阿嵯耶观音像所在石窟位于金鸡栖山嶙峋突兀的一块岩壁上，为圆拱形浅龛，内雕阿嵯耶观音立像 1 躯，高 0.7 米。脸型方圆，宽肩细腰，头梳圆形高发髻，称为"螯髻"，发髻中间有阿弥陀佛坐像 1 尊，发辫与头饰花环沿发髻垂下搭于两肩，身着圆领紧身短袖长衣，颈部饰有璎珞，两臂戴钏，右手当胸结说法印，左手微屈至腰间施与愿印，束腰系带，腰带沿两腿间垂至脚面，下身着裙，紧贴双腿，裙上有 U 形阴刻线，跣足立于莲台之上，身后有双重火焰纹背光。阿嵯耶观音右侧有"南无琉璃光佛"的题记，题记下方为一彩绘药师佛立像，螺发肉髻，着通肩大衣，左右捧钵，右手持一锡杖，颈后有圆形头光；阿嵯耶观音左侧有墨书题记"圣□四年壬寅岁"。龛外左侧有阴刻题记 1 行："奉为造像施主药师祥妇观音得雕。"此尊造像与现藏于云南省博物馆、1978 年大理千寻塔塔顶出土的大理国银背光金阿嵯耶观音像完全一致。

阿嵯耶观音左右两侧各雕 4 座
佛塔，塔形有金刚塔、密檐塔、单
顶檐塔等，每座佛塔正面均开一圆
拱形浅龛，内雕一尊小坐佛，佛
像风化严重已模糊不清。左侧第
三座塔上有阴刻题记 2 行："大理
囻造像施主药师祥妇人／观音姑爱
□□□□等敬雕。"

图 3-15 阿嵯耶观音像

通过实物对比和三则题记来
看，此窟为大理国时期开凿，造像主为药师祥的两位妻子观音姑
和观音得。大理国有"妙香佛国"之称，国民在姓名中加上"观
音""药师""天王"等情况屡见记载。另外"圣□四年壬寅岁"
题记中的"圣□"，按此题记，大理国君主中仅有段素兴当政时用
过"圣明"这个年号，据考证"圣明"年号使用年限为公元 1042 至
1044 年 [1]，或为一年，或为两年，之后改元"天明"，使用年限
没有达到 4 年。且公元 1042 年至 1044 年的干支纪年为壬午、癸
未、甲申，并不存在题记"壬寅"的年份，所以这段题记应为后人
所写。

天王像

在沙登箐北坡的悬崖上，有一块巨大的崖壁，崖壁裂开一个
大缝，形似夹子，俗称"夹子山"。在崖壁夹缝两侧各开一浅龛。

左龛内雕毗沙门天王（北方多闻天王）造像 1 躯，像高 2 米。
天王头顶尚云盔，盔下项护向后飘飞，圆面，表情威武，身贯两
层铠甲，胸前硬甲分左右 2 片，每片中心做一小圆护，里层软甲

[1] 王宁生：《云南考古（增订本）》，云南人民出版社 1980 年版，第 313 页。

图 3-16 天王像

为细密的锁锦纹，兽头形护脐压覆于腰带之下，足蹬战靴，脚下分踩 2 个鬼奴，右手持三叉戟杵于鬼奴身上，左手屈臂前伸，托一宝塔。天王颈后雕出圆形火焰纹头光，帔巾绕身翻飞，整尊造像犹如临风而立。

右龛内雕六臂大黑天神 1 躯，像高 2 米。天神头盘高髻，一面三目，怒目圆睁，二牙上出，环腮鬈须，颈挂人头项圈，腰间挂骷髅一串，下身着虎皮裙，二蛇缠足，六臂均持法器，左第一手于胸前捧嘎巴拉碗，第二手横托一鼓，第三手向下持一串念珠，右第一手持三叉戟杵于地，第二手上屈持宝剑，第三手持羂索，帔巾自肩腋向后飘举。造像整体给人感觉威而不怒。

毗沙门天王与大黑天神为滇密的重要神祇，在云南各地的南诏、大理国时期的石窟中常有出现。

安宁法华寺石窟，位于昆明市下辖的安宁市城东约 5 千米的洛阳山小桃花村，山腰处原有一座古刹，名为"法华寺"，周边群山环绕，林密沟深，罕有人迹。法华寺今已废圮无存，在寺院遗址旁的洛阳山崖壁上 200 米的距离间，依次开凿有 24 个窟龛，石窟群由北向南，分上下两层，可分为 4 个区域，远望如蜂房燕巢，布满崖壁。整个石窟群中现存大小造像 25 躯，为红砂岩石质，大部分造像头部残毁严重，仅有少数窟龛内造像保存比较完好。另有重修题 1 则、游人题记 1 则、明代谪滇状元杨慎释文的岣嵝碑 1 块。1965 年，云南省人民政府公布其为第一批省级重点文物保护单位。

菩萨像

菩萨像位于石窟群最下一层，开有石窟 2 龛，龛内各雕菩萨造像 1 躯。左侧为一圆拱形龛，现龛门已毁，内雕地藏王菩萨像。[1] 地藏王菩萨像高 1.5 米，头戴毗卢帽，帽顶略残，两侧帽带宝缯分别垂于两肩，面部残毁严重，胸间饰有一圈璎珞，身着天衣，下端覆盖莲台之上，天衣线条雕刻流畅，褶皱分明。左手当胸持一摩尼宝珠，已残毁，右手持锡杖杵于莲座，锡杖亦已残毁，仅存头部右侧的一点宝幢痕迹。菩萨双腿右屈左舒，结半跏趺坐于束腰须弥座的仰莲之上，左脚跣足踏在一朵从海浪中升出的小莲台上，代表地藏菩萨随时准备起身救渡苦难的众生，小莲台的另一端连接着一枝尚未开放的莲苞，横置于波浪表面。菩萨身后有双重桃形火焰纹身光。龛内造像右侧有一长方形榜题，上有 3 行题记："弟子□□□ / 室人□□男 / 永春庄严重修。"此重修题记中没有标明具体的重修纪年。

紧靠地藏王菩萨右侧的也为一圆拱形龛，龛内雕观音菩萨造像 1 躯。观音菩萨像高 1.5 米，头戴宝冠，冠顶已残毁，宝冠中央依稀可辨为阿弥陀佛的化佛坐像，宝冠两侧宝缯分别垂于两肩，面部残损严重，双耳垂肩，似原佩有圆形耳饰，身着通肩式天衣，胸间饰有璎珞，双手结禅定印全跏趺端坐于莲台之上，莲台下方左右两侧各有一枝莲苞升出海浪表面，左侧莲苞现已残毁。菩萨身后有双重桃形火焰纹身光。

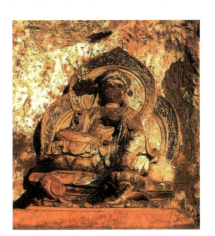

图 3-17 地藏王菩萨像

---

① 邹启宇：《云南佛教艺术》，云南教育出版社 1991 年版，第 139 页。

安宁法华寺石窟第一区的两尊菩萨造像风格质朴简练，刀法遒劲，特别是观音造像，一反唐代珠光宝气、璎珞蔽体的繁缛形象，仅着一件天衣，衣纹厚重，朴实无华。地藏王菩萨头戴毗卢帽、身着菩萨装、手持摩尼宝珠与锡杖、结半跏趺舒坐的形象多流行于五代及两宋时期，之后又出现了沙门比丘的形象。这两躯菩萨造像透出一股素丽典雅的气息，给人一种十分亲切的感受，且不同于剑川石钟山石窟中观音、地藏王的密宗造像风格，完全是按照内地显宗的造像风格来雕凿的。

十八罗汉像

十八罗汉像位于石窟第一区两龛造像右侧，洛阳山石窟崖壁的正中，其上开凿有 18 个小龛，每龛高约 0.8 米。龛门形制有方形、圆拱形、莲花形等，每龛内各雕罗汉 1 躯，姿态各异，均为浅龛高浮雕造像。第二区的十八罗汉窟损毁严重，各龛内的罗汉造像自腰部以上基本已不存在。18 龛整体分为上、中、下 3 层排列，在罗汉窟壁下方的中间位置有阴刻楷书"晚照"二字，落款时

图 3-18 十八罗汉像

间为"康熙己酉初秋",即公元 1669 年,为时任安宁知州的高珍所题,此处便是清代安宁八景之一的"夕阳晚照"。

在《云南地方志佛教资料琐编》中的《各地佛寺和历代高僧资料琐录》一文里,对安宁法华寺石窟的罗汉造像记载得较为详细,文中记载:"十六罗汉阁今犹在,破损已甚……惟据释典阿罗汉分住四方。为世间护持,正法度,无量众生。传至中土,则有梁武帝时张僧繇书十六阿罗汉像。唐有卢楞伽画十六阿罗汉像……后增其数为十八。要之十八罗汉之数,至五代后始定。而安宁法华寺仅十六罗汉,则其时代之较早可知也……以绘十六罗汉著名之贯休,即禅月大师,唐梁之际,盛名于蜀,曾加衔为云南国师,则十六罗汉亦其时传至云南。"[1]明代景泰年间编纂的《云南志》也有记载:"洛阳山,在安宁治东十里,段氏于东山石壁凿十六罗汉其上。"清代《雍正安宁州志》中,又有"段氏凿罗汉"之说。通过几处史料对比可知,法华寺的罗汉窟开凿于大理国时期,且最初为十六罗汉像,并受到四川地区造像风格的影响。其造像本应是依据南北朝时期梁朝著名画家张僧繇和五代前蜀画僧贯休所绘的十六罗汉像而来,北宋时期增加 2 尊,分别是庆友尊者和宾头卢尊者,至清乾隆时,在章嘉国师的指导下又将其改为降龙尊者和伏虎尊者,一直延续至今。法华寺罗汉窟的下层两龛,根据学者们考证,应为清代好事者所补刻[2],以呈现为现在所见的 18 龛数量。

大理国国祚基本上与中原两宋王朝相始终,罗汉像自北宋时开始由 16 尊增至 18 尊,而法华寺罗汉窟最初为 16 尊,说明此时十八罗汉的题材应该还没有流传至大理国境内。所以此罗汉窟的开凿时间应该在大理国早期,这也跟罗汉造像艺术的发展轨迹相吻

---

① 云南省:《云南地方志佛教资料琐编》,民族出版社 1986 年版,第 92 页。
② 邹启宇:《云南佛教艺术》,云南教育出版社 1991 年版,第 139 页。

合，而整个安宁法华寺石窟群的时间上限也应是这一时期。

释迦牟尼涅槃像

释迦牟尼涅槃像位于法华寺石窟群最南端的崖壁上，原有2窟，其中一窟已毁，另一窟为圆拱形，内雕释迦牟尼涅槃像1躯，高1米，长4米。佛像面朝东南而卧，上有螺发，肉髻低缓，双耳及肩，颈部有2道蚕纹，脸部风化严重，不辨表情，右肢曲肱枕手于头下，右臂下方有一方形枕头，枕顶雕有花草纹，左手五指相并，微曲置于腿上，外披袒右肩式大衣，上部袒胸，下着僧祇支，于腰部系有一结，双脚跣足相叠。

图3-19 释迦牟尼涅槃像

这是释迦牟尼圆寂时的涅槃像，表示释迦牟尼成佛后进入不生不灭的涅槃境界。这尊卧佛体态安详恬适，雕刻手法娴熟流畅，是安宁法华寺石窟群中体量最大、雕刻最精、艺术性最高的造像。卧佛与十八罗汉遥遥相对，日出阳光洒向卧佛、日落余晖斜照罗汉，成为法华寺石窟中最美的景色。

金华山摩崖造像

金华山摩崖造像位于剑川县城西1千米处的金华山腰，在山道旁有一块拔地而起的巨石，整块巨石表面雕有造像3躯，形制属于薄肉雕摩崖造像。

3躯造像分为一大两小，中间一尊最大，为毗沙门天王（北方多闻天王），像高约6米。[①] 天王头戴珊萨冠，脸型方圆，眼若铜铃，鼻翼外张，表情威猛，项后有火焰纹头光，身着甲胄，

① 李昆声：《云南艺术史》，云南教育出版社1995年版，第199页。

胸前甲分左右 2 片，每片中心都有圆形雕花，两肩披膊用带前后扣联，腰部系有腰带，兽头形护脐压覆于腰带之下，内着一层战袍，长及双膝，膝盖以下缚吊腿，足蹬战靴。天王右手前屈持三叉戟杵地，左手侧伸，小臂戴有护膊，掌心向上托一窣堵波式宝塔，周身帔巾飘绕，左脚直立，右脚稍微向外，臀部左倾，胸部右斜，整体呈 S 形姿态。由于石壁坡度关系，天王上身微微后倾，在视觉效果上令观者仰视，感到更加高大雄伟。当地村民俗称其为"石将军"。

在天王左右两侧各雕有高约 4 米的造像 1 躯。左侧为男像，头戴尚云盔，面相方圆，脸部表情恭敬肃穆，身着铠甲，两臂戴有护膊，双手当胸作合十状，帔巾沿两肘而下，绕身飘飞，腿部缚有吊腿，双脚套雕花战靴，身后刻有流云纹。右侧为女像，头戴莲花冠，缯带沿后颈垂于两肩，身着轻薄天衣，颈部佩戴一圈璎珞，双手当胸作合十状，帔巾沿两肘而下，绕身飘飞，腰部系有腰带，下身着羊肠裙跣足站立，裙上刻有 U 形纹饰。对于这两尊男女造像的定名，学者们有不同看法，有"供养人"[①]说、"造像施主夫妇"[②]说、"毗沙门夫人与哪吒太子"[③]说等。在整个摩崖造像的石台下方，还雕有一圈垂云纹。

毗沙门天王，为佛教护法神"天龙八部"中的"天众"之一，汉译为"多闻天"，他是佛教宇宙中欲界第一重天——四天王天的守护神，位居北方，掌管"北俱芦洲"，因此又被称为"北方多闻天王"。毗沙门天王信仰最早来自于阗（今新疆和田一带），是于阗历代帝王在施行佛教意识形态治国之际所推出的国家或官方信仰，之后很快传入敦煌，为敦煌的统治者及民众所接受。至唐代，

① 张楠：《南诏大理国的石刻艺术》，见《南诏大理文物》，文物出版社 1992 年版，第 146 页。
② 李昆声：《云南艺术史》，云南教育出版社 1995 年版，第 199 页。
③ 刘长久：《南诏和大理国宗教艺术》，四川人民出版社 2001 年版，第 20 页。

图 3-20 毗沙门天王造像

毗沙门天王的信仰开始沿丝绸之路进入中原，在唐密或密宗金刚顶派的影响下，在形式上及信仰上产生了变化，侧重真言和强调仪轨化，出现了能随军出战、降伏敌人或退敌的"随军护法"的信仰现象。[1] 在民间则出现了凡是求伏怨家、求人爱敬、求有雨、求治各种疾病以及求鬼神外运者，只要供养毗沙门天王，并诵咒祈求，即可圆满如愿，充分显示了民间毗沙门天王信仰的普遍性。南诏、大理国与内地的唐、宋王朝历来交往不断，毗沙门天王的信仰既然在中原受到上层与民间的共同推崇，在那一时期由内地流传至云南便不难理解，况且南诏、大理国在佛教信仰的体系中又有开放性与兼容性的特点，毗沙门天王信仰所带来的佛教治国意识形态自然也能够得到南诏、大理国统治阶层的接受和推崇，并融入滇密阿吒力教的信仰体系。所以在南诏、大理国的佛教遗存中，特别是石窟寺遗迹里才会大量出现毗沙门天王的形象。这也体现了南诏、大理国佛教信仰的多样性。到了明清时期，白族民众还把毗沙天王当作本主崇拜的对象。

剑川金华山的毗沙门天王摩崖造像并没有出现纪年题记，根据造像风格与雕刻手法的对比，与剑川石钟山的三尊毗沙门天王造像属于同一类型，应为大理国时期的作品。

禄劝密达拉摩崖造像

禄劝密达拉摩崖造像位于昆明市禄劝县城西北方向 20 千米的

---

[1] 古正美：《从天王传统到佛王传统：中国中世佛教治国意识形态研究》，台湾城邦出版集团 2003 年版，第 458 页。

密达拉三台山核桃箐的崖壁上，共有造像 2 躯，为剔地起突的浮雕造像手法，内容为毗沙门天王与大黑天神。

左侧为毗沙门天王，像高 2.3 米，头戴莲花形宝冠，宝冠正中刻有一大鹏金翅鸟（迦楼罗），宝冠两侧缯带向上飘举，面相方圆，双目圆睁，两腮微鼓，口部张开作呵斥状，身着甲胄，两肩披膊呈牛角形上翘，腰部系有腰带，兽头形护脐压覆于腰带之下，内着一层战袍，长及膝盖，右手屈臂执三叉戟斜挂于左脚内侧，三叉戟下的缨须迎风飘飞，左手叉腰，腰部佩有一柄短剑，帔巾绕臂飘垂于地，左脚直立，右脚微向前伸，腿部缚有吊腿，脚穿芒鞋，双脚分踏两只鬼奴，两鬼奴身上各有一骷髅。天王周身阴刻线条的边缘正好构成其火焰形身光，整体呈 S 形迎风矗立。天王右侧上方有阴刻楷书"大圣北方多闻天王"的榜题。

右侧为六臂大黑天神，像高 4 米，头戴骷髅宝冠，一面三目，眼若铜铃，怒目圆瞪，鼻翼宽大，鼻下八字胡上翘，环腮鬈须，右第一臂持三叉戟斜挂于地，第二臂持一宝剑，未雕完，第三臂向下方伸出，手持一串念珠，念珠亦未完成，仅为线刻，左第一臂当胸手持一嘎巴拉碗，第二臂上屈手持一法鼓，第三臂收于身后手持羂索，法鼓与羂索皆未完成，仅为线刻图案，左肩斜挂一串骷髅头，下身穿虎皮裙，跣足叉立于台座之上，台座亦为未完成的线刻图案。大黑天神左侧上方阴刻有"大圣摩诃迦罗大黑天神"的题榜。在两尊造像之间还刻有"奉为施主三遍坦绰□□长□乐□信男"的一行题记。"坦绰"在《新唐书·南诏传》中有记载："官曰坦绰、曰布燮、曰久赞，谓之清平官。所以决国事轻重，犹唐宰相也。"可见禄劝密达拉摩崖造像是由当时相当于宰相的清平官来施捐开凿的。这两躯造像的雕刻技法和内容风格与剑川石钟山和金华山的天王造像相似，据权威学者考证，应为大理国时期造像，[①]1987 年经云南省人民政府公布为第三批省级重点文物保护单位。禄劝在洱海与滇池之间，此为大理国的石窟寺艺术向东传播的依据。

　　大黑天神梵语名为"摩诃迦罗"，也是滇密阿吒力教信奉的主要神祇之一，被尊为"镇国灵天神"。在《仁王护国般若波罗蜜多经疏》中记载："大黑天神，斗战神也，若祀彼神，增其威德，举事皆胜，故响祀也。"《仁王护国般若波罗蜜多经疏》是南诏、大理国时期滇密的重要经典，在大理凤仪北汤天法藏寺中发现的南诏晚期著名写经《护国司南抄》即是对这部经的注解。同样在北汤天发现的写经《大黑天神仪轨》中还记录有大黑天神为毗卢遮那佛的化身，是十方三世的至尊等内容。可见大黑天神在滇密中的地位极高，这也解释了为何大黑天神总是与毗沙门天王一同出现，因为他们曾作为南诏、大理国时期的战神和护国神而存在，是捍卫王权和守护疆土的象征。

南方丝绸之路研究丛书　文物考古卷

图 3-21　禄劝密达拉摩崖造像

---

① 李昆声：《云南艺术史》，云南教育出版社 1995 年版，第 201 页。

昭觉石刻造像

昭觉石刻造像位于四川省凉山彝族自治州昭觉县博什瓦黑山南坡，均为阴刻线造像，分布于 16 块巨大的岩石之上。编号为 81401 至 81416 号，分为 3 个区域：南区编有 8 号，西区编有 5 号，北区编有 3 号，石刻总面积为 440 平方米，造像约有 90 躯。①

昭觉石刻造像的内容主要为南诏、大理国时期盛行的滇密阿吒力教造像，如梵僧观世音、文殊、明王、天王等，其次为显宗的佛传故事，如释迦牟尼涅槃像和一些单尊的佛像及佛塔，另外还有南诏王出行图以及供养人和动物等题材。由于昭觉石刻造像均为线刻，加之常年暴露野外，很多造像已风化剥离，仅挑选尚可辨认的分述于下：81401 号刻释迦牟尼涅槃像，螺发高肉髻，面朝东而侧卧，右手曲肱枕于头下，是所有石刻中最大的一尊；81404 号刻明王像，头戴宝冠，三面四臂，手持宝轮等法器，骑坐在水牛背上，旁边雕一牵牛者，为牛面人身；81405 号刻滇密始祖赞陀崛多像，鬈发，宽额方脸，身着长袍，左手执扇，在赞陀崛多周围还刻有一鸟一兽；81408 号刻有 4 尊明王像，明王手中执有箭、弓、金刚杵、莲花、法铃等，均为全跏趺坐；81409 号刻有 3 尊明王像，均为三面六臂，每面三眼，各手分执各式法器，作愤怒状；81413 号刻有 2 尊明王像，一尊为一面六臂三目，呈忿怒相，手中法器依稀可辨为三叉戟、斧、法炬等，另一尊为一面二臂三目，头戴宝冠，一手执戟，坐于水牛背上。

在所有石刻中比较有代表性的是 81409 号南诏王出巡图，画面中阴刻有骑马者 6 人：第一人头戴莲花高冠，身穿圆领长袍，右手执如意，左手握缰绳，骑于马上，马作向前的奔跑状，右下

---

① 李昆声：《南诏大理国雕刻绘画艺术》，云南人民出版社、云南美术出版社 1999 年版，第 150 页。

方刻一犬；第二人冠服同前者，双手执缰绳，骑于马上，马低头作奔跑状；第三人戴幞头，右手抱剑，左手执缰，骑坐马上，马右侧刻一犬随队奔跑并作回首状；第四人处于画面的中心位置，为南诏王，头戴莲花形头囊，身穿圆领大袖长袍，右手执缰，左手执拂尘，端坐马上，马身刻有华丽的装饰；第五人、第六人为骑马的随从，戴幞头，第五人左手执缰，右手握书卷，第六人左手执缰，右手举拂尘，马腹及后身、前蹄未刻完。81409 号南诏王出巡图中的石刻人物形象与云南剑川石钟山南诏王石窟以及《梵像卷》中的利贞皇帝礼佛图的人物形象极为相似，四川的西昌、昭觉在唐代曾一度属于南诏国统辖，在南诏后期的世隆统治时期，还作为"行郡"而存在。据学者考证，四川昭觉石刻的开凿时代上限为南诏晚期，下限至大理国时期。[①]

四川昭觉石刻造像是目前已发现的南诏、大理国时期最北端的石窟寺遗迹。岩石上的线刻造像身材纤细，体态优美，脸部丰润，颇有唐代造像的遗风，是研究当地历史、宗教及民俗艺术的重要实物资料。

四、墓葬

魏晋以来随着汉人的不断南迁和中原文明的进入，云南得到了长足发展。伴随着蜀汉在南中地区的经营，这里慢慢走进了"独步南境，卓尔不群"的南中大姓与爨文化时代。这一时期，生活在这里的世家贵族们欣羡中原内地的汉文明，开始从思想和生活上效仿汉地，墓葬中出现了画像砖与画像石墓、壁画墓，随葬品中出现了与中原内地同时代的房屋及水田模型等器物。

① 李绍明：《凉山博什瓦黑南诏大理石刻中"梵僧"画像考》，见《南诏文化论》，云南人民出版社 1991 年版，第 256 页。

五代前蜀王建墓

王建墓位于四川省成都市西郊永陵东路，是五代十国时期前蜀开国皇帝王建的陵墓，史称"永陵"（俗称"王建墓"）。1940年秋，天成铁路局在永陵西北隅挖防空洞时，发现墓室护拱墙体的局部；1942年9—11月，华西大学冯汉骥教授主持了1期发掘工程；1943年3—9月，吴金鼎先生主持了2期发掘工程。

王建墓封土为半球形，高约15米，直径约80米。墓底周围界以石条9层，地下4层，地面5层，是目前所知唯一一座墓室修筑于地表之上的陵墓。墓室全长23.4米，最宽处6.1米，最高处6.4米，由14道红砂石券拱构成，分前、中、后3室，每室用

图 3-22 王建棺床与"二十四伎乐"形象

木门间隔。前室相当于墓道；中室为主要部分，置放棺椁，棺床由红砂石砌成，作须弥座式，上铺珉玉版1层，在棺床东西两侧列置圆雕十二力士半身像，作托棺状；后室置石床，似仿王建生前御床而造，石床上置王建坐像、谥宝及哀册等。著名的"二十四伎乐"刻于棺床东、西、南三面的门中，其中舞者2人，奏乐器者22人，演奏的乐器有琵琶、笙、笛、鼓等，是当时文化繁荣的见证。这组伎乐浮雕形神兼备、精美绝伦，生动再现了五代宫廷燕乐的盛大场面，是研究唐、五代时期南方丝绸之路音乐文化的宝贵资料。

东晋霍承嗣壁画墓

昭通东晋霍承嗣壁画墓是云南迄今为止考古发现的唯一一处明确的古代壁画墓，位于昭通市区东北 10 千米处。据墓中墨书铭记，墓主原葬成都，东晋太元年间（376—396 年）迁葬于此。墓室上面为高达 5.2 米、南北长 29 米、东西宽 24 米的高大封土堆，俗称"梁堆"。墓室用砂石砌筑而成，平面呈方形，边长 3 米，高 2.2 米。四壁满绘壁画，中间用云纹图案带将其分为上、下 2 层：上层绘有青龙、白虎、朱雀、玄武和楼阙等图像，风格同中原汉代壁画和画像石刻大体一致，鸟雀的画法同战国铜器刻纹类似；下层以表现墓主人生前生活场景为主。西壁壁画中描绘了墓主人生前掳获少数民族人财的"业绩"，出现了彝族男子的传统发型"天菩萨"、服饰"查尔瓦"（汉语意为披毡），这是目前考古资料中关于彝族发型、服饰的最早记录。壁画中的建筑图像有东、西 2 楼、1 阙和 1 处屋角。楼的画法类似于建筑剖面图，显出内部结

南方丝绸之路研究丛书 文物考古卷

图 3-23 霍承嗣墓壁画

构。东楼底层为庑殿顶殿屋，屋顶为夹层，分两开间，上层为亭状建筑。壁画建筑形象多为中原汉代的建筑特征，如双开间，脊端立雀、阙等。昭通霍承嗣壁画墓是研究魏晋建筑及同时期南方丝绸之路沿线建筑史不可或缺的资料。

昭通后海子东晋壁画墓

在昭通后海子发掘的东晋壁画墓中，绘有一所房屋，瓦顶、斗拱、檐牙高翘，显然是仿内地汉式建筑，西汉前云南无此类房屋。① 可见，云南建筑在东汉后有了突破性发展，木构架已由杈式柱、井干式、干栏式向穿斗式、抬梁式、斗拱式发展。尽管这种建筑当时在云南地区尚未大量出现，仅是富家、地方大姓才有能力建造，但它在云南的出现，显示了建筑技术的进步，因为穿斗式、抬梁式、斗拱式的运用，在选材、设计和操作等方面的技术都有更高的要求。

---

① 张增祺：《云南建筑史》，云南美术出版社 1999 年版，第 58 页。

鸿雁来宾——魏晋唐宋时期南方丝绸之路沿线的重要文物与对外交流

一、画像石与画像砖

画像砖石艺术主要应用于宫室建造和墓室壁画上，是中国古代墓葬艺术中的一枝奇葩，画像图案精美细致，纹样饱满、抽象而内容丰富，生动地反映了不同朝代不同时期的社会生活和历史面貌。汉代画像砖石是其中最突出的代表，以至于我们通常所称的画像砖石艺术，一般而言就是指汉代画像砖石，或汉画像艺术。我国汉画像艺术通常可分为四大中心地域，陕西、四川、河南、苏北与山东（此两者往往并为一区），均有代表性的实物。

在云南汉晋时期的墓葬内曾出土过一些画像石和画像砖，数量不多，但有一定艺术和科学价值。迄今为止，主要在以下地点发现了画像石和画像砖：昭通市二坪寨、白尼井、刘家海子、杨家冲、乾沟、曹家老包、鸭姑海、李家湾、洒渔河、牛头寨、耕塘、陆良县戛古、石坝，保山市郎义乡、诸葛营、小汉庄，大理市喜洲镇凤阳村、阁洞旁村、大展屯、制药厂、荷花寺村以及昆明市、祥云县、姚安县、大关县等。①

这一时期画像石的内容主要为：

"四神"即"四灵"，就是青龙（苍龙）、白虎、朱雀、玄武。汉晋人用这"四神"代表天空中的"四象"或"四宫"，即东、西、南、北宫，也就是代表宇宙天空。把"四神"刻画在墓里，墓主人躺在棺内就像生活在另一个世界的天空下。著名的孟孝琚碑、爨龙颜碑和汉晋云南石棺上均刻"四神"（有时缺一两神，汉画像石中有的仅刻一神）。

西王母。昭通市耕塘石棺、白泥井石棺上均刻有"西王母"像。《山海经·海内北经》说："西王母梯几而戴胜。"这正符合耕塘石棺上西王母端坐、头发上戴装饰物的样子。她身边那只三足乌正如《山海经·海内北经》郭璞注所说："又有三足乌主给使。"此应当是西王母的仆役。到汉代，西王母因为有长生不老之术并且会制造不死之药，地位大大提高。据《淮南子》记载："羿请不死之药于西王母。"因而，迷信升天、长生不死的汉朝人对西王母无不顶礼膜拜。于是，西王母的形象频繁地出现在汉画像砖、画像石上。根据内地出土西王母画像石比照，昭通耕塘石棺上刻在西王母身边两侧的人，应当是替西王母加工长生不死之药的捣药工。②

"日月同辉。"爨龙颜碑半圆形的碑额下端，浮雕出一个圆形的太阳，里面立着三足金乌和一个圆形的月亮、蹲着一只蟾蜍。这就是汉晋和南朝墓石刻上的"日月同辉"现象。汉朝人把三足乌

---

① 云南画像石、画像砖资料可参阅以下公开发表资料：周钟岳：《新纂云南通志·金石考》，李春龙点校，云南人民出版社 2007 年版；《两年来云南古遗址及墓葬的发现与清理》，《文物参考资料》1955 年第 6 期；《云南姚安阳派水库晋墓清理简报》，《考古通讯》1956 年第 6 期；《云南昭通文物调查简报》，《文物》1960 年第 6 期；《云南昭通白泥井发现东汉墓》，《考古》1965 年第 2 期；《云南昭通的一块画像砖》，《文物》1979 年第 7 期；《云南呈贡七步场东汉墓》，《考古》1982 年第 1 期；《云南大理展屯二号汉墓》，《考古》1988 年第 5 期。
② 李昆声：《云南艺术史》，云南教育出版社 1995 年版，第 159 页。

视为"日精",《淮南子·精神训》就记载了太阳中有"三足乌"。月亮中的蟾蜍则为"月精",据《淮南子·览冥训》说,后羿向西王母讨长生不死药,其妻姮娥(嫦娥)偷食仙药过量,一下飞升到月球("姮娥窃以奔月")变成蟾蜍从而成为"月精",即《初学记》所说:"托身以月,是为蟾蜍,而为月精。"因此,里面有三足乌的球体可判断其为太阳,里面有蟾蜍的球体则可知其为月亮。太阳和月亮同时出现在天空即"日月同辉"。这种正常的自然现象在汉朝人看来,是"祥瑞"和"吉利"。所以,人们把"日月同辉"雕刻在墓里,为死者乞求冥"福"。此后很长一段时间,这种观念还保存在人们思想中。南朝时的"大爨碑"上也雕刻了"日月同辉"。从现代天文学角度考察日中三足乌,实际上是古人对太阳黑子的记录。①

伏羲女娲。昭通白泥井东汉石棺上雕刻有伏羲女娲像,其特征是人身蛇尾。这也是汉画像石上常见的题材。在东汉人的著作和传说中,伏羲和女娲是"三皇五帝"中的上古"三皇"里的两位。"《春秋运斗枢说》:'伏羲、女娲、神农是三皇也。'"在汉朝人心目中,伏羲和女娲既是上古的"皇",又是人类始祖,人们很崇拜他们。有的传说还将伏羲、女娲说成夫妻关系,在汉画像石上还出现了伏羲和女娲的下身蛇体缠在一起交尾的图像。

耕牛。在昭通东汉墓中时常发现一种画像砖,一般一块砖上有两幅图像,用几何花纹隔开。左图是一位披着"查尔瓦"(披毡)的彝族先民,旁边是一头双角朝天的黄牛。牛和人之间有一条细绳索相连接。绳索的一端牵于披毡人手里,另一端系在牛鼻子上。据考证,云南牛耕始于东汉,到了稍后的三国时期,便出现了牛耕的记载。《华阳国志·南中志》载:"(诸葛)亮收其俊

---

① 李昆声:《云南艺术史》,云南教育出版社1995年版,第159页。

杰建宁爨习、朱提孟琰及（孟）获为官属。习官至领军、琰辅汉将军、获御史中丞。出其金、银、丹、漆、耕牛、战马给军国之用。"《三国志·李恢传》也说："赋出叟、濮耕牛、战马、金、银、犀、革充继军资，于时费用不乏。"东汉画像砖上的"耕牛图"是对这两条史料最好的图解。无论从艺术价值还是从历史和科学价值上讲，"耕牛"画像砖均应占一席之地。

车骑出行。这是官吏们出行时的场景。例如昭通画像砖图像中，前有开路的步卒、伍伯、骑吏，出行官员坐在辎车中，后面有持兵器护卫骑吏跟随。内地几乎每座画像石墓内都有车骑出行图。而不同官阶的人车骑出行时有不同的规格，所以车骑数目、车的式样种类等是研究墓主人身份的重要资料。

除此之外，在这时期墓室石刻、墓砖上大量出现装饰纹样：几何形花纹、菱形花纹、方格纹、卷云纹、几何纹中夹圆形光芒、几何纹中夹摇钱树图案、"人"字形纹套绣球形图案、几何纹夹古泉纹、五铢钱纹、莲花图案，以及动物、人物画像等。[1]

二、碑刻与墓幢

爨宝子碑

此碑全称为"晋故振威将军建宁太守爨府君之墓碑"，碑质为砂石，乾隆四十三年（1778 年）出土于曲靖府城南的扬旗田村，1852 年移置城内，现存于曲靖一中爨文化博物馆内爨碑亭之中。

碑首为半圆形，整碑呈长方形，高 1.83 米，宽 0.68 米，厚 0.21 米。碑文计有 13 行，满行 30 字，碑尾有题名 13 行，每行 4

---

[1] 李昆声：《云南艺术史》，云南教育出版社 1995 年版，第 160 页。

字，碑额 15 字。碑文记述了爨宝子的生平，系爨氏部族首领，世袭建宁郡太守。南中地区的豪族大姓主要集中在朱提（今昭通）、建宁（今曲靖）两郡。南中最有势力的大姓为霍、爨、孟 3 家，公元 399 年，霍、孟二姓火拼同归于尽后，爨姓成为最强大的势力。爨宝子是爨姓统治集团的主要成员，爨宝子碑是在他死后立的。

《爨宝子碑》体现了中国汉字由隶书向楷书过渡的一种风格，为汉字的演变和书法研究提供了宝贵资料。其在书法史上与《爨龙颜碑》并称为"爨书"，后者因字多碑大，被称为"大爨碑"，《爨宝子碑》则被称为"小爨碑"。碑刻署年为"太亨四年岁在乙巳"（即东晋义熙元年，公元 405 年），因两晋有禁碑之令，故地面所立的刻石极少，《爨宝子碑》是东晋碑刻书法史上一颗璀璨的明珠。

作为魏晋南北朝时期的书法精品，《爨宝子碑》被发现后，一直受到学界的广泛推崇。康有为称其"体在楷隶之间"，"上为汉分之别子，下为真书之鼻祖"，"端朴若古佛之容"，"朴厚古茂，奇姿百出"；俞剑华也称之"多与晋唐之结体相反，而自有奇异之趣，普遍多寓板正严整于奇妙变化之中，故能出奇制胜而规矩森严如不可犯，不似唐人之空言结构，

图 3-24 爨宝子碑拓片

而千篇一律也"。① 历代书法家们也对《爨宝子碑》喜爱有加，不仅临帖学习，还不断研究创新。云南书法家蒋大康便是其中的一员，他对《爨宝子碑》的风格、结构、用笔及节奏韵律等做了深入的研究，认为"整碑在矛盾之中求和谐，在无规无序无度之中求规求序求度，体现了晋人用自然之理之道来结字作书的艺术精神，具有很高的艺术价值"②。

爨龙颜碑

此碑全称为"宋故龙骧将军护镇蛮校尉宁州刺史邛都县侯爨使君之碑"，因其体形比爨宝子碑大，故俗称"大爨碑"。碑为长方形，额为半圆形，高3.38米，上宽1.35米，下宽1.46米。碑额上部浮雕青龙、白虎、朱雀，下部有穿，其左右刻日、月，日中有三足金乌，月中有蟾蜍。清代道光年间金石学家、当时的云贵总督阮元在陆良县发现此碑，令其名播海内。爨龙颜碑现位于陆良县薛官堡小学旁碑亭内，该处被列入第一批全国重点文物保护单位。

碑额文字为"宋故龙骧将军护镇蛮校尉宁州刺史邛都县侯爨使君之碑"。碑文共24行，每行45字，碑阴刻题名3段，共计904字。墓碑主人爨龙颜不见于史籍记载。碑文中记载了他祖孙三代都位居高官：祖父是晋宁、建宁两郡太守，龙骧将军，宁州刺史；父亲是龙骧辅国将军，八郡监军，晋宁、建宁两郡太守；他本人是龙骧将军、护镇蛮校尉、宁州刺史、邛都县侯。可见爨氏是滇东北世袭统治者。爨龙颜享年61岁。此碑立于刘宋大明二年（458年）。

《爨龙颜碑》在中国书法史上亦享有崇高地位。发现大爨初始，阮元第一个予以高度评价，他在大爨碑末刊刻如下评语：

---

① 康有为：《广艺舟双楫》，俞剑华：《书法指南》，见何耀华总主编《云南通史》（第2卷），中国社会科学出版社2011年版，第320页。
② 蒋大康：《从文化角度审视爨宝子碑的美学特征及价值》，见《爨文化论》，云南大学出版社1991年版，第158页。

"此碑文体书法皆汉晋正传。求之北地亦不可多得，乃云南第一古石。其永宝护之。总督阮元。"由云龙称此碑为"滇中第一佳石"，"书法雄强茂美，书家亟称赏之"。康有为称此碑"神品第一"，并在《广艺舟双楫·宝南第九》中说："（刘）宋碑则有爨龙颜，下画如昆刀刻玉，但见浑美；布势如精工画人，各有意度，当为隶楷极则。"① 当代研究者亦认为，大爨碑具有极高的书法艺术水平，是研究汉字和书法的珍贵资料，康有为推崇《爨龙颜碑》为"神品第一"并不过分。

《爨宝子碑》和《爨龙颜碑》两碑合称"二爨"，被称为"南碑瑰宝"，不仅代表着魏晋南北朝时期云南地区书法的最高水准，而且也是中国书法艺术的最高水准。②

南诏德化碑

南诏德化碑位于大理市太和村西面的南诏太和城遗址内。此碑立于唐代宗大历元年，即南诏赞普钟十五年（766年）。正碑通高3.98米，宽2.27米，厚0.48米，是云南体量最大的古碑刻，1962年被国务院公布为第一批全国重点文物保护单位。南诏德化碑为直行楷书，正文40行，每行约90字。碑阴刻有题名39行，每行字数不等。根据明代万历时期的《云南通志·艺文志》所收录的全文统计，共有3667字。由于年代久远，加之保存不善，碑文已蚀泐严重，今可识读者仅有700余字。像这样的巨型纪功碑历代少有，且文辞婉转，一气呵成。南诏德化碑中的字体对研究云南书法的发展脉络有着重要作用，其碑体形制承袭汉碑的制法，汉碑多有阴阳面皆刻字的习惯，又称为"前后碑"。此外南诏德化碑无篆书碑额，形似南北朝之碑。从秦汉到隋朝的碑刻极少有署名的情况，南诏德化碑也沿袭了这一特点，可知其源头为汉晋风

① 康有为：《广艺舟双楫》，广西师范大学出版社2016年版，第128页。
② 李昆声：《云南艺术史》，云南教育出版社1995年版，第152页。

骨。^① 碑文书体风貌笔画平直，用笔稳健，结构端正，庄重严谨。清代阮元对南诏德化碑中的文字极为赞赏，他曾说："字犹是北周北齐遗法，'王、主'二字三画皆齐，'日、月'二字宽而不窄，以较北朝碑真相合矣。"南诏德化碑立于唐中期，正是四大楷书家之中颜真卿与柳公权活动的时代，在他们的推动下，楷书已基本定型。南诏受此书风影响，在南诏德化碑中也有所体现，且碑文为唐代较为规范的文字，并无一字是俗书代字，刻工也相当规整，是唐碑中的上乘之作。^②

《南诏德化碑》不仅书法隽秀，内容上也是辞藻斐然、文理通达，并且运用了大量的骈文，委婉动人，很有说服力。碑文对阁逻凤统一六诏的史事记载得十分详细，且有关南诏的政治制度、服饰制度、社会情况和农业水利、手工业生产等领域都有所反映，尤其对和唐王朝关系恶化的原因及天宝战争的经过情况叙述详尽，是云南历史资料记载最丰富的一块碑刻，也是研究早期南诏史的第一手资料，正好可以弥补史料的不足。总体来说，《南诏德化碑》的书法艺术上接魏晋风骨，下应大唐清丽，文辞华丽优雅，内容生动精彩，是南诏国文化积淀的结晶，也是云南古代书法的一次有力展示。

图 3-25 南诏德化碑拓片

---

① 杜武：《漫谈〈南诏德化碑〉的书法艺术》，《中国书法》1994 年第 6 期。

② 顾峰：《云南碑刻与书法》，云南人民出版社 1984 年版，第 15 页。

大理国地藏寺经幢

"经幢"是古代宗教石刻的一种，原来是一种由丝帛制成的伞盖状物，下有长杆，顶上有如意宝珠，立于佛前，自初唐开始出现了模拟丝帛经幢的石刻。[①] 经幢一般分为幢座、幢身、幢顶3个部分，分别雕刻好后累搭而成。幢座一般为覆莲状，下有须弥座；幢身多为八面柱状，雕刻有经文和造像；幢顶有如意宝珠。其中大部分经幢上所刻的都是《佛顶尊胜陀罗尼经》，因此，这种经幢也被称为"尊胜陀罗尼幢"，或"尊胜幢"。

云南最著名的经幢当数大理国时期鄯阐城（今昆明市）的地藏寺经幢，由大理国"议事布燮"（类似宰相）袁豆光为鄯阐侯高明生所造。经幢通高6.7米，由5段砂石拼成，共有7级，为八面形石幢。造像细节精美，周边花纹繁复华丽，体现了当时南诏、大理国雕刻艺术的高度发展。地藏寺经幢的外观像宝塔，是8角7层，基座为八边形的须弥座，层与层之间有檐，是一座密檐式宝塔形经幢。石幢上刻有《佛顶尊胜陀罗尼咒》《大日尊发愿》《发四宏誓愿》《佛说般若波罗蜜多心经》及《大理国佛弟子议事布燮袁豆光敬造佛顶尊胜宝幢记》。著名的滇史泰斗方国瑜先生曾对其评价道："雕刻佛像最精，世人咸为惊异，滇中艺术，此其极品。"

昆明地藏寺大理国经幢上的造像虽然有参照《造像度量经》的内容，但更带有浓郁的滇密造像特点。例如天王戴耳环、脚穿草鞋，金刚力士肌肉遒劲、怒而不威，地位最高的是尊胜佛母，等等。这些具有浓郁滇密特点的造像形成了在全世界范围内独具特色的南诏、大理国佛教造像风格。

须弥座及其含义：经幢基座象征着咸海，雕作鼓形，上有8

194

---

① 考古学编辑委员会：《中国大百科全书·考古卷》，中国大百科全书出版社1986年版，第349页。

条龙，象征着八大龙王，即白难陀龙王、莎竭海龙王、难陀龙王、和修吉龙王、优钵罗龙王、摩那斯龙王、德叉迦龙王和阿那婆达多龙王。[①] 八龙王分 4 组，四面造像应对四方，两两相对，共戏一珠，龇牙瞪目，龙身在水中掀起巨浪。此为八部众之一的龙众，八部众分别为天众、龙众、夜叉、乾闼婆（香神或乐神）、阿修罗、迦楼罗（金翅鸟）、紧那罗、摩睺罗伽（大蟒神）。须弥座之下有 2 台八面形的台基，浅浮雕有卷草纹和卷云纹，

图 3-26　地藏寺经幢

底下一层每面中心还雕有摩尼宝珠，为消灾吉祥的象征。

经幢第一层东南西北四隅半圆雕四天王，亦称"护世四天王""四大金刚"等，共 10 尊：

东方持国天王，穿戴甲胄，左手持刀，右手执弓矢，守护东胜神洲，能护持国土。[②] 经幢上持国天王头戴兜鍪，二目微睁，着甲胄，左肩挂有一张弓，双手持大翎羽箭。天王嘴部、鼻子、左脚和羽箭中段有残。脚踩向右匍匐于地的毗舍遮。毗舍遮右手紧抓一蛇，血口大张，意欲向上挣脱。

西方广目天王，穿甲戴胄，手执宝剑，守护南赡部洲，能使众生增长善根。[③] 经幢上广目天王头戴宝冠，着甲胄，双手紧握金雀斧，脚踏向左匍匐在地的鸠盘荼。天王左眼和金雀斧柄残。

① 王海涛：《云南佛教史》，云南美术出版社 2001 年版，第 200 页。
② 任继愈：《佛教大辞典》，凤凰出版社 2011 年版，第 395 页。
③ 任继愈：《佛教大辞典》，凤凰出版社 2011 年版，第 395 页。

鸠盘荼①，旧名"冬瓜"，白鸟头人身或是肉色白马头。

南方增长天王，着甲胄，左手执稍，右手拿赤索或仅一手持宝剑，守护西牛货洲，能净眼观察守护众生。②经幢上增长天王戴宝冠，着甲胄，脚踩向左匍匐于地的富单那。天王鼻子有残。富单那右手托于脸侧，左手紧抓地面。

北方多闻天王，即毗沙门天王，又称"普问天王""遍闻天王"，左手持戟，右手持塔，守护北俱芦洲，兼守其他三洲。③经幢上多闻天王怒目圆瞪，头戴宝冠，冠中有迦楼罗，着甲胄，披袍，左手持三叉戟，右手托塔，脚穿草鞋，踩三神，中间为坚牢地神，也称地天，为女神形象出现，养护土地，左为尼兰婆，右为毗兰婆。天王鼻子、右手所持塔身和左手三叉戟底端已残。

以上四天王为八部众之一的天众。经幢柱身为八面，其上阴刻有梵文《佛顶尊胜陀罗尼经咒》，柱底刻仰莲纹，下面刻有金刚杵纹。

图 3-27 经幢第一层

①〔日〕高楠顺次郎：《大正新修大藏经·密宗一》，台北佛陀教育基金会 1934 年印，第 1166 页。
② 任继愈：《佛教大辞典》，凤凰出版社 2011 年版，第 395 页。
③ 任继愈：《佛教大辞典》，凤凰出版社 2011 年版，第 395 页。

南方丝绸之路研究丛书 文物考古卷

特别值得注意的是本应在西边位的广目天王在经幢上却是面对南方，在南边位的增长天王却是在西方位。不知为何南方增长天王正好与西方广目天王位置互倒。

经幢第二层雕有四佛及其亲近菩萨、供养菩萨、弟子等共 40 尊：

四隅各圆雕一金刚力士。力士像头戴宝冠，怒目圆瞪呈忿怒相，戴有璎珞、臂钏，赤裸上身，一手向上置于头顶，一手向下在身侧或置于身前。肌肉雕刻分明，条条凸起，整体造像富有张力，显出金刚力士的饱满有力和威武森严之感。

东方阿閦佛，主掌金刚部，现大圆镜智，又名"金刚智"，是法界万象如明镜无垢的智慧。经幢上阿閦佛身披袈裟，结于左肩，结全跏坐，左手结禅定印，右手结降魔印，身后有背光，身边有迦叶、阿难等四胁士。

后跟 4 位阿閦如来眷属，为一切如来摩诃三摩耶萨埵，金刚威德庄严界不动如来四亲近菩萨：金刚萨埵菩萨即金刚手菩萨，左拳在腰侧，右手执掷杵；金刚王菩萨，二拳交抱，进立钩以招，结金刚钩契；金刚爱菩萨，二拳如射法，结金刚爱欲契；金刚喜菩萨，当心作弹指，结金刚欢喜契，尊形为左右手交于胸前，右手在上。[1]

南方宝生佛，主掌宝部，现平等性智，又名"灌顶智"，乃强调万法平等无差别的智慧。经幢上宝生佛袈裟结于左肩，全跏趺坐，后有背光，左手禅定印，右手与愿印，旁为二弟子，后有二胁士。

左右两侧跟 4 位菩萨，为一切大日如来大灌顶萨埵，南方宝光明功德界宝生如来四亲近菩萨：金刚宝菩萨，进力如宝形，手

---

① 〔日〕高楠顺次郎：《大正新修大藏经·密宗一》，台北佛陀教育基金会 1934 年印，第 1166 页。

结金刚宝印；金刚光菩萨，左手握拳，右手持轮；金刚幢菩萨，右肘住左拳，结金刚幢契；金刚笑菩萨，二拳口仰散，结金刚微笑契，能与诸佛同笑。①

西方阿弥陀佛，"阿"为无量光，"弥陀"为无量寿，即无量光明、无量寿命，又名"莲华观自在王佛""莲华王观自在"，或简称"观自在王"，主掌莲华部，现妙观察智，又称为"莲华智""转法轮智"，为巧妙观察众生机缘而能自在说法的智慧。经幢上阿弥陀佛穿通肩式袈裟，全跏坐，结弥陀印，耳上有耳珰，身后有背光，旁有二弟子和二胁士。

后跟 4 位菩萨，是莲花部一切如来大智三摩耶萨埵，西方大莲花法藏界无量寿如来四亲近菩萨：金刚法菩萨，左莲右开势，结金刚华契；金刚利菩萨，左手持花，右手抱剑；金刚因菩萨，左手为拳，右手持轮，结金刚轮契，能转一切如来说法轮；金刚语菩萨，结金刚语契，得念诵成就。②

北方不空成就佛，主掌羯摩部，现成所作智，又名"羯摩智"，乃使众生所做事业圆满、永远脱离苦害灾难、受无量喜乐的智慧。经幢上不空成就如来身披袈裟，结于左肩，左手禅定印，右手施无畏印，身后有背光，旁有二弟子和二胁士。

后跟 4 位菩萨，为一切如来羯摩智，北方变化轮作用界不空成就如来四亲近菩萨：金刚业菩萨，双手合掌于头顶，结金刚羯摩契得为金刚坚固契；金刚护菩萨，两手为拳，身披甲胄，结金刚契得为金刚坚固性；金刚牙菩萨，进力檀慧牙，结金刚牙契即使是金刚都能摧碎；金刚拳菩萨，二拳相合，结金刚拳契能得一

---

① 〔日〕高楠顺次郎：《大正新修大藏经·密宗一》，台北佛陀教育基金会 1934 年印，第 1166 页。

② 〔日〕高楠顺次郎：《大正新修大藏经·密宗一》，台北佛陀教育基金会 1934 年印，第 1126 页。

切诸契，获得悉地。^①

四佛旁二弟子身边还跟有供养菩萨，为内四供养菩萨，依次是：金刚嬉菩萨，二拳在腰侧，结金刚嬉戏可喜印；金刚鬘菩萨，盘鬘从额顶往后垂，结金刚鬘契得以美妙姿色；金刚歌菩萨，二拳侧相合，结金刚歌咏契得以清净妙音，持琵琶；金刚舞菩萨，二拳成舞姿旋转掌于头顶，结金刚舞契供养契得以一切随伏。^②

此外，上下2层各8面界石，每一面均雕有两朵浮云，浮云上各有菩萨3尊，共96尊，意为世间万千诸佛均来听法。^③

经幢3层4面4龛共雕造像34尊：

东面为除盖障菩萨，以四臂出现，前面两手结金刚拳印，后面两手分别持摩尼宝珠和莲花，华服宝冠，璎珞臂钏，旁有二胁士，身后跟有四天王和乾达婆、紧那罗二飞天。

南面为地藏菩萨，现比丘相，头戴风帽，面部有裂，身披袈裟，两手分别持宝珠和锡杖，坐于莲花上。旁有二胁士，身后跟有四执金刚神，依次为：地天，位于东北方，天女形，向众生洒大日如来瓶水；水天，位于东南方，九头之形；火天，位于西北

图3-28 经幢第三层

① 〔日〕高楠顺次郎：《大正新修大藏经·密宗一》，台北佛陀教育基金会1934年印，第1130页。
② 〔日〕高楠顺次郎：《大正新修大藏经·密宗一》，台北佛陀教育基金会1934年印，第1130页。
③ 王海涛：《云南佛教史》，云南美术出版社2001年版，第202页。

方，仙人形，烧尽一切色相；风天，位于西南方，幢幡形。①

西面为虚空藏菩萨，经幢上虚空藏菩萨为教令轮身即明王像（密宗对现忿怒威猛相状，或多面多臂，手持各种法物降伏恶魔的诸尊或菩萨通称为明王。密宗认为佛可以呈现三身，即自性轮身、正法轮身、教令轮身，教令轮身呈现忿怒形，为教化受魔障遮蔽的众生，吓退魔障），三头六臂，头戴宝冠，冠上有宝珠，两手各托日和月。旁有二胁士，身后跟有四大天王。

北面为观世音菩萨，经幢上观世音菩萨为千手形，当心两手作莲花合掌，其余手臂环列于身后，头戴宝冠，顶上有阿弥陀佛的化佛，胸前饰有璎珞、臂钏，戴有耳珰，裂痕较大。旁有二胁士，后面跟有四大天王。观自在菩萨座下多雕刻有两金刚力士，充分体现了南诏、大理国时期对观音的崇拜。

在四龛外四角圆雕有外供养四菩萨，云髻花冠，身着天衣，戴璎珞、臂钏，裙带飞扬，手持香炉或涂香器，分别半蹲于经幢的东南角、西南角、西北角和东北角：金刚香菩萨，并拳向下，结金刚香契得悦意处持香炉；金刚华菩萨，仰散如捧献，结金刚华契持鲜花；金刚灯菩萨，两手拇指作针状；金刚涂香菩萨，开掌涂于胸，结金刚涂香契获得妙果持涂香器。②

经幢第四层4佛4龛共计造像40尊：

东面为药师佛即药师琉璃光如来，是掌管东方琉璃世界的教主。经幢上药师佛手持如意珠，左右跟胁士日光菩萨、月光菩萨，背后跟十二神将中的4名，即宫毗罗大将、伐折罗大将、迷企罗大将和安底罗大将，头顶有二飞天在云中。

南面为多宝佛即宝胜佛，东方宝净国佛名。经幢上多宝佛头

图 3-29　经幢第四层

部有损坏，左手结破魔印，右手施无畏印，为全跏趺坐，左边为地藏菩萨，右边为忿怒相的虚空藏菩萨，手托日月。身后跟二胁士和二天王，头上有二飞天在云中，一位持塔，一位捧炉。

　　西面为释迦牟尼佛，头部有残损，身后有二弟子和南北天王，顶上有二飞天在飞舞，左右分别有文殊菩萨与普贤菩萨。

　　北面为弥勒菩萨，即慈氏菩萨。经幢上弥勒菩萨双足下垂，为善跏趺坐，双手结转法轮印，左右立二菩萨，后立兜率四天女，头顶上有二飞天在云中。

　　在四龛外四角圆雕有金刚界 16 供养菩萨中的 4 位，头戴花冠，云髻高耸，带背光，全跏趺坐于卷云上：金刚幢菩萨，右肘住左拳，结金刚幢契；金刚利菩萨，左手持花，右手持剑；金刚法菩萨，左莲右开势，结金刚华契；金刚宝菩萨，手结金刚宝印。[1]

　　经幢第五层为圆柱形，腰间刻环形卷云纹，连接有 4 朵宝莲。四面各雕有一只迦楼罗。迦楼罗，意译为金翅鸟，又名妙翅鸟，为释迦牟尼护法神，死后其心成为帝释天髻中的宝珠，为八部众之一。[2]大鹏金翅鸟的崇拜多见于边疆民族地区，例如与大理国同时期的由契丹民族所建立的辽政权中，以及藏传佛教的各大小寺院中，均可见迦楼罗身影。值得一提的是，出土的辽代迦

---

① 〔日〕高楠顺次郎：《大正新修大藏经·密宗一》，台北佛陀教育基金会 1934 年印，第 1133 页。

② 任继愈：《佛教大辞典》，凤凰出版社 2011 年版，第 881 页。

楼罗形象的遗物和藏传佛教寺院中的迦楼罗造像多是作为护法神的形象存在，云南地区的迦楼罗却以全鸟形象出现。由于云南多水灾，而佛经记载此鸟以龙为食，能镇水患，因此洱海、滇池地区的宝塔塔刹上多立有全鸟形象的迦楼罗。

经幢第六层 4 面均雕有仿木构庑殿 1 座，下饰卷云纹，内有四方如来及胁士共 28 尊：四殿象征"常乐我净"四门。四门又称"四德"："常"在东方，为春天，表发心，意为大圆镜智；"乐"在南方，为夏天，表修行，意为平等性智；"我"在西方，为秋天，表菩提，意为妙观察智；"净"在北方，为冬天，表涅槃，意为成所作智。《大涅槃经》卷二三说："二乘所得非大涅槃，何以故？无常乐我净故；常乐我净乃得名大涅槃也。"① 所以"常乐我净"被认为是佛教理想世界的特性。在南诏、大理国乃至元、明时期的火葬墓中常常见到这四字的朱书梵文。在地藏寺经幢中，将这四字形象化，四方如来的手印、法器随着不同方位的变化而不同。

经幢第七层为最顶一层，雕刻 4 面 4 龛，每一面龛内都有一尊四臂、螺髻、结全跏趺坐的神祇，这位神祇前双手胸前合十，后双手置顶上合十，身披大衣，满饰环钏。在每面龛外的四角之上同样雕刻着这位神祇的形象，以表示其四面八方，无所不在。此造像在第七层共计 32 尊。

很多人都把这尊造像误认为四臂观音，其实是不对的。一来，凡是观音造像，头顶必有化佛形象出现，而此尊没有；二来，四臂观音与这尊造像虽然都有四臂，但四臂观音每只手中都持有法器，这尊造像是四只手臂各自两两合十于胸前与头顶。由此可知，这尊造像绝不是四臂观音。由《造幢记》可知，地藏寺经幢的正名应该叫"佛顶尊胜陀罗尼经幢"，之前的 6 层所有造像中

---

① 《大涅槃经》，昙无谶译，中华书局 2008 年版，第 560 页。

南方丝绸之路研究丛书 文物考古卷

都没有出现尊胜佛母的形象，而这尊造像出现在最顶层的第七层之中，并且四龛八面都为这一造像，代表四面八方均在其法界之内。有如此崇高的地位与法力，这尊造像一定有特殊的含义。在密教中，有一位佛顶尊胜如来，是从释迦牟尼头顶中所化而成，故称"佛顶"，而"尊胜"为最胜之意，佛顶尊胜如来又称"佛顶尊胜陀罗尼"或"尊胜佛母"。尊胜佛母与无量寿佛、白度母并称为"长寿三尊"。云南各地从大理国至明代的经幢、墓幢上，大多都雕刻有这尊造像，并在周围镌刻梵文经咒。1959年，大理喜洲弘圭山发现一座大理国段智兴元亨十一年（1195年）的"赵兴明之母墓幢"，墓幢上所刻的造像与地藏寺经幢第七层造像一模一样，墓幢造像旁边题刻"南无尊胜大佛母"，由此可知，地藏寺经幢第七层四面四龛及龛外四角上的造像名为尊胜佛母。在尊胜佛母身后雕刻二菩萨胁侍、四大天王护法，如此规格可看出尊胜佛母在大理国密教中的地位，以及建造这座经幢的意义所在。

经幢顶部雕刻有一个莲花座，莲花座上供奉一颗如意宝珠，又称为"摩尼宝珠"。《大智度论》中说："如意宝自龙王脑中所出；或为帝释天所持之金刚，破碎后掉落而成；或为舍利变化而成，能利益一切众生。"[1] 这个如意宝珠后来成为观音菩萨和地藏王菩萨手中所持之物，具有拔苦、超度、除恶的功效，以及代表满足众生的意愿。

从经幢上所刻的《造幢记》中可以知道，经幢的主人高明生为大理国重臣高观音明（高祥明）之子，世袭为鄯阐侯，是被封为鄯阐侯的高智升的后裔。鄯阐侯高明生早亡，其子尚在年幼，另一支世守威楚的高氏族人与鄯阐的高氏族人之间发生了一次政治斗争，幸好有议事布燮袁豆光的扶持。袁豆光曾受恩于高明生，于

---

① 〔日〕高楠顺次郎：《大正新修大藏经·密宗一》，台北佛陀教育基金会1934年版，第984页。

是去宋朝和大理求助，平息了此次斗争，使得高氏的统治没有发生危机。此即《造幢记》中所载的"其布燮豆光者，至忠不可以无主，至孝不可以无亲，求救术于宋王，蛮王果成功于务本……"既然在《造幢记》中有"求救于宋王"的记录，说明当时的鄯阐统治者与中原宋王朝应该有密切的联系。《宋会要辑稿·卷十八》载："绍兴元年（1131 年），大理国管下鄯阐府有呼知府，姓高者，稍习文典，粗识礼仪……"据方国瑜先生考证，这里所说的鄯阐府姓高者，应当就是经幢的主人高明生。[①]

另外，《造幢记》的记述者为"皇都大佛顶寺都知天下四部众，洞明儒释、慈济大师段进全"。"儒释"是大理国时期对滇密中大阿吒力僧的称谓，指的是通晓中原儒学经典而又熟知佛理的高僧，此处的慈济大师段进全就是这样的大阿吒力僧，所以被称为"洞明儒释"。由此称谓可知，大理国的上层贵族，包括密教高僧都在积极地接受中原汉文化，以通晓中原的儒家经典为荣，并以此为身份地位的象征。大理国与中原宋朝经济文化交流的盛况，通过大理国地藏寺经幢可窥一斑。

大理国彦贲赵兴明为亡母造尊胜幢

该幢 1959 年在大理喜洲弘圭山出土，扁方柱形，通体为一整石雕成。幢高 1.3 米，宝珠莲花顶，环刻梵文 2 周。中段为幢身，阳面上半部刻汉字 7 行，文曰："大理国□□榆郡彦贲赵兴明追为慈妣妇人女娘敬造尊胜一幢，妇女女娘年得五十二岁，事郡事务三十年，则元亨十一年岁遇乙卯三月六日辛卯迁化，四月十日乙丑设五七斋幢，功毕谨记。"[②] 元亨为大理国段智兴纪年，十一年即宋宁宗庆元元年，公元 1195 年。[③] 下半浮雕四壁佛母坐

---

① 方国瑜：《云南史料丛刊》（第 2 卷），云南大学出版社 1998 年版，第 435 页。
② 孙太初：《大理国彦贲赵兴明为亡母造尊圣墓幢跋》，《考古》1963 年第 6 期。
③ 张增祺：《云南建筑史》，云南美术出版社 1999 年版。

像 1 尊。阳面及两侧横刻梵文 17 行。下段为莲花座。[1]

大理国史梅风墓幢

该幢呈方柱形，砂石质。幢额呈半圆形，正面浮雕龙凤纹，背面额正中有一圆形佛龛，龛内浮雕一佛像。龛四周有行云纹，额顶侧面浮雕花朵纹。幢身正面有佛龛，已残。结跏趺坐于莲台之上。佛龛两侧刻 8 行汉文，其中可识的有左第一行"大理圀公□太保□□……"字，左第二行到第四行不清，右第一行至第四行"□□□烈女史梅风□……／□□知其人未□□□□／十七年腊月二十五日为亲捐躯火化南栅祭□……／□□□火□□诗曰花姿□杨……"其文内的"十七年"，据吕蕴祺考证为天开十七年，即公元 1221 年。[2]

三、书法与绘画

《南诏图传》

《南诏图传》，又称《南诏中兴画卷》《南诏中兴国史画卷》或《南诏中兴二年画卷》，是南诏、大理国时期绘画作品的代表之作。画卷为纸本设色，纵 31.5 厘米，横 580.2 厘米。《南诏图传》共有两部分组成：其一为画卷，描绘了南诏始祖细奴逻与其子躬耕于巍山，由观音幻化的梵僧点化，随后接受了西洱河大将军张乐进求禅位而建立南诏国的开国历史传说，并分段讲解了"巍山起因""祭铁柱图"以及"西洱河记"3 个主题，将其组成连贯有序的画面。其二为文字卷，共有 2000 多字，为画卷上人物故事的来龙去脉以及佛教传入洱海地区的背景等情况作了详细的描述。《南诏图传》的原作绘制于南诏末代王舜化贞中兴二年（899 年），

---

① 孙太初：《大理国彦贲赵兴明为亡母造尊圣墓幢跋》，《考古》1963 年第 6 期。
② 吕蕴祺：《腾冲火葬墓及重要遗物》，《云南文物》1998 年第 23 期。

原本已散佚，现存的《南诏图传》是公元 12—13 世纪大理国时期的摹本，目前收藏于日本京都藤井有邻馆。《南诏图传》整体画面构图疏密有序，人物刻画生动细致，文字卷的书法隽秀灵动，显示出了高超的艺术水平，是研究南诏、大理国时期历史、民俗、宗教、艺术的珍贵资料。

大约在南诏早期，佛教传入云南，慢慢兴发，形成了佛教密宗的阿吒力教派。观音幻化和祭铁柱故事，长期流传于洱海地区，具有典型的密教神秘色彩。关于观音幻化故事，万历《云南通志》卷一〇的记述最为详尽，与画上所绘内容也最为接近。

《南诏图传》所绘观音幻化故事共 6 段，每段代表一化，每段间有若干题记。

第一段画右端有一曲廊，依山傍水，廊檐高翘。廊内坐三女子，廊外架竹晒线，似备纺织。廊前有两女子，头挽发髻，赤足，作双手捧盘状，一女子侧题"奇王妇浔弥脚"，另一女子侧题"兴宗王妇梦讳"。二女子身后跟随一犬，前站一老者，头戴莲瓣高冠，双手持钵。二女子将自己所捧之物敬献老者，上方画云

图 3-30 《南诏图传·第一化》

端，内有六仙女作奏乐状。绕曲廊植树三株，枝头各画一鸟。由此往左，站一老者，一手持钵。对面二人，一人头戴冠，冠上插羽毛，身披甲，手持旌旗，另一人长袍宽袖，手捧经卷。二人似恭听老者教诲。二人上方云间有执兵器者多人，乘马驰骋。此段是万历《云南通志》所载观音七化中的第一化，所表现的是以细奴逻之家庭为背景，描绘观音化身初至其家募化的情况。"奇王"是南诏第一代王细奴逻，"兴宗王"是其子罗晟。浔弥脚为细奴逻之妻，梦讳为罗晟之妻。

第二段绘浔弥脚及梦讳二人作行路状，浔弥脚捧盘，梦讳挑篮，两人之前又现梵僧，浔弥脚将钵供献梵僧，梵僧上方画一石，上置赤莲冠。《白国因由》载曰："二童子侍立，一人手执如意，一人手捧圆镜，前现白象，左有犬鹿，右有黄马。"此段相当于上述观音七化中的第二化，即表现浔弥脚婆媳二人送饭、中道又遇梵僧再次施舍之状。

第三段全段以梵僧为中心，梵僧端坐石上，浔弥脚及梦讳跪于面前，原挑之饭篮及盛水之瓶放置僧前。右端又有梦讳形象，梦讳挑篮欲行，作回首又有所见之状。梵僧头上出彩云，内画梵僧幻象，盘膝而坐，背有佛光。梵僧右侧画一像，头出彩云，内画童子，手持方镜。有白象、牛、马、石，分别题"象踪""牛踪""马踪""圣踪"等。上述图像往左有一山，山下有二牛一犁，旁有二人作休憩之状。犁前又立有二人，高髻宽袍，梦讳正对二人有所禀述，二人聆听之际拱手肃立，表现一种虔诚之状。旁有题记3行：

奇王细奴逻

兴宗王罗晟

等相随往看圣化

此段所绘即上述观音七化中的第三化内容，表现观音化身的梵僧在耕田处又一次点化细奴逻全家之事。

第四段绘梵僧手牵白犬、持杖托钵而行。后有 3 人，发髻梳于额前，遍身皆黑，各持兵器，目视梵僧。由此往左，黑身者 6 人正拖扯梵僧，旁有大水，水边有火一堆，一黑身人手抱竹筒作投水之状。水之另一端画梵僧，旁有一黑身人作惊骇状。此上端画两石，右石上置梵僧之托钵及杖，左石上置梵僧之靴。此段所绘即上述观音七化中的第四化内容，前一部分绘穷石村偷梵僧之犬，后一部分绘肢解梵僧焚化投水，而僧又"裂竹而出，形体复完"。这两件事本是相继发生，在《白国因由》一书中偷犬及杀僧竟被分为两个故事，显然是后来这一传说故事的演化。

第五段紧接上段，绘黑身人 6 名，或乘马骑牛，或徒步而行，举剑执兵，追赶梵僧。梵僧作哂笑之状。追者兵器尖端皆现花朵。黑身人之后又有两指挥者，形同常人，身佩宝剑，相互交谈。在梵僧行进前方有 2 人，高髻丰髯，作拱手迎谒之状。其上方有一山，山顶绘梵僧幻象。此段所绘即上述观音七化中的第五化，表现王乐等欲擒梵僧而"走马赶之，愈追愈不及"的情景。

第六段，此段中心为一梵僧立像，梵僧之顶又幻现一菩萨像。梵僧之右有一人，拱手膜拜，旁有题字"忙道大首李忙灵"。左有一人坐地而敲打铜鼓。另有一老人拄杖，身穿白衣，面对李忙灵作交谈之状。往左，白衣老人怀抱佛像，前置火盆及器皿，并有皮风箱一只。老人之上有一山，山上竖立佛像。此段所绘即上述观音七化中的第六化，乃表现梵僧至"李作(忙)灵之界"再次现身及熔铜铸像之事。

第七段即是祭铁柱故事的具体描述。此段以一柱为中心，柱下有 3 层台基，柱顶有似莲花状雕饰，上立一鸟，柱前有一方

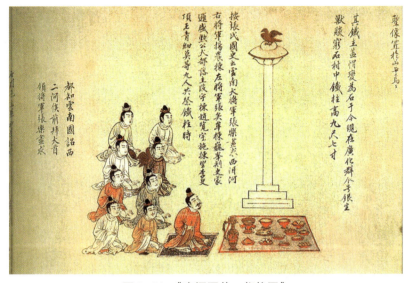

图 3-31 《南诏图传·祭柱图》

案，上陈放壶、盂等十余器。案前跪 9 人，为首一人跪于毡上，余 8 人分跪 2 行。旁有题记 3 行：

都知云南国诏西
二河侯前拜大首
领将军张乐进求。

另有题记 4 行：

按张氏国史云云南大将军张乐进求西洱河
右将军杨农栋左将军张矣牟栋魏峰刺史蒙
逻盛勋公大部落主段宇栋赵览宇施栋望李史
顶王青细莫等共九人祭铁柱时。

柱之左侧还有题记 2 行：

> 其铁主（柱）盖帽变为石于今现在广化群今号银生
> 兽畋穷石村中铁柱高九尺九寸

此段所绘的是人们祭铁柱的情况。柱顶之鸟即传说中的"五色鸟""布谷"或"金铸凤凰"，为首祭拜者即跪于毡者，当是传说中各部落的盟主张乐进求。诸书记载蒙氏家族参与祭铁柱者是细奴逻，唯有此画说是蒙逻盛。海伦·查平认为蒙逻盛是细奴逻之误。

第八段乃画后题名，与画的主要内容已无关涉。全段以一观音像为中心，周围有中兴皇帝舜化贞、其父隆舜（画中题名作"蒙隆昊"）及作画臣工张顺、王奉宗多人，作拜佛之状，表示他们对佛的虔诚，其性质如同佛教艺术品中常见的"供养人"。观音像立于祥云覆盖的莲花座上，一铜鼓侧置于地，题记有"中兴皇帝"等。

最后有 4 行题记，说明全画创作由来、作画臣工姓名和作画年月：

> 巍山主掌内书金券赞卫理昌忍爽臣王奉宗等申谨按巍山
> 起因铁柱西洱河记并国史上所载图书圣教初入邦国之原
> 谨书图样并载所闻具列如左臣奉宗等谨奏
> 中兴二年二月十四日信博士内掌士茜望忍爽臣张顺

第九段共画 5 人作礼佛之状，为首一人冠服与南诏诸王同，身材高大，双手持香炉作礼佛，其后 3 人是其臣属和后妃。大多数研究者都认为，画中为首者应为"文武皇帝"郑买嗣，这个观点得到了向达、汪宁生、李霖灿等学者的赞同。另外，海伦·查平的《云南的观音像》以及李昆声《云南艺术史》中对此也有描述。

依据本地神话传说，此段还附一洱海图，两蛇作相交状，内有鱼、螺各一，洱海周围有河相通。上有题记：

北　弥苴佉

西　龙尾江

南

东　矣辅江

在其上端，另有小字题记6行：

西洱河者西河如耳即

大海之耳也河神有

金螺金鱼也金鱼白

头额上有轮爱毒

蛇绕之居之左右分

为二河也

值得注意的是，此"文武皇帝礼佛图"位于"中兴二年"题记

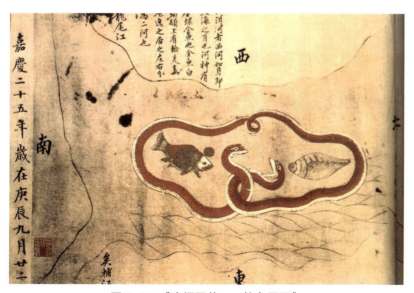

图 3-32 《南诏图传·二蛇交尾图》

之后，亦系画后题名性质，可能是全图成画之后所补绘。

《宋时大理国描工张胜温画梵像》

《宋时大理国描工张胜温画梵像》因出自大理国宫廷画师张胜温之手，故又名《张胜温画卷》或《梵像卷》。画卷为纸本设色贴金，纵30.4厘米，横1636.5厘米。根据画卷后释妙光的题跋可知，画卷创作于大理国利贞皇帝段智兴盛德五年（1180年）。《宋时大理国描工张胜温画梵像》由绘画和文字两部分组成。绘画部分可分为3个内容：《大理国利贞皇帝礼佛图》《法界源流图》和《十六大国诸众朝觐图》，共有128开；文字部分多为引首与题跋，共有6开。全卷总共有134开，绘有人物774名，动物不计其数。画卷将大理国时期从皇帝虔诚礼佛到民间笃信佛教，以及法界源流的盛况展示得淋漓尽致。其内容之庞杂、手法之精妙堪称南诏、大理国时期绘画作品的巅峰之作，也是我国书画类文物中不可多得的艺术珍品。

第一个内容为《大理国利贞皇帝礼佛图》。即画卷中李霖灿所编的1—6号。画上文字为"利贞皇帝瞟信画"，利贞皇帝即是大理国国王段智兴（1149—1200年）。《新唐书·南诏传》释曰："瞟信，夷语君也。"画卷中第一图、第二图画了14员武将，手持长兵器，还有一人驾鹰、一童子捧钵，似为大军将、羽仪长一类的

图3-33 《大理国利贞皇帝礼佛图》

高级将领和卫队。第三、四图画了 11 位文武官员，华服、峨冠博带。第五图画了 5 人，其中最高大魁伟的就是利贞皇帝段智兴，身后有两人持长扇、两侍女捧物随侍。利贞皇帝右手执香炉，炉内香烟袅袅，左手持佛珠，身穿大礼服，头戴极高的皇冠。第六图画了 3 人，一名峨冠带刀官员和一名和尚引导皇太子一同前往礼佛。皇太子衣服上贴金，双手合十作拜佛状。

　　第二个内容为《法界源流图》。从第七图开始为《大圣左执□□》、第八图《大圣右执□□》、第九图《如来降魔》、第十图《手持金刚统领眷属龙王》、第十一图《优钵罗龙王》、第十二图《摩那斯龙王》、第十三图《白难陀龙王》、第十四图《莎竭海龙王》、第十五图《难陀龙王》、第十六图《和修吉龙王》、第十七图《德叉迦龙王》、第十八图《阿那婆达多龙王》、第十九图和第二十图《天王帝释众》、第二十一和第二十二图《梵王帝释》、第二十三图《注茶半托迦尊者》、第二十四图《阿氏多尊者》、第二十五图《伐那婆斯尊者》、第二十六图《目揭陀罗尊者》、第三十图《戌博迦尊者》、第三十一图《诺距罗尊者》、第三十二图《跋陀罗尊者》、第三十三图《苏频陀尊者》、第三十四图《迦诺迦跋厘堕者尊者》、第三十五图《迦诺迦跋伐蹉尊者》、第三十六图《伐者弗多罗尊者》、第三十七图《迦理迦尊者》、第三十八图《宾度罗跋罗堕者尊者》、第三十九至第四十一图《南无释迦佛会》、第四十二图《尊者迦叶》、第四十三图《尊者阿难》、第四十四图《达摩大师》、第四十五图《慧可大师》、第四十六图《僧灿大师》、第四十七图《道信大师》、第四十八图《弘忍大师》、第四十九图《慧能大师》、第五十图《神会大师》、第五十一图《和尚张惟忠》、第五十二图《贤者买□嵯》、第五十三图《纯陀大师》、第五十四图《法光和尚》、第五十五图《摩诃罗嵯》、第五十六图《赞陀崛多和尚》、第五十七图《沙门□□》、第五十八图《梵僧观世音菩萨》、第五十九图和第六十图《文殊清□》、第六十一图和第六十二图《维摩大士》、第六十三至第六十七图《南无释迦牟尼佛会》、第六十八至第七十二图《药师琉璃光佛会》、第七十三至第七十六图《十二愿》、第七十七图《南无旃檀佛》、第七十八至第八十图《南无三会弥勒尊佛会》、第八十一图《舍利宝塔》、第八十二图《南无郎婆灵佛》、第八十三图《南无谕城世尊佛》、第八十四图《南无大日遍照佛》、第八十五图《人王般若佛会》、第八十六图《建国音菩萨》、第八十七图《普门品观世音菩萨》、第八十八图《除水难观世音》《除怨报观世音》《除象难观世音》《除蛇难观世音》、第八十九图《观世音菩萨》、第九十图《除兽难观世音》《除火难观世音》、第九十一图《南无寻声救苦观世音菩萨》、第九十二图《南无白水精观音》、第九十三图《四十八臂观世音菩萨》、第九十四图《文殊菩萨》、第九十五图《问疾病观世音》、第九十六图《社缚梨佛母》、第九十七图《菩陀落山观音》、第九十八图《南无孤绝海岸观世音菩萨》、第九十九图《真身观世音菩萨》、第一百图《易长观世音菩萨》、第一百零一图《救苦观世音菩萨》、第一百零二图《大悲观世音菩萨》、第一百零三图《十一面观世音菩萨》、第一百零四图《南无毗卢观世音菩萨》、第一百零五图《六臂观世音》、第一百零六图《南无地藏菩萨》、第一百零七图《南无摩梨交佛母》、第一百零八图《南无秘密五普贤》、第一百零九图《金色六臂婆苏陀罗母》、第一百一十图《南无莲花部母》、第一百一十一图《南无资益金刚藏》、第一百一十二图《南无□愚梨观音》、第一百一十三图《南无如意轮》、第一百一十四图《诃黎帝母众》、第一百一十五图《大圣三界转轮王众》、第一百一十六图《大力金刚》、第一百一十七图《布勇多闻天王》、第一百一十八图《大胜金刚诀》、第一百一十九图《四臂大黑水保护法神》、第一百二十图《六面威罗瓦金钵迦

南方丝绸之路研究丛书 文物考古卷

214

图 3-34 《弥勒佛会图》

罗神》、第一百二十一图《金钵迦罗神》、第一百二十二图《大安药叉神》、第一百二十三图《大圣福德圣女》、第一百二十四图《大圣大黑天神》、第一百二十五图《□□金刚》、第一百二十六图《大力金刚》、第一百二十七图《伏烦恼苦鲁迦金刚》、第一百二十八图《守护摩醯首罗众》、第一百二十九图《多心宝幢》、第一百三十图《护国宝幢》。

　　第三个内容从画卷第一百三十一图至第一百三十四图，即《十六大国诸众朝觐图》。图中绘有 16 位国王，其中 3 位还分别携 4 位小王子、公主前来大理国朝拜的情景。这些国王中有跣足者，有着鞋者，还有穿长靴者；有的头上戴冕，有的戴裘皮帽，有的戴虎头帽，还有的戴雉鸡尾羽，有一半头上未戴饰物。从面貌上观察，有深目高鼻者，有满脸胡须者，也有白净无须者。从画面可以看出，这 16 个国家的民族成分是极其丰富的。

　　在《张胜温画卷》最后一部分《十六大国诸众朝觐图》中，出

图 3-35 《十六大国诸众朝觐图》

现了不同肤色的国君。许多史籍记载给我们解开了这一疑惑，据《蒙化府志》记载："宣宗大中十年，劝丰佑建五华楼于国中，以会西南十六国蛮夷之长。"大中十年即公元856年，南诏国王劝丰佑在大理城建筑了一座宏伟的宾馆五华楼，据说此楼阁周长2.5千米，高33米，可居住万人。《梵像卷》正好绘制了16个国王，应是来自南亚、东南亚国家的君主，宋朝域内的一些地方政权首脑，以及西南地区少数民族酋长受邀参加大理国的一次庆典。画中一位怀抱宠物的国王，与剑川石钟山石窟中的印度人面貌近似；戴裘皮帽者，应来自较寒冷的地方。总的来说，《张胜温画卷》反映了佛教在南诏、大理国时期十分兴盛的历史，是研究当时云南大理崇奉密宗的历史和文化艺术的珍贵资料，同时也是我国古代南方丝绸之路上各国之间来往交流的重要物证。

《维摩诘会图》

大理国时期的《维摩诘会图》是《维摩诘经卷》的引首彩图，绘制于大理国文治九年（1118年），现藏于美国纽约大都会博物馆东方部。绛红色绢地，金书经文，华贵精美。画的左端写着

图 3-36　《维摩诘会图》

"南无摩诘会"字样，此卷经文之前为一维摩称病图像，构图以维摩诘为主，与中原文殊、维摩诘并重的布局颇不一致。卷首图画表现的是文殊问疾品场景，主角维摩诘踞高床华帐，执扇侃侃而谈，左侧文殊，周遭诸神、菩萨、天王侧耳倾听，神态各异。构图沿用散点透视的传统布局，绵密丰满，少留空白，主大客小。设色尚红、黄。画法以金银色线条加彩色绘成，在轮廓线中用大块的黄色和红色涂抹、晕染，通过不同色彩的层次对比，表现立体感，颇似天竺传来的"凹凸法"。人物主次进退安排合理，紧凑而不繁杂，线条流畅生动，人物形象鲜明，色彩金碧辉煌。该画由相国公高泰明选、佛顶寺主僧尹明富监造，[①]"充分表现出当时大理国的艺术造诣已达很高的水准"[②]。

---

① 李昆声：《南诏大理国雕刻绘画艺术》，云南人民出版社、云南美术出版社 1999 年版，第 240 页。
② 李霖灿：《南诏大理国新资料的综合研究》，台北故宫博物院 1982 年版，第 49 页。

四、陶瓷器

图 3-37 大理国时期的莲瓣纹陶火葬罐

大理国时期，出现了各种釉陶器，例如，这一时期出土的带有佛教元素的火葬罐，大理市绿桃村出土的大理国时期的 5 件绿釉碟、1 件绿釉罐。这些陶器釉色亮丽，陶胎细腻，外形美观，烧造工艺相当成熟。

崇圣寺千寻塔中还出土过 3 件豆形釉陶器，这 3 件陶器为当时礼佛敬香时所用的香盏。大理崇圣寺千寻塔一度为南诏、大理国王室的礼佛场所，建筑级别和重要程度不言而喻。作为被有意放入塔顶的供养器物，其重要性必定非同一般，这一点从千寻塔出土的大量精美绝伦的金、银、珠宝等高档奢华之物便可推知。

由于云南及周边国家生产香料，樊绰的《蛮书》就记录了大理往南的昆仑国出产香料的情况："昆仑国正北去蛮界西洱河（今大理）八十一日程。出象及青木香、旃檀香、紫檀香、槟榔、琉璃、水精、蠡杯等诸香药、珍宝、犀牛等。"据《大理崇圣寺三塔主塔的实测和清理》报告描述，在清理千寻塔塔顶时，就发现有云母（唐、宋时常见隔炭熏香之物）、朱砂、沉砂、檀香、麝香、珊瑚、金箔、香蛤、松香及水君子等香料和药物，所以千寻塔出土的这 3 件豆形

图 3-38 大理国时期的绿釉陶香盏

釉陶器应该就是用于行香的香盏。

此外，樊绰《蛮书》卷一〇说，骠国（今缅甸）与南诏在河赕贸易的货物中有"罂"，即陶器。而《新唐书·骠国传》也说南诏与骠国以"罂、缶相易"，再次说明陶器也是南诏与骠国贸易的物品。直到近现代，著名的祥云土锅还远销缅甸、老挝等国家。

南诏、大理国时期是否已有瓷器生产，一直为人们所关注。但目前尚未发现此时期云南生产的瓷器，迄今为止，云南尚未发掘出大理国或元代的瓷窑遗址，目前考古发现云南瓷窑遗址最早为明代早期。虽然没有元代以前云南瓷器生产的确切证据，内地的瓷器却一直在输入云南。早在南诏之前，中原的瓷器已有输入云南的痕迹，如在昭通水富县楼坝崖墓中，曾出土一件东汉中晚期的青釉灰白胎瓷器。文献中也有内地瓷器输入云南的线索。例如，宋代的《桂海虞衡志》说，大理人李观音得等到广西横山贸易时，所需要的众多物品中，还有"浮量钢器并碗"。元代马端临在《文献通考》中认为："疑即饶州浮梁磁器，书梁作量。"饶州的浮梁县即今景德镇，在宋代便是中国著名的瓷都。马端临的解释是有见地的，宋代景德镇的各种瓷器、瓷碗已输入大理国。

这在崇圣寺千寻塔的考古发掘中也得到了印证。在千寻塔中发现了6件白瓷和影青瓷器，其釉面白中泛青、色泽莹润，有南宋景德镇湖田窑瓷器的典型特征，从这一方面证实了《桂海虞衡志》中关于"浮量"瓷器输入大理的记载，这也是研究南方丝绸之路商贸交流的重要实物资料。

图 3-39 千寻塔中出土的宋代影青文殊、普贤菩萨像

五、纺织品

南诏、大理国时期，云南纺织技术已经相当发达，由于气候与温度的适宜，本地纺织原料十分丰富。与中原的长期交往，内地先进的纺织技术得以传入云南，加之和东南亚各国之间亦有纺织技术的广泛交流，使得南诏、大理国境内各民族的纺织业收获颇多，能够生产出许多技艺精湛、丰富多彩的纺织品，也成就了这一时期独特的服饰文化。根据文献记载，云南自南诏国时就已经有了刺绣的丝织品，樊绰《蛮书》卷八中曾记载南诏："亦有刺绣。蛮王并清平官礼衣悉服锦绣，皆上缀波罗皮。俗不解织绫罗，自大和三年蛮贼寇西川，掳掠巧儿工匠非少，如今悉解织绫罗也。"从传世的张胜温《梵像卷》上可以看到大理国皇帝与大臣们所穿的服装上都绣有各种精美的纹饰。

这一时期的纺织品实物主要来自崇圣寺三塔的考古发掘。三塔出土的古代纺织品，主要是丝质的写经、经袱、手披和单页的经咒。从种类讲以绢为主，同时有纱、锦、罗、绫、绮等种。[①]

《金刚般若波罗蜜经》残卷

绢质，平纹，幅宽 27 厘米，残长 561 厘米，是已知张胜温的

图 3-40 大理国时期的绢本《金刚般若波罗蜜经》

① 邱宣充：《大理三塔出土的古代纺织品》，见《云南民族文物调查》，云南人民出版社1988 年版，第 128 页。

《梵像卷》之外，所存大理国写经中最长的一卷。可惜长年侵蚀，轴心部分已无法复原。该写经卷首题"为施主并僧董明清平妇人法珠坚等"字样，其后有 13 厘米长的金银敷彩佛画图像，画工极精，后为金刚经全文。董氏为大理国大姓之一，当时写经之风甚盛，写经用绢应为当地所产，而不属中原地区所输入。

陀罗尼经咒

绢质，15 件，多数已呈深黄色。皆为朱书梵文，有印本与写本 2 种，其中有的夹杂个别汉文，印本多数都有明显的边框。

织锦

织锦为我国最有特色的传统纺织品，汉代的织锦多数是属经线起花的斜纹组织，以流云纹及多种几何图案为主，而唐代的织锦，多为纬线起花的平纹组织，三塔出土的织锦属于后者。标本 TD 中：52 为方形经袱，由 4 小块锦拼制而成。全长 56~59 厘米，宽 57 厘米，经袱带长 82 厘米，质料相同。4 块织锦皆为湖蓝色及紫绛色相间的平纹纬锦，由纬线起花，一行织凤鸟，一行织开敷莲花，依次交替，纬线较稀。

图 3-41　千寻塔中出土的织锦

刺绣手披

标本 TD 上：102，通长 52 厘米，宽 28.5 厘米，周边用不同彩色的素绸镶边 9 道，边宽 2.5 厘米。绣件本地疏朗透明，经纬线纠结呈网状，应为罗。绣件中央刺绣 3 组圆形图案，直径正中各绣凤鸟 1 双，两侧一组绣头饰冠羽的凤凰，一组绣 3 朵牡丹。其外绣一长方形边框，长 43 厘米，宽 17.5 厘米，内外绣梅、菊等花卉图案，间有彩蝶飞舞。整个绣件可能寓意"百鸟朝凤"。刺

图 3-42 大理国时期的刺绣手披

绣采用平绣法，仅花蕊等处加叠绣锁针，与汉代刺绣多以锁针为主不同。所用绣线色泽绚丽多彩，惜因年久，又为雨浸，除翠绿尚明外，余色已分辨不清。

此件刺绣品是一件珍贵的手工艺品。姚安德丰寺现存大理国《兴宝寺德化铭》，首行有"皇都崇圣寺粉团侍郎，赏米黄绣手披，儒才照僧录，阁黎杨才照奉命撰"字样，这方塔藏的绣巾可能是大理国皇室用于赏赐的"米黄绣手披"之类的物品。

六、滇密诸神造像

大理三塔发现的一批佛教造像，比较集中地反映了当时我国西南地区盛传的密宗造像的特征和艺术。其以题材来讲，由佛、菩萨和护法天神三类组成。佛是以大日如来为中心的五方佛，菩

萨像则以观音为主，还有胎藏界曼荼罗十三院中的其他各类菩萨。[①]其中金属造像主要为青铜材质，另有少部分铁制。再从造型看，面相、衣饰等都仍以所谓犍陀罗式为基型，与国内其他地方的造像相一致，但是在耳环、耳饰等佩饰方面，明显地保留了印度造像的特征。还有菩萨像手足着手钏、臂钏、足钏，两腕附有下垂的衣片，全身着薄质衣服，密着在躯体上，线条柔和流畅，似受印度雕像的影响较深。阿嵯耶观音即是一个突出的例子。

阿嵯耶观音造像

从目前发现的阿嵯耶观音造像来看，均与《南诏图传》中的"阿嵯耶观音像"、张胜温《梵像卷》中的"真身观世音像"造型风格一致。他们在体态、服饰、手形、头饰等方面都相似，具体特点表现为：方圆脸型，眼睛微闭，鼻子直平，嘴唇厚实。体态修长，宽肩细腰，身躯扁平，挺立秀美，背部平坦而无琢饰。头戴高大的发髻冠，上饰化佛，两侧的头发梳成两条辫子对称地垂落在两肩。

图3-43 银背光金阿嵯耶观音立像

戴连珠纹项链，项链下方有一宽扁半圆形花纹装饰带，双臂佩戴三角形璎珞花纹臂钏，右手腕上有一串念珠，右手举于胸前作说法印，左手手心向上，略曲置于臀部作与愿印。上身裸露，下着带褶长裙，薄而贴体，似由丝织物制作，绸缎细腻、柔滑

---

① 邱宣充：《大理三塔佛教造像调查》，见《云南民族民俗和宗教调查》，云南民族出版社1985年版，第208页。

的质感较为明显，两侧及中间有直线褶纹，两腿上有对称的 U 形褶子，褶纹均为印刻线条，裙子下摆两侧向外伸展形成角状，动感十足。裙子由一条腰带固定着，带子末端部分在腹前束成一个十字花形图案，上饰一朵花，还系一条圆形花纹的扁薄腰带。在腹下方，两腿上方垂挂一条宽扁的腹带，上有两条阴刻线条，跣足。[①] 阿嵯耶观音为男身观音，他融合了女性的慈爱与男性的刚健挺拔。总之，在整体造型上，阿嵯耶观音像五官清丽，神情恬静，自然安详，面露微笑，身材比例非常匀称，轮廓线条垂直简洁、十分流畅，衣纹线条简练有力、风格不一，极为生动，刚劲的线条与温和的面部表情形成对照，产生刚柔并济的艺术效果，有独到之美。

佛像

佛陀多为肉髻、无冠，中间饰髻珠。肉髻分束发和螺发两种，束发一般分两层，发丝线条细致清晰，颇有犍陀罗艺术中水波纹的装饰遗风。造像额宽鼻阔，双眉舒展，双眼俯视，有如和蔼亲切的世间常人。身着通肩式或袒右肩式大衣，通肩式大衣前摆盖住双腿，直拖于地。有的佛像衣纹细如丝缕，明显受到印度笈多时代秣菟罗造像风格的影响。部分佛像有舟形背光，边缘多饰阴刻火焰纹。

图 3-44 银鎏金大日如来坐像

护法天神像

护法天神原是印度教诸神，自古从民间信仰发展而来，4 世纪时

---

① 傅云仙：《阿嵯耶观音》，云南美术出版社 2006 年版，第 24、25 页。

成为多神教神祇，如太阳神、雷电神、风雨神、火神等，后来佛教摄取作为护法神，如大梵天、帝释天等。另一类则是密宗中的明王像，是佛与菩萨的忿怒形身。如大日如来的怒身是不动明王，阿閦如来的怒身为降三世明王，宝生如来的忿怒身为军荼利明王，无量寿如来的怒身是六足尊，不空成就如来的怒身为金刚夜叉等。千寻塔塔顶共清理发掘出土各护法神像10尊。

图 3-45 铜鎏金镓金刚像

在诸护法天神像中，有一尊别具一格的大鹏金翅鸟造像。此尊造像为全鸟形，头饰羽冠，颈细长，翅膀向内卷，作欲飞状，两爪锋利有力，立于莲座之上，尾、身之间插有镂空火焰形背光，其上饰水晶珠5粒，整器鎏金，显得珠光宝气、雍容华贵。金翅鸟，又称"迦楼罗"，源自印度古代的神话传说，是佛教天龙八部之一的护法形象。在我国西南地区，迦楼罗往往以金鸡形象出现，立于塔顶。它通常用来比喻佛具有慧眼，能观十方世界、五道众生，佛法可破除一切障碍，所向无敌。

南诏佛教始祖赞陀崛多，据《滇释纪》载："西域人，自摩迦陀国来，阐瑜伽法，传阿吒力教。"中印度摩竭陀国那烂陀寺是大乘佛教中观、瑜伽两大宗派的中心，至

图 3-46 铜鎏金明王像

图3-47 银鎏金嵌珠大鹏金翅鸟立像

护法、戒贤时期，综合印度现存之诸宗教，统一于大日如来果德之下，旋转为密教中的金刚界和胎藏界。中国唐代，从开元四年（716年）起，不空、金刚智、善无畏相继来华，弘传密教，其后密教又传至日本等地。而赞陀崛多直接由印度摩竭陀国来到云南，所传自然为印度密宗的教义和造像。密宗自从南诏传入开始，至大理国时有了充分的发展，与传入日本的东密、台密一样，自成系统，称为"滇密"，极富地方特色。

南诏、大理国时期所盛行的滇密阿吒力教，对附近东南亚国家也有很大的影响。例如缅甸，8世纪中期骠国为南诏所灭，阿吒力教亦传入缅甸，直至蒲甘王朝初期，缅王阿奴律陀开始实行容许印度教、大乘佛教（密宗）和原始宗教并存的政策，曾有"时闻乾陀罗（指大理国）国主有佛牙，不远千里求之"的记载。滇密诸神的造像在古代南方丝绸之路上留下了浓墨重彩的一笔。

元明时期南方丝绸之路考古与文物

第 四 章

第
一
节

雄关漫道——元明时期南方丝绸之路沿线的重要遗址、遗迹与墓葬

一、驿道、索桥

博南山古道

博南山古道因途经永平县博南山而得名，是从永平出发前往保山的重要路段之一。据史载，博南山也称"金浪巅"，民间俗称"丁当山"，地控古博南县西出永昌通衢，西汉武帝"通博南山"时开设为官营驿道。东汉永平十二年（69年）置永昌郡后，曾组织军民进行大规模扩建、铺设。此后，博南山古道历经唐、宋、元、明、清各代不断维修、扩建，长期沿用下来，直到民国年间滇缅公路永平至保山段建成通车后才被废弃。古道东起永平西南桃园铺，向西经花桥、铁厂上博南山，翻万马归槽垭口，下山经永国寺、杉阳镇，再由西山寺、湾子，过江顶寺，

图 4-1 博南古道

下山至澜沧江霁虹桥止，全长约 40 千米。道路多由人工在陡坡山林中开凿而成，路面铺以石块，一般宽 2 米左右，虽历经千年风雨侵蚀，至今仍保存下来大部分。

漾濞驿古道

漾濞驿古道位于大理州漾濞县城西南侧的上街一带，为古道漾濞驿及巡检司所在地。古驿形成于汉晋时期，因地居古漾江、濞水两条河流之间而得名。唐代中期属蒙舍赕地，为南诏王阁逻凤攻并永昌，"西开寻传"的起点和基地。元代定名"漾濞驿"，为时设云南"入缅国十五驿"之一。明代初年平滇，于其地筑城设街，置漾濞巡检司承担官道的管理和周围街前、东冲、大堡、淮安、密场、三甸"六约"之地的镇守之责，并从此沿袭下来，成为古道上一个重要的军事关隘和邮驿中转站点。古街东起漾濞古城南门口，向西北延伸至漾濞江边云龙桥止，全长约 300 米，均以石块铺筑，宽约 4 米，路中以条石铺成路轴，路边设排水沟道，有较好的抗灾保通能力。如今街道建筑多为传统中式瓦屋，临街接市，成片相连，除著名的上街回族清真寺外，绝大多数属早年服务于古道交通的各类马店、客栈和相关的鞍鞯、马具、百货、饮食等店铺旧址，古驿风范，至今犹存。

平坡铺古道

平坡铺古道位于宝山隆阳水寨澜沧江西岸的平坡村内，为古道进入保山市境的第一个驿站所在地。据史载，驿站最早开辟于汉晋时期，专司澜沧江"兰津渡"通行管理之责。明代铁索霁虹桥建成之后，为加强管理、保障通行，对古驿进行了必要的扩建，增加街道、店铺和军户、夫马，使之具有一定的食宿保障能力，并从此延续下来，成为古道上一个重要的邮驿站点。村子依地势坐西向东，北距霁虹桥约 2 千米。古道自霁虹桥沿山麓而上，横穿寨心。村口两端各设券洞街门，寨内居民沿路建房，夹路成

南方丝绸之路研究丛书 文物考古卷

街。据村民讲，在民国古道未废弃之前，曾有李、钱、周等大户在街内开设马店、商铺和烟馆，接待行人。街道为北南走向，长100余米，宽3～4米，路面均以石块铺筑，街边留有排水沟道。由于年深月久，石板上随处可见成串的马蹄印痕。

水石坎梯云路

水石坎梯云路位于隆阳水寨平坡村以西至水寨街之间的罗岷山水石坎山谷一带。山谷地势西高东低，落差极大，有水寨河穿流其间。谷间陡崖如削，怪石嶙峋，地势十分险恶。据史载，古道最早开辟于汉晋时期，此后各代屡有扩修、改建，明代中期曾由永昌府组织军民进行过大规模扩修、铺设，长期沿用下来。路径东起平坡村口，西至水寨街东头道桥，长约4千米。路径多以人工在悬崖峭壁间开凿而成，路面一般宽1～2米。因山势制约，多数路段成"之"字形曲折而上，形如登天云梯，俗称"梯云路"。长年累月，古道上留下大量的人文遗迹。除成串的马蹄印外，部分山石上尚有人工刻画的防滑线带、简易棋盘及民国李根源的罗岷山题名石刻等遗迹，大大丰富了南方丝绸之路的文化内涵。

板桥驿古道

板桥驿古道即今隆阳板桥镇青龙街，为南方丝绸之路大理—宝山沿线规模最大、保存最好的古道之一。其地原为古道过保山东河的"梅花古渡"，开辟于汉代，相传当时有三家军户在此摆渡，故也称"三家村"。元朝初年开设云南通缅驿路，因其地当永昌城北交通要冲，乃驻军开设板桥驿，为云南通缅驿路的15个大站之一。之后，随着交通流量不断加大，多次铺路扩街，扩成保山坝子北部最大的交通转运枢纽。[①] 古道自东北向西南贯穿整个集镇，村内居民临路建房，夹路成街。街道总长550余米，主

---

① 李枝彩：《南方丝绸之路永昌道文物史迹探索》，见《大理民族文化研究论丛》（第6辑），第168页。

路宽 4 ～ 5 米，均以石块铺筑，两侧留有排水沟道，路心以整齐的条石铺设路轴，以利通行。街道两端原设过街门楼以控出入，今尚存北楼，称"魁阁"。街面建筑多为传统中式瓦屋，共约 134 幢，绝大多数属早年服务于古道交通的各类马店、客栈和相关的鞍鞯、马具、百货、茶馆、食馆、糕点等店铺旧址，具有典型的古驿道风格。

保腾古道北线

保腾古道最早形成于战国时期，为早期民间商旅从中国大理、保山，经腾冲前往缅甸、印度的主要交通线。东汉永昌郡建立后，曾一度将其纳入官方经营，成为向西控制古滇越之地（今腾冲、德宏等地）的驿道主线路。唐代中期南诏王阁逻凤"西开寻传，南通骠国"时，曾组织军民进行过大规模扩修，作为大军西进越赕（今腾冲及以北地区）的主要行军路线，并于该通道海拔最高的高黎贡山北斋公房垭口建腾云寺救助行人。元明以来，随着大理云龙盐井的开发，保腾古道北线又长期成为各地官商从云龙经保山北部向腾冲、德宏等地输送食盐的主要通道，民间俗称"挑盐路"。在明初王骥三征麓川，明末刘綎、邓子龙征缅平叛中，该古道成为大军西征的主要战略通道。之后至 1952 年保腾公路建成通车后，这条线路才最终被废弃，前后沿用 2400 多年。该古道主线东起保山板桥古镇接博南古道，向西经卧佛寺上清水关、李家寺，翻一碗水梁子，下山至瓦房街，转西北经汶上、新民、荷花树，至勐古渡过怒江，经芒宽西亚街向西上高黎贡山，经灰坡、马面关、茶铺、茶罐口、冷水沟翻北斋公房垭口，下山经腾冲黄土坎、铁匠房、桥头街，转南过界头、永安、曲石至腾冲城止，线路里程约 200 千米。

北斋公房西坡古道

北斋公房西坡古道位于腾冲界黄泥坎村东约 15 千米北斋公房

西坡山洼间，为古代自北斋公房下山前往界头的主要通道之一。据史载，古道最早形成于战国时期，唐代南诏王阁逻凤"西开寻传"时曾做过局部扩修，明代隆庆年间（1567—1572年），由腾越知州沈祖学组织铺筑为石板路，并从此沿用下来。线路东起高黎贡山北斋公房垭口，沿西坡的小平河谷曲折而下，至山腰的小高良贡台地址，全长约6千米。路面多以石块铺砌，宽1～2米不等。由于山势陡峻，路径多在山崖间呈"之"字形延伸，路面可见成串的马蹄印痕。

保腾古道中线

据史载，保腾古道中线最早开辟于汉晋时期，是为永昌郡向西经略古滇越之地（今腾冲、德宏等地）的通道之一。唐代中期南诏王阁逻凤"西开寻传，南通骠国"之际设为官营驿道，组织军民进行了大规模扩修、铺设，作为之后自永昌节度向西扩设较化府（今腾冲）和丽水节度（今缅北密支那以东一带）及与缅印各国开展经贸交往的主要通道。因沿途环境恶劣，时有河赕（今大理）贾客传唱的歌谣"冬时欲归来，高黎贡山雪；秋夏欲归来，无那穹赕（今潞江河谷）热；春时欲归来，囊中络赂绝"所描绘的场景，反映了商客往来行程的艰辛。元代驿道改走南线蒲缥道后，古道虽被改为民用，但因后者所经的潞江坝瘴疠更为严重，仍有不少客商选择走这条古道。直到20世纪50年代保腾公路通车后，才最终被废弃，前后沿用了1800多年。线路东起保山古城，从仁寿门向西翻石马山，经青岗坝、乌头塘下杨柳街，转西北过河湾、鱼塘、鲁村之后，跨怒江双虹桥，西上高黎贡山，经烫习、大鱼塘、罕弄、旧街、黄竹河、黄心树至南斋公房，翻垭口下山，经雪冲洼、岗房、林家铺、杨家寨、江苴古镇转南过龙川江，至曲石街与保腾古道北线相交，再转至腾冲城，线路里程约180千米。

石马山古道

石马山古道位于保山城西 10 千米石马山垭口西侧山梁上。据史载，该古道最早形成于汉晋时期，唐宋时曾由官方组织铺设为石板路，是当时从保山前往腾冲的官营驿道主线路。元代驿道改走南线蒲缥道后转为民用，至今仍为青岗坝村民出入保山城的主要通道。道路为东西走向，长约 300 米，以石块铺筑而成，宽 2～3 米，除局部自然坍塌外，大多数路面保存完整。

青岗坝西山古道

青岗坝西山古道位于隆阳汉庄青岗坝村西 3 千米西山山梁上。据史载，该古道最早形成于汉晋时期，唐宋时曾由官方组织铺设为石板路，是当时从保山前往腾冲的官营驿道主线路。元代驿道改走南线蒲缥道后转为民用，至今仍为青岗琐村上山放牧、砍柴的通道。古道东起青岗坝西山梁上，向西北环绕山顶，至与杨柳乡交界的乌头塘垭口止，长约 7 千米。路面多以石块铺设，宽 2～3 米，除个别地段自然坍塌外，大部分路面保存完整。

南斋公房西坡古道

南斋公房西坡古道位于腾冲曲石江苴村东北约 20 千米的南斋公房西坡雪冲洼山谷中。山谷地势东高西低，两边山崖夹峙，丛林蔽日，地形极为险要。据史载，古道最早开辟于汉晋时期，唐宋时扩修、铺筑为石板路，长期成为南诏、大理国统治者经略腾冲及以西地区官营驿道主线路。元代以后，随着南线城门洞驿道的开设而改为民用。路径东起高黎贡山南斋公房垭口，向下延伸至山谷末端的西坡岗房止，全长约 8 千米。道路多以人工开凿铺筑而成，一般宽 2 米左右，由于山势陡峻，多数路段在山崖间曲折蜿蜒而行。

保腾古道南线

据史载，保腾古道南线最早可能形成于汉晋时期，为三国诸葛亮南征的主要行军线路。时因战略需要，曾于中途海拔最高的高黎贡山城门洞分水岭建"诸葛亮城"，作为西出腾冲、南控龙陵的主要交通要塞。之后，因古道途经的潞江坝气候炎热，瘴病肆虐，较少有人从此路通行。元代云南行省纳速剌丁征缅定边后，考虑到该线路沿途地势较怒江上游的北、中两线平缓且里程较短，乃将其列为通缅驿道主线路，进行了大规模的扩修、开发，并于沿途设置蒲缥、八湾（今坝湾）、橄榄寨几大驿站予以管理。此后，历经明清两代不断扩修、改建，苦心经营，成为我国历代中央王朝经略滇缅、控制边服的主要战略通道，前后沿用 1600 多年。线路东起保山古城，向西南经汉庄盈水上蒿子铺，翻冷水箐下蒲缥、马街、打板箐、盘蛇谷、马料铺，至道街分早晚两线过怒江，里程约 160 千米。

冷水箐西坡古道

冷水箐西坡古道位于隆阳蒲缥冷水箐规口西下侧，为保腾古道南线保存较好的路段之一。据了解，该段古道最早可能开辟于三国时期，元代改设为官道后，曾于明清两代多次扩修、铺筑，长期沿用不衰，直到 1952 年保腾公路通车后，才被废弃，迄今已有 600 多年的历史。路径东起冷水箐西山垭口，向西沿蒲缥东山曲折而下，至坡脚黑山门大花桥止，全长约 6 千米。路面均以石块铺筑，宽 2～3 米，缘山势左折右转，蜿蜒而下，气势颇为壮观。

盘蛇谷古道

盘蛇谷古道位于隆阳蒲缥马街与潞江道街村之间的盘蛇谷峡谷中。其地左右为陡坡，悬崖夹峙，谷底窄逼深陷，古道在窄谷间左转右旋，蜿蜒如盘蛇之状，故名"盘蛇谷"。据史载，该古道最早开辟于三国时期，民间盛传为诸葛亮火烧藤甲军之地。元代以后，随着潞江坝的开发和对外交往的开展，曾多次组织军民扩修、铺筑，成为云南通缅驿路的重要通道。古道东起马街打板箐，西至道街马料铺山洼口，全长约 6 千米。路面多以人工在悬崖间开凿、铺筑而成，一般宽 2 米左右。

橄榄驿古道

橄榄驿古道位于腾冲芒棒橄榄寨以西的橄榄坡一带山梁上。据史载，该段古道最早开辟于三国时期，元代设置通缅驿道时将其纳入官方经营，并设橄榄驿予以管理。明代以来多次对其扩修、铺筑，成为保腾古道南线出入腾冲的主要通道。随着古道往来马帮人流的不断增加，先后有大批军民奉命前来屯守、驻扎或设栈、开店，橄榄驿渐成古道上一个较为热闹的山间集市。至明崇祯十二年（1639 年）徐霞客游滇时，已有居民"百家当坡而居，夹路成街"。古道东起龙川江铁索桥，沿橄榄坡山梁曲折而上，中经橄榄寨、二台坡至山顶黄草坝止，长约 8 千米。古道路面均以石块铺筑，宽 2 米左右，由于使用时间长，路面上随处可见成串的马蹄印痕。

玉璧坡古道

玉璧坡古道位于腾冲玉璧村东玉璧坡上，为保腾古道南线进入腾冲县城的主要通行路段。据史载，古道最早可能开辟于诸葛亮南征之时，元代置云南通缅驿道后将其纳入官方经营。明代中期曾局部改线扩修，并在下段玉璧铺设官厅，迎送往来官员和缅甸使臣。1952 年保腾公路通车后，玉璧坡古道改为民用，现仍为当地村民上山砍柴、放牧的主要通道。现存路径东起玉璧坡山顶接芹菜塘土路，向西沿斜坡曲折而下，至玉璧村口止，总长约 6 千米。路面均以石块铺筑，一般宽 2 米左右。

霁虹桥

霁虹桥位于保山隆阳水寨乡与大理永平杉阳镇之间的澜沧江上，为永昌道上著名的古代铁索桥之一。其地原为渡口，史称"兰津渡"，始于西汉，盛于东汉，是史上著名《兰津谣》的产生地之一。三国时期诸葛亮南征，曾"支巨木以渡军"。唐代南诏王皮逻阁置永昌节度时曾在渡口架藤桥。元初也先不花西征时改架木桥，取"雨后天晴，彩虹呈祥"之意，命名"霁虹桥"。明初桥毁，改为舟渡，并于两岸崖壁下立铁柱以维舟楫。明成化年间，有江顶寺僧释了然首倡募化，议建铁索桥，几经努力，终告功成。桥依两岸砌墩，嵌18根铁链悬吊而成，总长108米，净跨56.2米，桥面宽3.8米，是为当时古道上出现最早、规模最大的铁索吊桥，人称"西南第一桥"。此后该桥历经各代数次维修、复建，长期沿用不衰，直到20世纪90年代为上游山体滑坡造成的巨大洪流所冲毁。由于地处天险，气势雄伟，古桥在建成以后数百年间，曾得到众多往来名流的钦佩、赞赏，在西岸崖壁上留下了大量珍贵的石刻题记。实查得知，现存石刻共40幅，尚可辨认字迹的有30幅，时代最早为明嘉靖时期，最晚为民国时期，字径从10余

图 4-2 霁虹桥

厘米到 1 米多不等，书体行、楷、隶、篆皆有，题材内容包括题名、题赞、诗词、对联等几大类，多是对古桥自然景观和人文历史的记赞之词。

漾濞江云龙桥

漾濞江云龙桥位于漾濞县城西北角的漾濞江上，东接漾濞下街古驿站，西通漾濞西山。据史载，其地原为渡口，开辟于汉代之前，是永昌古道从大理往西前往保山的第一个过江要隘。此后各代曾多次架木桥以供通行，均因各种因素被毁。明代弘治年间，因当地盛传有云龙在此过江，遂由地方官府出资改建铁索吊桥以求永固，定名"云龙桥"。目前，云龙桥依江岸崖壁支砌石墩，以 2 根铁链为护栏、6 根钢缆为底索，混装形成桥体，以栗木方板连接铺设桥面。桥身总长 70 余米，净跨 31.3 米，面宽 3.3 米，墩高 13 米。东西两墩各建桥亭关楼，桥悬楼高，气势壮观。

杉阳凤鸣桥

杉阳凤鸣桥位于永平杉阳镇西约 1.5 千米的倒流河上，是古道自杉阳前往保山的重要通道之一。石桥始建年代不清楚，但据《徐霞客游记》所载，早在明崇祯十二年（1639 年）徐霞客游历杉阳时，该桥就已经存在，迄今已有 400 年以上的历史。桥为 4 墩 3 孔石拱桥，以规整的条石支砌桥墩桥面，桥上原有亭阁护栏供人休息避雨，现已坍塌不存。桥身总长 19 米，面宽 4 米，由于河床抬升，桥身下半部泥沙淤积，仅有桥面和桥洞露出水面。

水石坎古道头道桥

水石坎古道头道桥位于隆阳水寨村东 2 千米水石坎古道上端河道上。据史载，桥系明代中期永昌府拓修水石坎古道时所建，迄今已有近 500 年历史，是古道上现存最早的古桥梁之一。桥为单孔石拱桥，北南走向，上承新扩修的水寨至平坡公路，下通水石坎古道。桥身总长 8 米，面宽 2.65 米，桥涵高 3.1 米，净跨 3.7

米，桥面两侧设有护栏，东侧桥栏有近人书刻"头道桥" 3 字。由于使用时间长，桥面上可见多个深深的马蹄印痕。

曲石向阳桥

曲石向阳桥位于腾冲曲石乡政府西南方向 4 千米向阳村西侧龙川江支流灰窑河上，为古道上现存规模较大、保存较好的古桥之一。古桥所在的向阳村一带，地势低洼，江面宽阔，素为腾北古道由界头经曲石，前往腾冲城的主要过江通道。早在汉晋古道形成之际，就有人在这里搭建木桥，以供通行。明代初年大军开边，曾由腾冲军民指挥使司组织修建铁索吊桥，沿用数代。清初桥毁，里人于乾隆三十五年（1770 年）捐资重修，并于南岸山头建龙神祠以为护佑，至清末战争时又被烧毁。光绪初年，腾越厅同知陈宗海奉命整治战后乱局，恢复发展地方经济，乃于光绪五年（1879 年）捐资重建铁索桥，历 7 年而成，时以永镇江河之意更名"镇龙桥"。新桥落成之际，云南巡抚杜瑞联为之题词"功占利涉"，以示表彰。

五道河风雨桥

五道河风雨桥位于腾冲曲石山脚村东边山麓的五道河上，西南距江苴古镇约 5 千米，为南斋公房古道下山进入江苴坝子的主要桥梁之一。据村民介绍，桥最早修建于明代，此后各代均有复建，1943 年因山洪暴发被冲走。桥为木梁平板风雨桥，利用河堤巨石支砌桥墩，上搭 6 根粗大秋木为梁，横钉方板形成桥面。桥上架 5 排梁柱形成桥亭，桥身总长 13 米，桥面宽 1.92 米，高于水面 2.8 米。

龙川江铁索桥

龙川江铁索桥位于腾冲芒棒桥街村西侧龙川江上，为保腾古道南线过龙川江的主要通道。据史载，其地原为渡口，最早开辟于诸葛亮南征之际。元代云南行省设置通缅驿道后，为提高驿道通行能力，于至正年间（1341—1368年）在此搭建木桥，几经兴废，于明代弘治年间（1488—1505年）改在其上游500米处新建铁索吊桥。明末桥毁，腾越知州李之仁于万历四十一年（1613年）将其迁至元代旧址重建。清代以后，该桥历经天灾人祸，先后重修5次。民国十五年（1926年），为适应驿道人流、物流迅速加大的需求，又由腾冲绅商捐资从国外购进缆索，将其改建为铁链与钢缆混装吊桥，沿用至今。桥身总长70米，净跨50米，面宽2.3米，高于江面约15米。

二、佛塔、寺院、宫观

大觉寺千佛塔

大觉寺千佛塔位于陆良县城大觉寺内，寺中尚存正殿、鼓楼等建筑，千佛塔屹立于正殿左侧。据《陆良县志》载："寺始建于元，重修于明万历。寺前面侧楼建鼓钟，东偏则塔凌霄汉。"

图4-3 大觉寺千佛塔

塔为六角形 7 级砖石结构，高 17.79 米。塔基为方形石砌台座，四面各开一佛龛。基座上建六角形塔身，全系砖砌，由下至上逐层缩小，每层有 6 面，每面均用砖砌成数目不相同的众多小方形佛龛，每一个小佛龛内镶有一块印有释迦牟尼佛像的砖。砖上佛像系模印，佛盘坐莲花座上，头上有佛光。7 层佛龛共计 1613 尊佛，故名"千佛塔"。在塔顶铸 2 只金鸡，当地居民又称其"金鸡塔"。

塔顶上安置金鸡的形制，与南诏、大理国时期的古塔相似。此塔造型别致，构思精巧，在云南古塔中仅此一例。

妙湛寺金刚塔

妙湛寺金刚塔位于昆明市郊官渡区螺峰村，原先是妙湛寺的附属建筑，又称"官渡金刚塔"。寺建于元代泰定四年（1327 年）。根据《新建妙湛寺石塔记》记载，在"寺之前开地复造浮图一规"，即金刚塔，至天顺二年（1458 年）完工。清代时因地震，妙湛寺金刚塔曾坍塌大半，后来重修过一次，直到 1982 年又再次重修。

图 4-4 妙湛寺金刚塔上层的大塔与小塔

妙湛寺金刚塔是云南现存的唯一一座金刚宝座塔。金刚宝座塔是佛教密宗塔，其外形特征是在一座塔的基座四角建 4 个小塔，中间建 1 座大塔。其内在含义是以五方佛为内容，塔象征须弥山五形，供奉金刚界 5 位主佛，即中为大日如来，东为阿閦佛，西为阿弥陀佛，南为宝生佛，北为不空成就佛。佛塔整体设计是依据佛教密宗金刚界曼荼罗来建造的，是我国典型的金刚宝座塔。这座金刚宝座塔是石塔，全系石料建造，塔基座呈方形，高 4.7 米，边长 10.4 米，座下砌成券洞，四面皆可穿行，民间又称"穿心塔"。主塔高 16.05 米，正方须弥座，边长 5.5 米，高 2.7 米，束腰部分有间柱，塔身桶形，上下粗而中间细，下半部有 7 圈莲瓣如台阶状层层收缩，上半部塔体光滑如覆钵，上大下小，四面开佛龛。塔身之上是方形须弥式塔脖子，上承十三天。塔刹有铜伞盖，下垂铃铎，盖面立 4 尊铜铸天王，上面为石制圆光，四面又有铃铎，刹顶为宝瓶、宝珠。四角之小塔各高 5 米，形制和大塔相同。

这座金刚宝座塔主塔须弥座上的雕刻，以佛教金刚界五佛坐骑为主题，有狮子、象、马、孔雀、金翅鸟等动物形象的雕刻，座角上的力士雕刻得粗犷威猛，肌肉突起，表现其体魄强健、刚强有力的形象，是明代石刻艺术的精品之作。

日本四僧塔

日本四僧塔，又称"日本诗僧塔"，当地俗称"小黑塔"，位于大理州府大理市弘圣寺塔南绿玉溪北涧旁，坐落在大理天龙八部影视城内。塔建于明代洪武年间，由塔基、塔身和塔刹三部分构成。日本四僧塔，为石砌纺锤形塔波式空心石塔，是明代日本 4 位僧人的合葬墓塔。塔形上部鼓圆，下部束收，呈纺锤状，造型如同大姚的白塔。四僧塔坐西朝东，背靠苍山，面对洱海。塔通高 5.3 米，塔身高 2.98 米，基座高 2.4 米。塔身西面留有券形

图 4-5 日本四僧塔

石门，为多次置骨灰之用。塔基座为正六边形双台须弥式座，是大理地区典型的明代僧侣墓塔形制。

据明代李元阳嘉靖《大理府志》记载："日本四僧塔在龙泉峰北涧之上。逯光古、斗南，其二人失其名，皆日本人，元末迁谪大理，皆能诗善书。卒，学佛化去，郡人怜而葬之。"由此可见，这被当地白族群众称为"小黑塔"的古塔，就是"日本诗僧塔"。

宝相寺石塔

宝相寺石塔位于剑川县沙溪镇，建于元末明初，属于宝相寺的一部分，宝相寺曾被誉为"云南悬空寺"。宝相寺由鹤庆知府高伦首倡建造，后历经明朝和清朝，逐渐成为宝相寺佛寺建筑群。宝相寺的主体是一处高上百米、长数百米的断崖，断崖上峭壁嶙峋、险象环生，大大小小的殿宇就修建在悬崖的唇穴中。清代剑川知州高为阜为宝相寺撰写的对联非常形象地说明了宝相寺的

图 4-6 宝相寺石塔

风貌："飞崖万丈俯层台，觑灵秀幽奇，谁云宇内无西竺；峭壁千寻攒叠阁，睹郁葱光怪，始信人间有洞天。"宝相寺石塔就建在断崖的顶部。石塔高4米，为方形密檐式石塔，现存4级。塔身第四层四面有佛龛，龛内置石雕佛像。第三层南面壁龛内，嵌一尊石雕观世音菩萨像，北面嵌韦驮像，西面嵌一方石，上刻文字多剥蚀，仅"明嘉靖"等字可辨。

灵宝塔

灵宝塔位于剑川县景风公园内，始建于明代，属景风阁古建筑群的一部分。清乾隆十六年（1751年）剑川地震，塔倒，乾隆四十七年（1782年）重建。石塔为方形9级密檐式空心结构，高15米。基层四面用长条石砌成，为3层踏步式，最下层每面宽4.6米，高16厘米。二层以上为砖砌。第二、三、四各层收进24厘米。其上为须弥式的塔基座，每面宽3.32米，高80厘米，上下雕莲花叶图案。塔腰每面分5格，内雕动物和其他图案，四角作竹节形支柱。塔身最下层高2.7米，宽3.04

图4-7　剑川灵宝塔

米，每层间出檐为7层叠涩结构，雕有缠枝图案。塔的第二层到第九层，逐层收分，四面都有壁龛，龛内雕有天王、金刚、十六应真、天龙八部等高浮雕造像。塔刹为铜质宝顶。

观音寺

观音寺位于四川省新津县永商乡宝桥村与九莲村交界处，始

建于南宋淳熙年间，元末毁于
兵燹，明代曾重建殿宇12重，
明末清初部分建筑遭焚毁，清
康熙、乾隆、道光年间修葺，
成为川西地区著名佛寺之一。
观音寺占地面积39600平方
米，建筑面积1532平方
米，现存有毗卢殿和观音殿。

毗卢殿建于明天顺六年
（1462年），为单檐歇山式，
脊饰鸱吻，面阔三间10.72
米，檐下作五踩重翘斗拱，斗

图4-8 观音寺南海观音像

拱梁枋皆有彩画。殿内正中供释迦牟尼三身像，左右二壁和背壁
共有彩绘壁画7铺，面积约100平方米，据画上的题记可知此画
完成于明成化四年（1468年）。观音殿建于明成化四年，单檐歇
山式，面阔五间，此殿以精美的观音大士及罗汉塑像群而著名。
殿内塑像于成化十一年至十八年（1475—1482年）完成。石砌台
基上为观音乘独角兽像，两旁文殊、普贤结跏趺坐于莲台上，像
均高约6米，头戴宝冠，丰腴匀称。飘海观音塑像，位于殿正中
三大士塑像之背壁后面，是观音寺最精美的塑像。飘海观音像
高2.48米，悬塑在2米多高的空中，由脚下踏着的鳌鱼与后壁
相连，观音手持净瓶，立于鳌头，置身于波涛汹涌的南海之中，
神态沉毅，衣带飘举，静中有动。殿内左右两侧另有46尊罗汉
塑像。

真武山古建筑群

真武山古建筑群位于四川省宜宾市城北1千米的真武山上，
始建于明万历二年（1574年），后经清乾隆、道光年间大规模

扩建、重修，至清代中叶已初具规模。真武山为四川南宗教名山。它是以明清道教宫观为主，佛教殿堂为辅，集楼、殿、坊、桥、池、洞、台于一身，融道、释、儒三教文化为一体的大型建筑群。

真武山古建筑群依山势而建，建筑面积约 4000 平方米。沿纵轴线依次为望江楼、祖师殿、玄祖殿和无量殿，左侧为地姆宫，右侧为斗姆宫、三府宫、文昌宫等，另有谒仙桥、放生池、杨仙洞和郁姑台。

图 4-9 真武殿

其中明代的玄祖殿是真武山古建筑群中的主体建筑，为抬梁式结构，重檐歇山顶，面阔三间 12.6 米、进深三间 12.1 米，通高 9 米，覆盆式柱础，四角柱侧脚明显。当心间藻井绘八卦图案，上下檐施斗拱，均六铺作出三抄，斗拱占柱高 1/4。真武山古建筑群规模宏大，保存完整，是一组文化内涵丰富的明清建筑实例。

平襄楼

平襄楼位于四川省芦山县芦阳镇南街汉姜侯祠内，始建于北

图 4-10 平襄楼大殿内明代雕塑

宋，是为纪念三国时期蜀国镇西大将军平襄侯姜维而建造。祠内现存有牌坊、姜公庙大殿、平襄楼。平襄楼坐北朝南，占地面积202平方米，通高14米。建筑为五开间，三重檐歇山顶，施五铺作斗拱。平襄楼虽经历代维修，但仍保持宋元时期的建筑风格。

平襄楼整体布局合理，气势宏大，主体建筑保存完整，仍保持一定的宋元建筑风格和地方特色，对研究古代南方丝绸之路上的建筑艺术有很高的价值。

旋螺殿

旋螺殿位于四川省宜宾市翠屏区李庄镇石牛山，因其殿内藻井形如旋螺而得名。殿内曾祭祀文昌帝君，故又名"文昌宫"。旋螺殿始建于明万历二十四年（1596年）。

该殿坐北朝南，平面呈八边形，直径8.3米，占地面积599平方米。三重

图 4-11 旋螺殿外景

檐八角攒尖布瓦顶，内分 2 层，通高 12.5 米。下层共置 8 根石质檐柱，殿内 4 根金柱直通顶部，金柱间施抬梁 2 层，构成大殿骨架。中下层外檐施五踩斗拱，上层施七踩斗拱，上层角科与平身科之斜拱，各向后展延六挑，构成藻井。旋螺殿内的梁柱结构巧妙独特，在南方丝绸之路上独具一格。

德丰寺

德丰寺位于姚安县城内，始建于明永乐二年（1404 年），于嘉靖时期重修。这组古建筑群由山门、前堂、二堂、正殿、两厢、两耳及地藏寺组成。正殿面阔五间，进深四间，单檐歇山顶。梁柱结构为抬梁式，全用木叠，无钉楔痕迹。斗拱位于立柱与横柱交接处，功能为增强荷载力和加远出檐，既实用又美观，具有中国传统的建筑风格。殿门由 18 扇木雕门组成，上刻山水人物，形象生动，是古代雕刻佳作。

殿内供奉明代金身释迦牟尼佛铜像 1 尊，高达 2 米，并置放清代康熙年间的姚州府彝族土司同知高𡐤映铜睡像 1 尊。这尊自铸睡像与真人大小相近，头枕葫芦，形神逼真，铸造工艺十分精致传神。葫芦和右膝上铸有铭文。葫芦枕上的铭文为："有酒不醉，醉其太和，有饭不饱，饱德潜阿。眉上不挂一丝丝愁恼，心中无半点点烦嚣。只有一味地黑甜，睡到天荒地老。"右膝上的铭文为："屈子曰'众皆醉，我独醒'，夫夫人也而反是。不中山之醉，醉则千千日。不靡盬乎王事，不劳困其肌骨。胸中贮有烟霞，一睡乃逾三万六千日。"这尊铜像远近闻名，影响颇大，艺术性也很高。德丰寺正殿是现存较完整的明代建筑，在南方丝绸之路云南段的古建筑中占有重要地位。

法藏寺

法藏寺位于大理市凤仪镇北汤天村，建于明洪武二十五年（1392 年）。大殿内《赵州南山大法藏寺碑》载："洪武二十五年，命工起建兹藏殿，以经置之。"法藏寺为世袭董姓阿叱力家的佛堂，是明代以来白族私人家坛中规模最大的一座。法藏寺大殿为单檐歇山顶，面阔五间16米，进深三

图4-12 法藏寺内景

间10米，斗拱为雕花卷草纹。大门上方悬挂《法藏寺》匾额，接着有过厅兼戏台3间，南厢房3间，北厢房2间。

明永乐十九年（1421年），董贤入京，应成祖朱棣之命，在宫廷启坛作法，成祖有感，封为国师，因此法藏寺又名"国师府"。法藏寺左侧建有董氏家祠，是清代中期建筑物。家祠大殿为悬山顶式，大殿内立石碑9块（现存6块），碑文记述了自大理国段思平封董迦罗为国师至清光绪十八年的董氏42代家谱。

1956年，在寺内大柜中发现南诏至元明时期的写经和刻经3000余册，被史学界形容为"如敦煌藏经洞般的发现"。这批珍贵的经书为南诏、大理国时期云南滇密佛教的研究提供了不可或缺的资料，成为打开滇密阿叱力教大门的一把钥匙。

兴教寺

兴教寺位于剑川县沙溪镇寺登街，建于明永乐十三年（1415年）。建筑格局保存基本完好，现存建筑有正殿、二殿、古戏台，是研究南方丝绸之路大理地区白族古建筑的珍贵实物资料。

正殿，又名"大雄宝殿"，俗称"万佛殿"，重檐歇山九脊顶，下檐庑为回廊，斗拱粗犷，屏面刻简单的如意图案。殿内原塑有五佛，梁柱间置众多木雕佛像，回廊上部及南北墙外绘有精致的

图 4-13 兴教寺外景

壁画。二殿，古称"天王殿"，悬山五脊顶，明间和次间皆有殿柱，两梢间的左右列山柱，每列计 11 根，整个殿柱共 6 根。斗拱为一斗三升，古朴大方。

金光寺

金光寺位于永平县厂街乡木莲花山（原名"宝台山"），始建于明崇祯元年（1628 年），清康熙二十五年（1686 年）重修。

全寺面积约 6450 平方米，由大殿、偏殿、藏经楼、万佛堂、钟楼、鼓楼、前殿、僧舍等组成。大殿单檐歇山顶，通面阔 21 米，进深 16 米。

金光寺藏经丰富，中华人民共和国成立后曾清点出藏经 3616 部 8641 卷，现存 42 部 520 卷。现存立体雕花门 7 套共 42 扇，工艺精美，是难得的艺术珍品。

图 4-14 金光寺山门

建水文庙

建水文庙位于建水县城文庙北街，是云南文庙中规模最大、保存最完整的文庙建筑群。建水文庙始建于元代泰定二年（1325年），现存文庙是明、清两代按当时全国统一的布局规划扩建而成的大型建筑群。文庙占地共 114 亩，共有三进院落，主要建筑由 1 殿、2 庑、2 堂、2 阁、2 门、3 祠、8 坊构成。平面布局采用我国古建传统的对称庭院布局，即在中轴线上安置主要建筑，再在其左右两侧对称安置次要建筑，这样使建筑群主次分明、布局严谨。

文庙前门为一木枋建筑，内有椭圆形水池，名"学海"，水面约 20 亩，池中有小岛，岛上建亭。水池后通立 2 座石坊，一曰"礼门"，一曰"义路"。正中巍峨的牌坊上题"洙泗渊源"4 字，并悬"文庙"横匾。入内即进入庙内第一进院，内置 4 坊和碑刻数十通。再往里走，入棂星门进入第二进院落，院内建文昌阁、魁

图 4-15 建水文庙"洙泗渊源"牌坊

星阁及名宦和乡贤 2 祠。入大成门是文庙第三进院落，两侧是东西两院，正中是大成殿。

　　大成殿是文庙的核心建筑，始建于元泰定二年（1325 年），这是专门供奉孔子牌位的建筑，明嘉靖年间改名为"先师庙"。大成殿建筑为单檐歇山式琉璃瓦顶，抬梁式屋架，高 16 米，面阔五间，宽 22.55 米，进深三间，13.9 米。整座大殿由 28 根大柱支撑，其中 22 根青石柱每根高约 5 米，用整石制成。前檐下的两根石柱上雕刻了巨龙抱柱，飞龙盘绕于彩云间，蜿蜒而上，神态雄伟矫健。檐下施单翘双下昂斗拱，斗拱配置明间 4 朵、次间 3 朵、梢间 1 朵、柱头各 1 朵。大殿正面装木雕格扇门 22 道，雕刻龙、凤、犀牛、麒麟、象、鹤、鹿、猴等飞禽走兽，形态各异，雕镂细腻。在大成殿脊檩上有"大明弘治捌年岁次乙卯玖月贰拾陆日重建"题记，确切证明现存大成殿是公元 1495 年重修。

　　文庙还建有供奉孔夫子考妣牌位的"崇圣祠"，为单殿、歇山顶，面阔五间，进深三间。祠两旁还有"明伦堂""二贤祠""仓圣祠"等附属建筑物。

殿后立有元、明、清时期石碑，记载历代祭孔盛况，以元代"圣旨碑"时代最早。历代祭孔，于农历八月二十七孔圣诞辰日，依《周礼》，由当地最高行政长官率众祭礼。殿前祭坛铺设十多块长方形石板，供主祭官和陪祭官依官阶大小，顺序排列于石板上行礼如仪。建水文庙是云南古代建筑的珍宝。

三、壁画

观音洞壁画

观音洞壁画位于晋宁区上蒜镇南面 3 千米处的观音山上，在山麓往上 100 米处的石灰岩溶洞即是观音洞。洞口宽约 5 米，高约 4 米。绘制壁画时，先用白灰打底，再勾线条、填颜色。洞内壁画因势利导，大小不一，纵横交错，布满洞壁，分 7 层绘有 200 余幅。在观音洞岩画中有"宣光岁次甲寅……云南等处……焚香到此"的纪年题记。宣光是北元年号，此时中原内地已是明洪武七年（1374年），由此推断观音洞岩画始于元代，之后明清两朝不断有人增绘。

图 4-16 壁画中的大黑天神像

壁画内容中一部分是藏传佛教，主体基调仍然是滇密宗教思想，如对大日如来、大黑天神、毗沙门天王的偏爱等。造像组合，与洱海地区都有相似的个性和地方民族特色。

大黑天神。壁画中的大黑天神与滇密造像极其相似，一首二臂三眼，一手持三叉戟旌旗，一手平举梵鼓。天神头戴骷髅冠，冠上有两蛇，蛇尾外展上翘，蛇横穿人头为项链，身上斜挂骷髅一串，毒蛇串贯，手脚均以蛇为镯钏，体色青黑，虎皮为裙。

金刚力士。形貌为梵相，深目高鼻，上身裸露，身体向右倾，两手作金刚拳，左手上举，右手于胸前，肌筋暴隆，强悍有力。此金刚力士造像的动态及线条处理与张胜温《梵像卷》中的力士很相似。

佛像。岩画中此尊佛像的题识模糊、佛号不明，画面下部已残，仍能辨认出结跏趺坐，右手持钵于腹前，左手作说法印。

大悲观音。一首二臂，趺坐莲台，体态微呈"8"字形，肩平腰细，面容神情接近生活化，具有浓郁的滇密观音造像特征。

图4-17 三佛像

毗沙门天王。即北方多闻天王，身着甲胄，游戏坐，一手持戟，一手托塔，塔形与剑川石窟、《梵像卷》及大理地区的毗沙门天王等造像中的塔形非常统一。滇密艺术造像经常将大黑天神和毗沙门天王作为左右护法神同台亮相，这里的两尊天神一坐一站，艺术风格上也有不同时代的区别。

三佛。三尊佛旁都有题识，中间一尊为大日遍照佛，左右两尊皆为南无阿弥陀佛。中间主尊作降魔印，左右两尊皆作禅定印。此三佛图绘画技法纯熟，造型比例适中，线条流畅，色彩典雅。有一点较为独特，大日如来身旁同时出现两尊阿弥陀佛的现象，在佛教艺术中实为少见。

罗汉。画法稚拙粗糙，色彩浓艳，线条生涩。二罗汉旁绘一尊菩萨，题识"圣口菩萨"，画法与罗汉同。

龙蛇图。画在佛像宝座下方，作为环境烘托或故事内容。画中三条都是蛇，正中一条正对观众，绘画处理上有一定难度。蛇首的特征结构不易把握，下意识的变形留下了民间绘画的视觉意趣，让后人以龙称之。

密里瓦巴。画中这位头发低平、面相扁圆、双目圆瞪、高鼻小口的"神者"，有人论证为"巫师"，也有人认为是阿吒力的"灌顶师"，李昆声教授考证为藏传佛教的"密里瓦巴"，即印度著名的84位大成就者之一的费卢波，其身旁的两人为卖酒女。画中主角，上身裸露，着短裙，戴臂钏，手脚都戴镯，璎珞耳坠，金光灿烂。密里瓦巴呈游戏坐于虎背，虎处理成平面，虎头五官及虎身中轴对称，虎身下只画两足。密里瓦巴一手托钵盂，一手上指。前方画二侍女，其中一人有头光，上身袒露，着横纹裙、跣足、戴足钏，双手向前托盘，盘中似有一钵盂，另一人一手提壶，一手举至头顶（屈肘）。

图4-18 藏传佛教中的密里瓦巴像

画中三人有一个共同点，胸前都有一条光滑细长的项链，从颈部一直垂到腹部，与岩画中白、绿度母相似。密里瓦巴腰际系带，带从右脚前绕过拴在一颗钉在虎头上的"钉子"上。带子的作用似乎是为了扶助主体身体，保持重心平衡。由此推测，密里瓦巴身下的老虎并非坐骑，很可能是一张虎皮。

度母。藏传佛教认为，度母是从观音菩萨眼泪化生而成，属观音化身像。度母有二十一色身，其中最受尊崇的是白度母和绿度母。藏地白度母造像，双手双足上各生一眼，额上也生一眼，又有"七眼女"之称。绿度母能除8种灾难，又称"八难度母"。

度母皆为女性，故亦称"女性尊"。画中的两位度母，从造型、服饰、背光的形制到局部的花纹都有藏传风格。如果将岩画与藏地度母做深入的比较，两者之间仍有许多不同之处。藏传佛教的度母，胸前为一短一长的两圈项链，项链上都有精美的花瓣或珠宝装饰，装饰品都点缀于项链中间部位及下垂的顶端，岩画中度母身上的项链较为简朴，只是一条光滑的装饰条。藏地度母皆为女性，胸部双乳圆润饱满，藏传佛教中的白度母有七只眼睛，但此壁画中只有两眼。总之，是当地的画工画出了外来的藏地菩萨形象，这种移植必然会走味，这种自觉或不自觉的"失误"产生了二度创作的特殊意韵。度母造像在云南佛教艺术中较为少见，正因为少见，画得特别认真，造型比例、神情动态、运笔设色、布局经营都有条不紊、纯熟自如。

晋宁观音洞元代壁画场面较大，人物众多，气势恢宏。中心为一佛二弟子，以此为轴心，画面向左右及上部层层展开，利用洞壁弧形，围绕中心旋转而上。佛像大体分为 5 层，罗汉、菩萨、佛交错出现，每一尊佛像旁都有直条方框，中间写有题识。远远望去，色彩斑斓，丰富热烈，近看古朴憨厚的民间情趣耐人寻味。壁画中还有南无净土五佛、药师佛、不空成就佛、南无微妙声佛、大悲观世音菩萨、二十八宿及佛塔等画面。无论从宗教还是艺术的角度来看，晋宁观音洞壁画都是南方丝绸之路上不可多得的艺术珍品。

兴教寺壁画

兴教寺壁画位于剑川县沙溪镇兴教寺内。壁画题识中有"大明永乐十五年岁次丁酉夏六月信士杨庆敬绘"和"剑川沙退乡甸头禾村画匠张宝"等字样。兴教寺壁画的作者是一位土生土长的沙溪甸头村的白族画家，壁画制作时间应该在永乐十三年（1415 年）大殿竣工后开始，到永乐十五年（1417 年），花了将近 3 年时间才完成。壁画内容主要有：

释迦牟尼降魔图。壁画在大殿正门门楣上部，框高1.54米，长3.01米，为长方形横构图，保存较完好。画右上角墨书"南无降魔释迦如来会"，边框上墨书"信士杨护妻氏文殊金男杨永杨平"。正中部位的释迦牟尼，结跏趺坐莲花金刚宝座，披金线大红袈裟，腰系裙，垂右手，右臂自然下垂至右膝，左肢屈肘，手掌向上置腹前，像后有头光，身光两圈，身光中用朱红线条画满彩云。须弥座布满图案，座两端二力士金刚上身裸露、跪地、双手捧佛座。佛左右空中绘四大金刚，持国天王手执宝剑，增长天王双手抱琵琶，广目天王一手执蛇，多闻天王执三戟叉。四天王顶盔胄甲，威武雄壮。

四天王像的下部，左右绘各种夜叉鬼魔，鸡头魔手持长槌，鹿头魔双手挥枷械，熊头魔持柄槌，还有马头、猪头、虎头、鬼面等，各执凶器，面目狰狞。魔鬼四周火焰熊熊、灰尘翻滚，进一步渲染了魔鬼的嚣张气焰。魔鬼的视线及手中的凶器皆指向佛陀，都在企图干扰和破坏佛的"悟道圆满"。壁画下部两侧各画一马车，四匹白马跪地。右侧车中画一武士弯弓正向佛陀放箭，身后有二侍女一持箭、一持扇。左侧车中绘一娇艳妇人，作献媚状，身后二侍女，持歪柄华盖，马头后面又画三妇人，手中持镜，正在打扮。

一佛二弟子。壁画位置在殿西墙外壁正中上部，与降魔图正好背靠背，两幅画尺寸也一样。正中绘大日如来，左右为阿难、迦叶两弟子。如来身着金线大红袈裟，祖胸，双手于胸前结印。

图4-19 《释迦牟尼降魔图》

阿难，内穿交领衣，外披袈裟，左手执幅巾，右手持花枝。迦叶，一手执经卷，一手执如意。二尊造像皆结跏趺坐于莲台。二弟子与如来并肩而坐的造像较为少见。画上残留"……赵氏敬绘"等字。

南无西方阿弥陀佛和南无北方不空成就佛。壁画在右山间外壁上部，高 1.54 米，宽 3.01 米。内画佛像 2 尊，两像中间有二题识，左为"南无西方阿弥陀佛"，右为"南无北方不空成就佛"。

罗迦大佛母。壁画在殿南外墙右山间上部，高 1.6 米，宽 1.8 米。佛母 1 尊，头戴宝冠，一首六臂，中间两手于胸前各执 1 枝莲花，莲花上有火焰宝珠，左一手持弓，一手外展作救护印，右一手张弓持箭，一手下垂，似施与愿印。画面左上角残留墨书"口口口罗迦大佛母"数字，右角有"王氏妙姐神识敬绘"榜题。

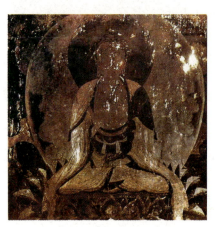

图 4-20 壁画中的不空成就佛

佛母。壁画在殿北外墙上部，画面尺寸与南外墙罗迦佛母相同。佛母 1 尊，戴宝冠，一首六臂，结跏趺坐于莲台，胸前两手，一手执莲花枝，一手一指上指，作水天之印，外有两手，一手托火焰宝珠，一手外展作救护印，其他两手，一手于腹前执箭，一手外展持弓。右上角残存"口口口罗迦大佛母"，左角有"信士段惠妻杨氏弟段义妻杨氏师婢造"墨书榜题。

壁画中出现南北对应的两尊佛母造像，反映出明朝时期滇密阿吒力教仍然兴盛不衰的历史迹象。

炽盛金轮佛。壁画在殿北面明间外墙上部，高 0.6 米，宽 0.8 米。画中一佛像，螺髻高耸，结跏趺坐于莲台，身披金衣，双手于胸前捧一金轮。莲花座左右各绘日、月，日内绘三足金乌，月内绘桂树。殿南面与炽盛金轮佛对称的还有"琉璃光王佛"，南北对称的有"药师佛"和"孔雀明王佛"。

图 4-21 《太子游苑图》

太子游苑图。兴教寺大殿南面外墙分为 3 铺，都有壁画，因画在外墙中间部位，香客游人往来，手能抚摸，下部损毁严重。南面外墙三铺中，中间一铺幸存半幅，俗称《太子游苑图》，高 0.95 米，长 1.7 米。从画的内容分析，该画为佛本生故事，即八相成道之一，描述释迦牟尼在未成佛之前作为太子时的种种特异超凡的表现。画面以连环画形式，在一个平面上展示了跨时空的不同情节，如：太子力能拔山，一手将大象高高举起；太子张弓射箭，一箭能穿十个铜鼓。画中的山岩流水、苍松翠柏、城池楼阁、男女侍从、文武百官，刻画得准确精细，构图主次分明，情节穿插有序、交代清楚，线条工整，造型生动，重彩描金，绮丽辉煌。

丽江壁画

丽江壁画是指分布在丽江市诸多地方的庙堂、佛寺、道观内的明代壁画的总称。壁画的创作年代始于明初而衰于明末。早期壁画地点有崖脚真武祠、白沙琉璃殿、大研镇皈依堂、雪嵩村、雪嵩庵等，依据佛教和道教经典绘制，作风朴实。晚期壁画地点有漾西万德宫、白沙护法

图 4-22 壁画中的金刚护法

图4-23 《道教斗母图》

堂、大宝积宫、大定阁、束河大觉宫、芝山福国寺等，受密教影响，有着浓郁的藏画风格。

琉璃殿壁画。琉璃殿位于白沙村东，与大宝积宫相连。殿系重檐歇山式建筑，上檐之下悬"琉璃宝殿"木榜，左右刻"大明永乐十五年丁酉仲春中顺大夫世袭土官知府木初敬造"题衔。壁画保存情况不佳，主题以佛教药师经为依据绘成，残存画面可辨认者有释迦、佛母、观音、文殊、普贤、罗汉、护法等。

大宝积宫位于琉璃殿后，也是重檐歇山式建筑，上檐之下悬"大宝积宫"木榜，左右刻"土官功德主木旺志万历壬午年端阳园满拜书"题识。这里壁画规模最大，保存情况较好，现存12堵，绘孔雀明王法会图、如来说法图、观音普门品故事等，属佛教显宗题材。另有属佛教密宗题材7堵：大宝法王、黄财神、绿度母、降魔祖师、金刚、亥母、百工之神等。还有道教题材壁画2堵：天、地、水三官，文昌、真武、四天君、风雨雷电四神。下面多有藏文名号。

丽江壁画产生的背景是明朝初年，丽江纳西族土酋阿甲阿得归顺朝廷，受封为中顺大夫，并赐姓木，世袭丽江土知府之职。延至明代中期，木氏势力极盛，遂大兴土木，建盖庙堂殿宇，绘制壁画。这也是丽江壁画最辉煌的时期。到清代初期，云南"改土归流"后，木氏地位一落千丈，没有人力财力去大规模营造庙宇，丽江壁画也就衰退了。

丽江壁画是明代不同时期众多绘画匠师集体创作的作品。《丽江府志略》上记载的著名画师有马肖仙，"江南人，工图画。山水臻神品，花卉、人物靡不精妙，识者称为马仙画。西域闻其名，延去数载，后复归丽"。此外，在万德宫碑文中有"画工古宗古昌"。"古宗"是对藏族的称呼，古昌是姓名，由此可知，（藏族）古昌也是主要作者之一。从壁画风格判断，琉璃殿、皈依堂、大觉宫等处壁画是汉、白两族画师的作品。大宝积宫、大定阁壁画则出自汉、藏两族画师之手。福国寺护法堂壁画是藏族画师的作品。总而言之，一大批汉、藏、纳西、白族画师参加了丽江壁画的绘制。因此，丽江壁画又是南方丝绸之路上云南各族人民文化交流和友好团结的见证。

四、瓷窑遗址

玉溪窑遗址

窑址位于玉溪市东南方向 2 千米的瓦窑村附近。这里先后发现 3 座窑址，一座在村东，当地群众称之为"平窑"，另两座在村南，一座为"上窑"，被现代窑压住大部分窑址，另一座为"古窑"，在囡囡山山脚，上面压有山上滚下的石子泥土。这三座窑的瓷片、窑具形制完全一样。① 玉溪窑始烧于元末，所出土的瓷片、残器以及传世瓷器多为元明时期的产物。

从残瓷器的胎土、花纹、色釉、器形观察，可分两种。一种胎土紧密，深灰色，均青釉，有深浅二色，深者近于豆青，浅者近于影青而略发黄。豆青釉润泽，影青釉稍差一些，可能与施釉厚薄有关系。有开片，花纹主要是印花和划花。印花的花纹有简单的和较复杂的月季、茶花、缠枝等，多属影青釉器；划花多是

---

① 葛继芳：《云南玉溪发现古瓷窑址》，《考古》1982 年第 2 期。

几束小花草、几笔云纹和水波纹，线条较活泼，也有不少瓷器上不施花纹。器形有圈足的碗、盘、杯和平足的碟子之类，也有口作葵瓣形的。窑具有渣饼和支钉，曾发现一陶缸，缸底部满是瓷器的残足，由此推想，烧造时是将所烧瓷器先置于大陶缸内，再送入窑内烧成。另一种胎土与前者一样，深灰色，但土质稀松，釉色灰青。

图 4-24 玉溪窑窑址出土的青花瓷片

对这两种不同瓷质比较可看出：前者实际是半陶半瓷质的器皿，其胎土、器形、花纹、色釉要老练细致得多，在色釉花纹的某些方面类似越窑的风格，也近似于东南沿海地区的青瓷器。这种瓷片埋得较深，时代可能早到宋代。后者制作粗糙，时代稍晚。

这三座窑址发现后，经制陶厂老工人介绍，当地因有质地好的胎土，历代都开窑烧瓷，据说最开始是用泥条垒筑法，后来才从四川传入了轮制法。玉溪窑的发现为南方丝绸之路文化交流提供了一个很有力的证据，同时也为研究云南陶瓷的烧造历史增加了不少资料。

建水窑遗址

建水窑位于建水县北郊距县城 1.5 千米的碗窑村背后。20 世纪 80 年代，经文物考古部门初步考察后，发现该处遗存元末明初龙窑 5 座，依山傍水，利用自然坡度建窑，窑头朝南，窑尾向北，倾斜度在 12 ~ 13 度。从断层观察，窑墙和拱顶都用耐火砖砌成，其烧制方法是先在窑底铺一层细沙，稍大的器物采用垫饼、支托或支钉叠烧，小件器物使用匣钵装烧。有的瓷器釉面有窑沙和烟熏的痕迹。[①]在龙窑旁边的瓷片堆积层中，发现有带"万"字款的碗底瓷片。根据考古专家在村中的调查，"万"字系元末明初交替之际落籍碗窑村的江西籍窑工姓氏。

建水窑以烧造小件民用瓷器为主，常见的有碗、盘、壶、碟、杯、盏、瓶之类。烧造大件器物已是明末清初的事。建水窑青花瓷器的胎色多数呈灰白色，少数呈青灰色，皆施青釉。建水窑瓷器釉面光滑，玻璃质感强，对胎与釉的膨胀系数掌握不够好，部分瓷器釉面出现细碎的冰裂纹。釉色青中泛灰，灰中闪绿、闪蓝或闪黄，这都是釉灰施得太多所致。

建水窑是继玉溪窑之后新发现的元末明初烧造青花瓷器的古窑址。其创烧时期早于玉溪窑，上限可追溯到元至正早期，下限当不晚于清初，造型和装饰风格以及烧制工艺与玉溪窑有许多相似之处。元末时期建水窑瓷器的造型特征是圈足实心（俗称"饼形足"），或圈足底心有乳突点（俗称"鸡心点"），胎体厚重，碗盘内心有6～7粒支钉痕，瓶和壶的明显特征是：器形圆浑厚重，鼓腹小满，颈直，接近口部呈喇叭状，颈部用泥条盘筑法塑成形后再与壶身连接，然后用轮盘修整，接痕有明显凹凸感，坯面粗糙，外壁施釉不及底，有淋釉现象，底足有旋坯纹，纹饰层次丰富，青花图案极为粗率豪放，青花色调中凝结黑褐色结晶斑。进入明洪武时期，

图 4-25 建水窑的瓷片堆积层

---

① 苏伏涛：《建水青花瓷器概述》，《云南文物》1978 年第 6 期。

瓷器造型吸收了内地的制作工艺，胎体较元朝时期减薄，碗心有支钉或垫圈痕迹。

建水窑青花瓷器的装饰风格符合我国传统的审美情趣，采用传统的牡丹花、菊花、古松、芭蕉、竹石、游鱼、山水、亭阁以及太极、杂宝等作为装饰图案。目前在建水窑瓷片中未见绘制人物、龙凤和禽兽的图案纹饰。另外建水窑所产珠明料略有晕散现象，也不适宜绘制人物。建水窑工绘瓷时常运用变形夸张的手法，并注重对称形式和均衡感，使主体形象突出大写意画法，类似南宋梁楷的"减笔"法，构图不拘泥成法，笔墨精练，运笔潇洒豪放。

禄丰窑遗址

禄丰窑目前发现 2 处，分别位于禄丰市白龙井村和罗川镇的瓦窑村。在两座窑址的调查中，考古专家采集了一些标本，通过观察和对比认为，两窑的烧造年代都属于元末明初。[①]

其中白龙井窑的上限应为元代晚期，以烧制盘碗类器物为主。其中盘的造型更具备了元代器物的造型特征，如敞口小圈足、折沿、胎体厚重等。最突出的一点是足底内心的乳钉和同心圆，经比对后认为，乳钉越明显，时代越早。白龙井窑烧制器物的瓷土为就地所采的白色胶泥，而且淘泥也极为简单。从出土的标本断面观察，胎质粗糙，在一些瓷片的断面上可见到较多的碎沙石，同时还有胎体分层的情况。器物表面也不注重修胎，成品的表面很不光滑。胎色以青灰为主，此外还有灰白、灰黄等。釉色为青釉，除青釉外，见有少量的灰黄釉和酱褐色釉。白龙井窑的主要装饰品种为青釉釉下青花，青花呈蓝色、蓝黑色、暗蓝色等色调。所绘图案大多是植物，有菊花、蕉叶、花果、小草以及

---

① 李康英：《云南禄丰发现元明瓷窑》，《考古》1989 年第 9 期。

水涡纹等。这些装饰纹样，仅见于碗盘的内心，图案的外面有时绘有两道弦纹，盘的腹部用笔随意点画一条弯曲的粗线条作为装饰。绘画技法均为一笔到头，线条流畅，画风粗犷自然。

罗川窑的堆积层已被破坏，无法根据埋藏的情况来区分时代的早晚，只能从器物的造型和装饰手法及制作工艺上来略加区分。根据数量较多的典型器物来看，将该窑的创烧年代定在元代中晚期。属于元代的器物有小圈足印花盘，其特点是圈足小，足壁厚，足内底无釉，底心有乳钉状突起，盘内心为平底，硬折腰。这种造型，为元代同类器物中所常见的器物之一，加之印花装饰也是元代流行的一种手法，因此，罗川窑青釉器中的折腰盘都应属于元代的产品。此外，仿钧釉器也可视为元代的产品之一。罗川窑出现了仿钧釉，说明在元代内地的工艺及文化对西南边陲有着直接的影响，而罗川窑的仿钧釉与钧釉相比，显得胎质更为粗松，胎色也不同于钧窑的褐紫色或浅灰色，而呈米黄色和青灰色，光泽也不及钧釉好。从这些方面来讲，更说明了二者之间的承袭关系和相互的差别，也体现了元明之际南方丝绸之路上瓷器文明的交流。

属于明初的器物，以青釉器中的撇口碗和钵为代表，除此之外斜削式圈足的青花器也可视为明代的产品。特别是青釉撇口碗，圈足做得很高，从整体来看，显得高矮、大小适度，恰到好处。足墙也比较薄，多数在足根外侧斜削一刀，形成斜坡式足根。足内心较平整，无乳钉状突起，腹壁也较薄，给人一种端庄秀雅的感觉。这些特点与明代的瓷器造型风格有很多相似之处。

图 4-26 明代禄丰窑青花表面的开片

禄丰窑的青花瓷器，和玉溪窑、建水窑一样，均为青釉釉下青花，具有明显的地方特色，都可归入云南青花的体系。由于所用原料和工艺基本相同，故其特征不太明显，因此也很难将各地的青釉青花瓷器进行明显区分。总之，禄丰窑与云南其他窑口所烧制的瓷器一样，是古代南方丝绸之路上的重要贸易商品，极具云南地方特色。

五、墓葬

石城山崖墓群

石城山崖墓群位于四川省宜宾市石城山周围的双龙、横江、复龙3镇境内，共177座墓，为宋至明代僰僚民族的墓葬。崖墓分布在5个较为集中的墓区，即天堂沟墓区、三十六臂山墓区、北斗岩墓区、雷打石墓区和黑石头墓区。

天堂沟墓区位于双龙镇五星村，有44座墓，其中天堂沟23座，石盘上21座。三十六臂山墓区位于复龙镇春天村、犀牛村，有55座墓，其中老鹰嘴18座，二岩头3座，观音岩7座，箱子石22座，犀牛石5座。北斗岩墓区位于横江镇北斗村北斗岩石壁上，有5座墓。[1]雷打石墓区位于双龙镇水井村螃蟹石和洞子湾，有18座墓。黑石头墓区位于复龙镇义兴、庆高村，有55座墓，分布在黑

图4-27 石城山崖墓外景

---

① 四川省文物管理局：《四川文化遗产》，文物出版社2009年版，第361页。

石头、高洞子、石龙、还路上、石坝子、活石包 6 个地方。

崖墓分别凿造在石城山周围深丘山岩壁和一些独立的大青石上。墓室均为单室，室顶有藻井顶、平顶、拱顶和仿木屋建筑脊梁顶 4 种。

石城山崖墓群是僰僚民族墓葬，为研究南方丝绸之路上僰僚民族的文化、生活习俗、葬制等提供了重要的实物资料。

明蜀王陵

明蜀王陵位于四川省成都市龙泉驿区十陵镇。明蜀王陵墓群为明代蜀藩王王室成员墓，因其包括第三代蜀王朱友堉陵以及明代蜀王、王妃、郡王、郡王妃等 10 座陵墓，故称"十陵"。[1]

其中，明蜀僖王陵是保存较好的一座墓，为明代帝王陵中最为精美的地下宫殿之一。其平面为长方形，进深 28 米，墓位于地表下 9 米。墓室为三重院布局，墓门前建八字墙，由外至内依次为大门、前室、

图 4-28 明蜀僖王陵出土的陶俑

中室、后室、棺室，前、中、后室均有厢房，棺室有耳室。墓室地面用石板铺砌，琉璃瓦屋面，门、窗、栏杆等皆用石仿木作镂空，为一组完整的仿宫殿式建筑。

明蜀僖王陵的仿木建筑结构和各种门窗雕饰图案，对研究明代前期亲王府建筑具有极高的科学价值。其出土的大量兵马仪仗俑等为研究明代四川地区的政治、军事、衣冠、礼仪制度提供了重要依据。

① 四川省文物管理局：《四川文化遗产》，文物出版社 2009 年版，第 334 页。

朱悦爌墓

朱悦爌墓位于四川省成都市金牛区凤凰山南麓。朱悦爌（1388—1409年），明太祖朱元璋第十一子蜀献王朱椿之长子，谥号"悼庄世子"。

图 4-29　朱悦爌墓中庭

该墓由 3 个砖筑的纵列式筒拱券组成。墓室大门外是石砌金刚墙，其外是宽约 6 米的斜坡墓道。墓室拟王府规制，分为前庭、正庭、中庭、圜殿和后殿，规模巨大。出土各类器物共计 550 余件，有陶器、铁器、玉器、漆木器、铜器等，其中以 500 余件陶俑为主。朱悦爌墓墓室结构、建筑规模既与其同时期的蜀王陵有相似之处，又有自身的特色，是四川明代蜀王陵研究的重要组成部分。①

赛典赤·赡思丁墓

赛典赤·赡思丁（1211—1279年），回族人，元朝初年至元十一年（1274年）任"云南行中书省平章政事"。在职五年期间，他进行了地方行政改革，提倡发展生产，鼓励屯垦，减轻赋税徭役，并主持修建了松花坝、金汁河和海口的水利工程。他积极发展工商业和文教事业，兴建文庙，在云南各族人民中传播内地先进文化，促进了云南社会经济、文化的发展，受到人民的敬仰。赛典赤·赡思丁死后，"百姓巷哭"，葬于昆明北郊松花坝，今墓犹存，但无碑石。

为了供人凭吊，清代又在当年通京的古道五里多建了一座赛

① 四川省文物管理局：《四川文化遗产》，文物出版社 2009 年版，第 371 页。

典赤·赡思丁纪念冢，现在昆明市拓东路五里多小学校内。图为1917年重修的长方形石砌高冢。其正面刻"元咸阳王赛典赤·赡思丁墓"字样，左面刻《元史·赛典赤·赡思丁传》，右面刻民国六年（1917年）袁嘉谷撰并书《重修咸阳王陵记》，其上有石刻屋檐盖板。据《重修咸阳王陵记》称：赛典赤"至元十六年（1279年）卒于

图 4-30 赛典赤·赡思丁墓

滇，葬于鄯阐北门"，"而近滇人思慕于王，瞻拜凭眺，往往徘徊陵下不忍去，盖七百年如一日矣。谷常驱车道左，见丰碑窿翠树森森，有屋数椽蔽风雨，麏鼯狐兔之迹，隐见衰草苍烟之中。问之故老，知咸同兵燹之故"。此石刻详述了此墓重修的经过。[1]

韩政夫妇墓

韩政夫妇墓位于大理市大理古城北三月街，为明嘉靖年间汉族官员韩政夫妇的合葬墓。竖穴墓，东西向，长、宽各近2米，内放棺木2具（棺木已朽）。墓圹四周用块石砌筑，壁上敷白灰，厚4厘米，圹底亦用块石填筑，上盖4块青色石板，盖板距地面约1米。在棺木两侧放置陶俑，南侧为女俑，北侧为男俑。俑呈青灰色，上涂白粉，粉上施彩。陶俑共36个，其中牵马人俑4个、武士俑11个、仆役俑9个、女俑12件。

墓中出土墓志2合，大理石质，长、宽各49厘米，厚3～4厘米。韩政墓志1合，盖书颜体阴刻"明进武德将军韩公墓"9

① 李昆声：《云南文物古迹》，云南人民出版社1984年版，第46页。

字，志铭楷书，共 26 行，满行 26 字。韩妻王氏墓志 1 合，盖有凸起的边框，篆书阴刻"大明武毅将军葵轩韩公宜人王氏之墓"16字，志铭楷书，共 18 行，满行 23 字。

据墓志载，韩政始祖韩义，原籍直隶庐州府六安州，明初从戎，以功升大理卫后所副千户，至韩政已承袭 4 代。韩政生于明景泰庚午年（1450 年），卒于正德辛巳年（1521 年），嘉靖癸未年（1523 年）葬于先茔，五月葬今址，寿七十一。

宜人王氏，名秀瀛，先世江西吉水人，祖敬仲，戍大理卫左前所，家于大理。王氏生于正统十四年己巳（1449 年）十月，卒于嘉靖十三年甲午（1534 年）二月，寿八十六，仲夏六日壬申祔葬。[①]

明洪武十四年（1381 年），颍川侯傅友德、永昌侯蓝玉、西平侯沐英奉命率军 30 万人入云南，十五年（1382 年）三月破大理，平定之后，大军即屯云南，大量军官世代驻屯大理地区。这些人死后，大都就地安葬。在葬俗上，多遵祖籍习俗，实行棺葬，随葬大量陶俑冥器这一点就与当地白族盛行火葬不同，属于中原汉族的葬俗。在盛行火葬之风的元明，韩政夫妇墓的发现为南方丝绸之路丧葬文化的多样性提供了研究材料。

火葬墓

云南的火葬习俗，从唐代至明代的史料多有记述。《蛮书》卷八记载："蒙舍及诸乌蛮不墓葬，凡死后三日焚尸，其余灰烬掩以土壤，唯收两耳。"元代李京在《云南志略》中写道："白人有姓氏……人死，浴尸，束缚令坐，棺如方柜，击铜鼓送丧，以剪发为孝，哭声如歌而不哀，既焚，盛骨而葬。"到明代，有关云南地区火葬习俗的记载更多，景泰《云南志》《云南图经》、杨德

---

① 杨益清：《大理三月街明韩政夫妇墓》，《云南文物》1986 年第 6 期。

的《弘山集》序都有记载，其中景泰《云南图经》的记载最为详细：
"人死，则置棺于中堂，请阿叱力僧遍咒之，三日焚于野，取其骨贴以金箔，书咒其上，以瓷瓶盛而瘗之。"这说明，从唐宋至明代，火葬一直是云南地区的主要丧葬形式。

云南的考古发现也证明，火葬习俗在云南广泛存在。火葬墓在云南的分布点多而广，滇西以大理、巍山、剑川、腾冲、云龙为集中，滇东北的曲靖地区也较普遍，滇中宜良、富民、官渡、呈贡亦较多，滇东南则以建水、石屏等地较为集中。近年来做过发掘的以曲靖珠街八塔台、宜良孙家山、泸西和尚塔、建水苏家坡最具代表性。云南地区的火葬墓群一般面积较大，分布较密集，往往有复杂的叠压打破关系，年代跨度也较大，如曲靖珠街八塔台墓群，从南诏、大理国到明代中晚期都有分布。可以推断，当时各地可能都有固定的火葬墓区。建水苏家坡火葬墓群分布面积近10万平方米，整个山丘都有分布，且排列十分密集，在坡顶还发现几处炭灰堆积，范围近10平方米，最厚堆积层达1米多，且夹有白色的细碎骨灰，说明这里曾为专门的墓葬地区，且是焚化尸骨的现场，焚化完毕后就地盛骨掩埋。

从南诏、大理国时期到明代中晚期，云南各地发现的火葬墓，尽管年代不一、地域不同，但都具有一些共性：其一，对骨骼的处理，使用套罐为葬具。将烧化后的大块骨骼放在内罐里，将较细碎的放在外罐内，多数内罐的大块骨骼，如肢骨、头骨一类，还用朱砂书写梵文，少部分贴有金箔。这一现象和史料记载是相符的，明景泰《云南志·楚雄府镇南州风俗》曰："境内白人，人死则置于堂中，请阿叱力僧咒之，三日焚于野，取其骨贴以金箔，书咒其上，以瓶盛而葬之。"其二，随葬品方面也有共同点。火葬墓的随葬品一般较少，常见为贝币若干枚、料珠数颗。此外，常见小件铜器或铁器，小件铜器有耳环、戒指、手镯或铜片，小件铁器为小剪刀、铁片等，少部分有铜钱、铜镜等。这些几乎是所有火葬墓的共同特征。①

由于历史的变迁，火葬墓地原来的地表情况多不可考。但大理、腾冲、云龙、禄丰等地的火葬墓，均发现有石质墓幢和墓志。禄丰黑井的火葬墓地，元代多使用墓志，部分明墓竖有墓幢。墓幢一般雕刻有纹饰及死者姓名、立幢年月。墓志，从元到明都有发现，一般为长方形，碑额刻有佛像，通体刻有图案和铭文，正面用汉文刻写亡人姓名和立碑日期，背面则刻写梵文。火葬墓多数使用陶、瓷器作葬具，巍山地区发现铜质火葬罐，其年代可能稍早些。少部分墓葬未使用器具，直接挖坑掩埋。

图 4-31 火葬墓的发掘现场

火葬墓是云南丧葬习俗的典型代表，火葬制度由来已久，一是受到佛教思想的影响，二是受到印度以及东南亚的影响。云南地区的火葬墓正是南方丝绸之路上中外文明交往的重要见证。

① 朱云生、李云华：《云南火葬墓综述》，《云南文物》2001 年第 1 期。

第二节

匠心独具——元明时期南方丝绸之路沿线的重要文物与对外交流

一、碑刻与墓志

元世祖平云南碑

　　此碑位于大理古城西门外三月街址。碑额阳面正中刻"世祖皇帝平云南碑"8 字。碑身由上下两石组成，上石高 150 厘米，下石高 163 厘米，均宽 220 厘米，厚 45 厘米。直行楷书，上石 30 行，行 20 字，下石 28 行，行 2～25 字。下石首行为撰书者题名。碑额为大理石，碑身石质为粗面岩。额背面浮雕一铺三世佛，刻工亦精良，疑为以大理国时的碑额改建而成，由程文海撰文。末行题"元宪二年仲春月黄道之吉"一行 11 字。查元代无此年号，有人考证立碑年代为元成宗大德

图 4-32 元世祖平云南碑

年间。《张长老墓碑》载有"皇庆元年春,中奉大夫肃政访使玄庭张子元临按大理……夏四月,敬奉命口充平云南碑长老,复蒙云省札,榜谕提调碑殿……云南碑殿长老"等残文,据此可考证此碑应立于元皇庆元年或二年(1312年或1313年)。[①] 碑文记述了忽必烈平云南的经过,采取的军事、政治方略及元初在云南建置的情况,是研究元代云南历史的重要材料。

赵州南山大法藏寺碑

碑存于大理市凤仪镇北汤天村法藏寺大殿北侧。明永乐十九年(1421年)立。碑为大理石质,通高122.5厘米,额半圆形,高39.5厘米,宽69厘米。正中方框内刻"法藏寺铭"4字。额左右刻有后人施舍常住田记,右侧为隆庆二年(1568年)题记,左侧为万历十一年(1583年)题记。碑两面刻文,直行楷书,各有文22行。钦取赐红阿拶哩不动辢麻董贤撰文,云南府昆明县钦取赐红阿拶哩古初李一书丹。

碑文叙述了修建法藏寺的经过:元代时所藏经书"置于本州大华藏寺",但是在明初,被傅友德、沐英、蓝玉所率领的军队毁坏,"至大明圣世,洪武壬戌春,天兵入境,经藏毁之"。而以董贤为首的一批高僧大德们做了令人钦佩的抢救性工作:"余等佥岁之中,救得二千许卷,安于石洞。"后来又请得5000余卷经卷合为一藏,"命工起兹藏殿,以经置之正殿中"。碑文记载了所雕刻的佛、菩萨、天王像等。这些是研究明代滇密的重要资料。碑文还详实地记载了永乐十八年(1420年)大理白族著名的密僧大阿吒力董贤应大明皇帝明成祖朱棣之召,入京城,在宫内筑坛作"七日大法"受皇帝封赏并赐以国师的经过。赵州南山大法藏寺碑是云南地区滇密中的重要碑刻,是滇密式微之时云南与中原在

南方丝绸之路研究丛书

文物考古卷

---

① 段金录、张锡禄:《大理历代名碑》,云南民族出版社2000年版,第53页。

宗教上往来的见证。

山花碑

全称为"词记山花·咏苍洱境碑"。此碑原立于大理市喜洲镇庆洞村圣元寺南面观音阁内，现存大理市博物馆碑林，碑文刻于《重理圣元西山碑记》的碑阴之上。碑高 120 厘米，宽 55 厘米。直行楷书，文 14 行。明景泰元年（1450 年）刻，杨黼作。碑文是白文诗碑，是用 10 首山花体，即三七一五体组成。全诗 520 字。碑文汉字运用白族语音朗读，按白族语音押韵，十分和谐。

杨黼是明代大理白族的名士，约生于明洪武初年，卒于景泰年间，终年八十余岁，世居大理喜洲下阳溪，自号"存诚道人"，别名"桂楼"，人称之为"桂楼先生"。他的祖辈在大理国、元代都做过大官。"传自连，膺显摧。连生祐，祐生甫，俱有潜德。甫生智，元末授元帅。智生保，辟为书史，乳养妹之子黼，以承宗祀，尤为时所推重。"

在碑文里，他热情地赞美了大理风光，南面的下关与北边的上关像一对金锁扼住了进出的两道雄关。苍山十八溪水、如镜的坪海、成百上千的寺院、高耸入云的三塔、壮观的五华楼、神奇的凤羽

图 4-33 山花碑拓片

鸟吊山、夏天的玉带云、春天的锦溪垂柳、四季的园中花色都是他热情赞美的对象，倾吐了他对苍洱大地的一腔热情。这是本诗中最优秀的部分。他又追忆了祖先的业绩，颂扬了大理国功劳。"钟山川俊秀贤才，涵乾坤灵胎圣种"，是"地灵人杰"，才创造了苍洱的胜境。大理国的官吏们"慈悲治理众人民，才等周文

武"。杨氏家族的人是"盛国家覆世功名，食朝廷尊贵爵禄"的显赫人物。最后一部分表现了作者的怀才不遇，崇释学儒，"三教经书接推习"，人生一世是以空对空的悲观思想。

《大明故昭毅将军上轻车都尉守备大理卫指挥使鲍公讳杰墓碑铭》

碑原立于大理市海东乡塔村鲍氏墓前，现移存于大理市博物馆碑林。碑已断为两截，全碑高225厘米，宽94厘米，厚15厘米。碑文为直行楷书，32行。明正德六年（1511年）鲍汉等立。碑文提供了明代中原汉族人民移居云南大理的有关资料，为典型的汉式墓碑。现鲍氏后裔居大理、鹤庆等地者，主要为汉族，极少数融合到白、藏、纳西等民族中。这块碑反映了明代南方丝绸之路上军事、文化以及民族融合的事迹。

二、云南青花瓷器

元明时期，云南成了仅次于江西景德镇的第二瓷都。[①]由于两地不同的文化背景和自然资源，形成了两种相互对峙的艺术风格，云南更以浓郁的地方民族特色取胜。此时期的瓷器，主要以青花瓷为代表。

云南青花瓷有五大特点：一是器物一般为砂底无釉，胎内灰黄色。二是除大罐为浅底宽圈足或平底外，一般器物有圈足或卧足。三是瓷釉显得不够清亮，不是泛青绿，就是泛黄。四是烧成的青花呈现铁灰色，成为名副其实的"青花"。与浙江的青花器呈现暗蓝色、江西景德镇青花器呈现天蓝色不同，一眼望去，即知是云南的产品。五是元代青花器上花纹密而繁多，题材以缠枝

① 李昆声：《云南艺术史》，云南教育出版社1995年版，第297页。

花、牡丹、龙凤、鱼藻、瑞兽、海涛及杂宝图案为主。明代青花器花纹疏朗，折枝花卉最富特色。

青花瓷器的种类有盘、碗、碟、盅、杯、瓶、罐、壶等。

青花瓷盘。有菱口盘和

图 4-34 云南青花罐

圆口盘。元代青花盘心和内壁的装饰图案有莲花瓣、蕉叶、牡丹、双鱼、鱼藻、蝌蚪、翔鹭、狮子滚绣球、水波、云龙、海涛纹等。有的图案特别生动，双鱼游弋水中，两条鱼之间有莲叶或浮萍、水草，把鱼戏水中怡然自得的姿态都呈现在一只小小的盘子里。明代青花盘的盘心和内壁上往往装饰折枝花果、变形蕉叶、菊花、点线纹、龟背纹、猴子等，纹饰没有元代青花盘那么丰富和繁缛。

青花瓷碗。器型有敞口深腹，也有侈口、浅腹、弧腹。元青花碗内外壁均有装饰纹样，图案有开光折枝牡丹，有的窑口牡丹为含苞欲放状，有的窑口牡丹呈怒放状，还有松树、蕉叶、太阳、杂宝、莲花、佛杵、桂鱼等图案，"桂"和"贵"同音，"鱼"和"余"同音，桂鱼青花碗寓"富贵有余"之意。玉溪窑和建水窑还有一种仙山琼阁图案，绘出楼阁在云雾缭绕的山峦中若隐若现，楼阁旁有树在风中婆娑摇曳，颇有几分仙境情趣。明代的青花瓷碗的装饰纹样与同时代的青花盘相同。

青花瓷杯。在禄丰元代墓葬和建水瓷窑中出土一种青花高足瓷杯，口沿外撇，杯腹下部丰满，杯足高，上段小而下段大，呈竹节状。瓷杯内口沿用回纹装饰，杯心则绘出狮子、山水、树木和人物舟船。瓷杯之外口沿则饰回纹或弦纹，杯外绘几朵梅或菊，足部绘莲瓣纹或回纹。

青花瓷瓶。在禄丰、大理、建水、巍山、景洪、勐腊等市县发现多件。一种为"玉壶春瓶"，基本器型是撇口、细颈、削肩、硕腹、圈足，用变化的弧线构成柔和匀称的瓶体。在禄丰、建水、景洪、勐腊等市县发现 6 件"青花鱼藻纹玉壶春瓶"。瓶的撇口内沿装饰纹样为如意头纹、斜格纹、弦纹，颈部饰蕉叶，肩部绘复线或莲瓣纹分成 4 组开光，内绘折枝花果，

图 4-35　云南青花玉壶春瓶

肩腹部为带状斜格纹或编织纹，主体装饰花纹是腹部 2 组鱼藻纹，下面为水波纹。另一种为"青花花卉玉壶春瓶"。器型一般比"青花鱼藻纹玉壶春瓶"略小，口、颈花纹略同"鱼藻瓶"，肩上 4 组莲瓣开光，内绘水涡纹或牡丹，颈肩部是一周斜线编织纹，腹部绘缠枝牡丹或莲花，或者弧线开光 3 组，内饰折枝花卉，腹下绘变形莲瓣。青花玉壶春瓶无论从文物价值还是艺术价值上说，都是相当高的。还有一种式样的是青花葫芦瓶，以外形模拟葫芦造型而得名。"葫芦"与"福禄"谐音，这种瓶不一定是实用器，可能专用于陈设，祈求"福禄"。整只瓶体外壁绘满缠枝莲花纹。

青花盖罐。在昆明、禄丰、剑川、通海、建水、石屏、巍山、勐腊、沾益、陆良等市县共发现 150 多件。陶瓷研究专家葛季芳先生将云南青花罐分为 5 种形式。一、二两式罐敞口，无颈或短颈，肩腹交接处大，器身上大下小，往下收成平底。器盖为圆钮碗形，扩部装饰花纹为折枝牡丹或莲花、变形莲瓣等。一般高 33 ~ 35 厘米，时代在元朝"泰定"年前。三式罐盖为狮钮或莲干钮，盖边沿为荷叶边，器形变矮胖，中间大而上下小。这一类

型的青花罐从盖子到器底遍布花纹，美丽繁缛，艺术性极高。花纹既多又层次分明、清晰，有条不紊。盖子上3层花纹，内层绘莲瓣、卷枝、缠枝菊花、牡丹，中层绘莲花、牡丹，外层绘蕉叶、如意头纹，以弦纹相间。颈上则饰卷枝、回纹、海涛、太阳纹、如意头纹，肩上花纹2层，上层为莲瓣，下层绘如意头纹相间对弈、抚琴、赏花、舞蹈等4组人物图案。有的罐肩部则装饰楼台亭阁、松菊梅兰、垂钓、狮子滚绣球、凤穿牡丹、鱼藻、翔鹤、喜鹊登梅、缠枝菊花、莲花等图案。肩和腹的结合部则饰一圈带状卷枝、缠枝叶、海涛、斜线或编织纹。腹部以缠枝牡丹为主，或饰缠枝莲花、菊花、人物故事、凤穿牡丹、翔鹤等，腹下饰双勾莲瓣，莲瓣上有水珠纹。时代在元代至正到明初，大元宣光年间。四式罐的器形变修长，纹饰由繁至简。器盖为扁圆钮荷叶边和宝珠钮圆口盖，盖子上2层花纹为蕉叶、缠枝、卷枝，颈上为弦纹、回纹、如意头纹、太阳纹，肩部花纹为狮子滚绣球、凤穿牡丹、缠枝莲花，肩腹交接处饰一圈卷枝或斜线，腹部饰变形莲瓣。此类罐有的还在肩腹部附加2～4个对称的象鼻形器耳。时代为明初，即大元宣光年间。五式罐的器形接近四式而稍小，纹饰由简单变成粗糙。盖上饰叶纹，肩腹部饰连续纵横的点线纹，腹下为类似莲瓣的弧线纹。时代为明代初中期，是青花罐衰退时期的作品。[①]

图4-36 云南青花狮子绣球纹罐

---

① 李昆声：《云南艺术史》，云南教育出版社1995年版，第301—303页。

三、火葬罐

火葬罐是南方丝绸之路中最有代表性的葬具。明《云南图经》载："人死，则置棺于中堂，请阿吒力僧遍咒之，三日焚于野，取其骨贴以金箔，书咒其上，以瓷瓶盛而瘗之。"书中的"瓷瓶"即火葬罐。

火葬罐以土陶和釉陶普遍，偶有铜质罐，罐壁极薄，为锻铜制品，形状图案与陶制品无二。陶罐，有素面，罐体书有朱红梵文和汉字，亦称内罐。外罐注重装饰，有彩绘和贴塑2种。贴塑或浅浮雕线刻综合使用的外罐，通常是把罐体装饰成一朵荷花，通体的荷花有单瓣和复瓣、重台等多种。很有特点的是十二生肖和佛像在罐体上的出现。

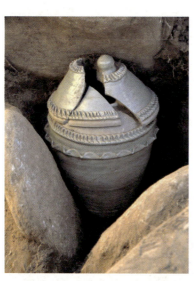

图 4-37 火葬墓中的火葬罐

大理白族地区和其他一些地区发现的大量元明时期的火葬墓中以十二生肖俑作纹饰和随葬品的现象十分突出。十二生肖计时法是我国特有的一种计时方法，但与白族的火葬墓并无关系。十二生肖俑像在白族葬俗中的运用与佛教密宗有着十分密切的联系。密宗与显宗的教义不同的是它的即身成佛或圆寂之后亡灵成佛的观念。依照密宗这一观念，密宗的僧侣在授职时须请高一级的法师或坛主为其举行灌顶仪式。除了必要的修习仪式之外，还要依密教本尊法的要求，礼请十二本尊，依每天十二时辰的次第，降临道场围绕受灌顶者为其作证。经过灌顶后这些受灌顶者已即身成佛，或与佛同体，居于坛央，周围有十二本尊围绕。一般信徒，他们虽未灌顶，但在修炼时也要礼请十二本尊依时辰为他们作证。死后要请阿吒力僧诵咒，超度其亡灵，也要礼请十二位本尊临场作证，证明这些修行密法者的亡灵也已成佛。这些"证明佛"要依十二生肖的形式烧制在火葬罐或墓圹的石板上。

十二生肖与十二"证明佛"的次第是：子鼠——宝幢如来、丑牛——开敷华如来、寅虎——无量寿如来、卯兔——天鼓雷音如来、辰龙——普贤如来、巳蛇——妙吉祥菩萨、午马——弥勒菩萨、未羊——观自在菩萨、申猴——金刚手菩萨、酉鸡——虚空藏菩萨、戌狗——地藏菩萨、亥猪——除盖障菩萨。火葬罐上使用十二生肖图像以表示十二本尊，即十二位

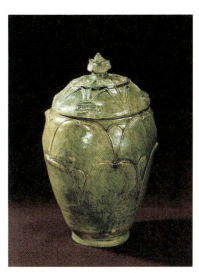

图 4-38 明代绿釉莲花型火葬罐

佛菩萨作为死者已成佛的"证明佛"现象，是元明时期白族火葬习俗中独有的，在汉密、藏密、日密中尚未见密教与葬俗如此紧密的联系。①

四、雕塑

法藏寺木雕佛像

法藏寺大殿中有许多木质佛像。据载，正殿中有旃檀释迦佛（立式木雕释迦佛像），通光座高可十三尺余，并阿难、迦叶、四

① 杨郁生：《白族美术史》，云南民族出版社 2005 年版，第 366—368 页。

天王、金刚萨埵、二执金刚、万岁牌等。左右二间，安施檀慈氏二躯，通光座高可八尺余，左右列文殊、普贤四躯。殿后，安观音菩萨，通光座高可五尺。经阁上排五方佛、观音、大势至。后堂布三大白金刚、夜曼多迦、大力忿怒、摩诃迦罗、宝藏神等神像。寺额二字乃汝南王书，挂中间上而供养之。

图 4-39 明代木雕文殊、普贤菩萨像

这些明代初期的佛造像历经 600 多年岁月，累遭战火兵燹，流传至今还有 6 尊木雕造像，分别为文殊、普贤及四天王，皆为圆雕，除局部有残缺外，整体上基本保存完好。文殊、普贤通高 1.17 米，皆头戴宝冠，璎珞满胸，半跏坐于青狮、白象背上。文殊左手自然下抚膝部，右肢屈肘手上举，手部已残。普贤的服饰、动作与文殊相似。两位菩萨头冠图纹繁缛精美，宝冠正中都有一尊坐佛。两只坐骑造型生动，结构比例接近于真实，这种过硬的写实能力，早在大理国时期的张胜温《梵像卷》中，就已通过类似的菩萨造像风格有所展示，可见滇密的艺术传承至少延续至明代。

五、金银器

明代昆明沐氏家族金发冠

明代昆明沐氏家族金发冠，1963 年云南呈贡王家营沐氏家族墓中沐崧夫妇合葬墓中出土，共 2 顶。其中金镶红蓝宝石发冠为

图 4-40 明代沐崧镶红
蓝宝石金发冠

图 4-41 沐崧夫人的莲花型金发冠

沐崧的随葬发冠。此冠呈半球形，由形似莲花瓣的薄金片内外 4 层累叠而成。冠面上镶嵌有红、蓝、绿、白等各色宝石 20 多粒，光芒四射，交相辉映。冠顶插有一支如意形嵌宝石发簪，沿顶簪两侧各插有一对镶红宝石和蓝宝石的笄。这顶金冠应为黔国公的礼服冠，上面集中融会了多种明代金银器的工艺技法，如锤揲、錾刻、镂空、镶嵌、焊接等，充分展示了明代金器制作的高超水平，更显出明代国公之物的华贵。

同时出土的还有沐崧夫人的一顶金发冠。此冠呈一朵盛开的莲花造型，由 8 组形似莲花瓣的薄金片内外 4 层累叠而成，冠上未镶嵌宝石。沿顶簪两侧各插有两支镶花头簪，这种镶花头簪为明代贵族妇女经常使用的首饰之一。冠顶为金片镂空的卷草纹，做工细腻，精美华丽。

明代景东傣族陶氏土司墓金器

1998 年 11 月至 2003 年 10 月，景东先后抢救性发掘了明嘉靖至万历时期傣族陶氏第九任景东知府陶氏金等的 6 座墓葬，共出土文物 1000 余件。其中所出金器为陶氏土司墓中的代表，这些金器做工考究、造型独特，是傣族土司奢华生活的再现，并在一定程度上反映了当时人们的风尚习俗和宗教意识。其中有部分金

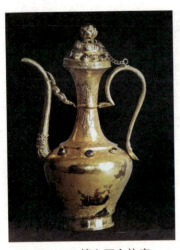

图 4-42 镶宝石金执壶

器还与西藏、东南亚、南亚的习俗有关，是研究南方丝绸之路文物考古方面宝贵的实物资料。

镶宝石金执壶。重 124 克，高 15.4 厘米，口径 3.5 厘米，底径 4 厘米。该器物流管口高于壶口，扁平耳形把，盖呈复瓣仰莲，莲瓣镶嵌红、蓝宝石各 3 粒，顶端为一朵嵌红宝石的小莲花做钮，肩腹部分别嵌红、蓝宝石 3 粒，一条云形金链连接壶把顶端及盖钮交界处。整体器型美观精致。

金面具。重 38 克，长 16.2 厘米，宽 13 厘米。该面具由一整片金箔片捶打压模而成，上端较窄，下端略呈弧形。人物的眼、鼻、口、耳等清晰可见，形象生动，栩栩如生。

带托盘八角金杯。重 21 克，高 2.8 厘米，口径 4.9 厘米，底径 2.4 厘米，托盘直径 11 厘米。杯内壁錾刻三层莲花瓣，杯外壁焊一莲叶茎为把手，卷莲叶嵌一红宝石为把顶，莲叶高出杯口焊接口沿。

图 4-43 金面具

图 4-44 带托盘八角金杯

第　五　章

清代民国时期南方丝绸之路遗迹与文物

文化意匠——清代民国时期 南方丝绸之路沿线的重要遗址与遗迹

一、古城、村落、民居

大理古城

西汉元封二年（前 109 年）大理设叶榆县，置县治于大厘城（又叫"史城"，今喜洲一带），在点苍山峰麓，今已无遗迹可寻。唐开元二十六年（738 年），南诏统一"六诏"建都于太和城（今大理太和村）。太和城西靠苍山，东临洱海，南北宽约 1 千米，东西长约 3 千米，南北两城墙从马耳峰、佛顶峰起依山就势而筑。太和城为王都历时 40 年，直至皮逻阁之孙异牟寻迁都羊苴咩城。南诏王皮逻阁定都后，在上、下两关构筑了坚固的"龙首城"和"龙尾城"，作为对王都的屏障。龙首城在现大理古城北行 28 千米的上关，土城墙保留较完整。龙尾城在现下关，位于西洱河畔，现存遗址在江风寺东约 300 米处，有一段长 70 多米、高约 1 米的土城墙，在中丞街上有一座古城楼。羊苴咩城位于点苍山中和峰与龙泉峰下，今只存一段北城墙残垣。直至明代筑大理府城后，羊苴咩城逐渐废弃。

　　大理府城即现今大理古城，建于明洪武十五年（1382年）。大理城街道布局为棋盘式，南北城门相对，东西城门相错，南北三条街，东西六条街。至清代，大理古城内的布局与建筑又有所改变。现今古城中四隅角楼及四个城楼皆已不复存在，现存南北城楼是在原址上重建的，城墙也只有部分土夯墙被保留下来。[①]大理古城"西枕苍山，东带洱河，龙尾龙首二关复抱其左右"，在中原地区，山脉东西走向，城镇纵向轴线为南北方向，即坐北朝南，在大理盆地，"坐北朝南"不符合地形地势，坐西朝东是其纵向主轴线。中和峰、中和寺、古城、三塔寺、一塔寺、洱海神祠等建筑，构成了空间格局的东西轴线。明初建大理府城时，虽是利用羊苴咩城的一部分，但照搬了中原"坐北朝南"的城市营建方式，当时城中的主要公共建筑如府衙、府学、县衙、县学、府县城隍庙等俱是坐北朝南，钟鼓楼在城南，东西相对。明代中期以后，地方官员认识到"坐北朝南"的城市格局与大理盆地的地理环境不符，逐渐改为"坐西朝东"。嘉靖间建中和寺，隆庆中改府治东向，万历间建魁星阁高出城表，与东山文笔塔对峙，清康熙年间所建提督署，同治年间府县学宫、试院、城隍庙等建筑，均可明证。

　　大理古城南北城门相望，东西城门相错。南、北、西城门外都另建一座城门，形成瓮城。每座城门上建城楼，城墙四角建角楼，东门城楼叫通海楼，南门城楼叫承恩楼，西门城楼叫苍山楼，北门城楼叫安远楼，东北角楼叫颍川楼，东南角楼叫西平楼，西南角楼叫孔明楼，西北角楼叫长卿楼。[②]清代康熙初年对城墙进行修葺，康熙三十一年（1692年），对四座城门楼进行修

---

① 大理白族自治州白族文化研究院：《大理丛书·建筑篇》（卷一），云南民族出版社2015年版，第75页。

② 大理白族自治州白族文化研究院：《大理丛书·建筑篇》（卷一），云南民族出版社2015年版，第77页。

理，工程草率，只是"缺者补之，腐者易之，倾者扶之"，"荡然无存者"才"创而新之"，修葺工期较短。竣工后，将东门城楼易名承清楼，西门城楼易名永镇楼，城中谯楼改名五华楼，南北城楼仍沿用明代名称。"咸丰六年战乱，各衙署被毁，档案无存，无凭查考，同治十一年官军攻城，开掘地道，东南两方轰塌三百余丈，十二年巡抚岑毓英就地筹款修理。光绪三年东南城垣坍塌五十余丈，经知县曹廷铨、州判汪启源请款兴修。七年提督黄武贤、迤西道熊昭镜、知府邓华熙、知县张曾亮请款重修南门外城楼、东门城楼。八年新修东门近左城垣坍塌十七丈二尺，经知县吴申祐请款重修，二十九年知县李庆恩请款重修。"① 此后，公元1881年、1882年、1903年等多次修复过城墙、城楼，也曾改东城楼为洱海楼，改西城楼为苍山楼，改南城楼为双鹤楼，改北城楼为三塔楼。但由于社会动乱、灾患频繁，到中华人民共和国成立前夕，角楼和东、西门楼均已倒毁。

清代、民国基本沿用了明代大理府城以双十字形主街为基础的方格网状坊巷格局。大理城墙及四个城门的位置没有发生变化，双十字形的主街道路也不变。咸丰战乱以前府县衙署、府县文庙、城隍庙、鼓楼、五华楼、八钟楼、武庙、魁星阁及部分祠祀寺观等重要建筑均是沿用前朝，与这些建筑相关的街巷也无大变化，这些建筑主要分布在双十字形的主街道及博爱路等街道的两侧。同治十年（1871年）以后，府衙署、府县文庙、试院、城隍庙等异地改建或新建，除杨玉科爵府前新建道路外，相关街巷均未变化，民国《大理县志稿》中对此有详细记述。

总之，大理古城自明至今600多年，明清时期的城墙大部分倒毁，仅剩下部分残段，城墙附属建筑均已毁坏无存。明初形成

---

① 民国《大理县志稿》（卷三），第587页。

的双十字形主街结构和城西部的方格网状坊巷格局一直保存至清代，基本延续至今。

巍山古城

巍山古城地处哀牢山和无量山交汇处，距大理白族自治州首府大理 65 千米，是一座具有浓郁地方历史文化特色的城市，1994 年被列为国家级历史文化名城。

巍山古城内城方正，街巷分明，城市按传统的方格网状构成。但街道选线有折有直，互有退让。整个城包括内城、月城和外廓，护城河经月城环绕内城。内城墙为砖包生土夯墙，外廓为土墙。内城在东西南北各有谯楼一座，北谯楼为拱辰楼。内城方整，街巷网络选线注重与周围大环境和谐，城市布局恰到好处地加以变通，直而不露，步移景易。巍山古城完整地保留了明清时期的城市道路网格和布局，街巷空间宜人，建筑布局灵活多变，历史风貌保留完整，建筑秉承南诏国深厚的文化底蕴，将文学、艺术和材料、技术融为一体。在旅游小镇漫步，所见建筑，无论体量大小、造型丰简，无一不实现着天人和谐的营造理念，无处不洋溢着独具南诏特色的文化气息，将人居环境营造得朴质、自然、和谐。

其中拱辰楼位于县城中心。楼原为明代蒙化府北门城楼，始建于明洪武二十二年（1389 年），原为 3 层，清顺治五年（1648 年）改建为 2 层。楼建于高 8.5 米的城墙上，下为城门洞。为重檐歇山式建筑，面阔五间 78 米，进深 17 米，高 16 米，下层四周设廊。[①] 南面悬清乾隆三十六年（1771 年）题"魁雄六诏"匾，北面悬乾隆五十年（1785 年）题"万里瞻天"匾。巍然屹立的拱辰楼和星拱楼成为古城的标志性建筑。古城内古建筑众多，现完好保

---

① 大理白族自治州白族文化研究院：《大理丛书·建筑篇》（卷一），云南民族出版社 2015 年版，第 90 页。

存下来的有拱辰楼、
星拱楼、文庙、等觉
寺、西寺、玉皇阁、
东岳庙、西竺庵、萧
公祠、文昌书院、文
华书院、南社学、北
社学等。这些古建筑
错落有致，造型美
观，民族风格特色突

图5-1 巍山古城拱辰楼

出，充分反映了古代劳动人民高超的建筑艺术。古城内民居基本
保留了明清风貌的中式结构，有的是"三坊一照壁"，有的是"四
合五天井"，古朴典雅。

漾濞古城

漾濞古城位于漾濞县境中偏东北方向，点苍山西麓的雪山河
与漾濞江汇流点以北位置。

漾濞，古称"样备"，初为部落名，后为巡检司名，得名于
境内大河漾濞江。著名的滇西茶马古道从保山经永平来到漾濞，
分为两支，一支沿西洱河进入大理坝区，另一支沿苍山西坡经寺
登街进入剑川，使漾濞成为滇西驿道的重要节点，并因此使本地
经济繁荣起来。漾濞历史悠久。西汉武帝为开发西南少数民族地
区，于元封二年（前109年）增设益州郡，漾濞属邪龙（蒙化）辖
地。东汉时，漾濞分属永昌郡邪龙（蒙化）、博南（永平）二地。
三国蜀汉建兴二年（224年）设云南郡（今祥云），漾濞分属云南
郡和永昌郡。两晋至南朝时期，漾濞亦分属云南郡和永昌郡。
唐初，漾濞属阳瓜州。南诏时（开元二十六年，738年），漾濞
属样备诏。大理国时，漾濞属天水郡开南县及永昌府胜乡郡。元
宪宗七年（1257年），漾濞属蒙舍永平千户所。元世祖至元十一

年（1274年），置蒙化府及永平县，漾濞分属大理路及永平县地。明代，漾濞仍属蒙化府样备巡检司和永昌府永平县。清乾隆二十六年（1761年）改设蒙化直隶厅，漾濞分属蒙化直隶厅及永平县东部，设样备巡检司，归蒙化直隶厅管辖，西部地区隶属永平千总所管辖。民国元年（1912年）设县，划蒙化、永平、云龙、洱源置漾濞县，以原巡检司为县名，二月将永平胜备江以东地区及水竹坪、阿富厂、吉村三马归属漾濞。民国三年（1914年）六月将漾濞划属腾越道。民国二十七年（1938年）将永平县属的龙潭新街、大火房、白竹、瓦厂、蛇马村、人鹤、瓦泥午、鸡街、达村、菜白、密白露等地划属漾濞。①

　　漾濞古城内的建筑多为清代至民国时期所建，并有少量始建于元、明时期。仁民路以北地段有成片的传统建筑群，风貌古朴和谐。古城区建筑以土木结构居多，主要是一至二层的传统风貌建筑，但其中有一部分质量较差，其余为砖木、砖混结构。古城文物古迹众多，成为一道历史文化风景线。民居主要集中分布在古城中心地段的来龙巷，大多为明清时期的民居，部分民居破损严重。另外，在仁民路下靠江边的周家巷，也有数座深宅大院，但已陈旧破落。漾濞民居庭院式样多为"一方一漏"布局，少数富户庭院为"三坊一照壁""走马转角楼"布局。城区民居多以土木结构两层瓦屋顶居多，屋面为悬山式，屋脊平直，左右山尖上翘，其左略高于右。屋顶

图 5-2 漾濞古城中的驿道

① 大理白族自治州白族文化研究院：《大理丛书·建筑篇》（卷一），云南民族出版社2015年版，第98页。

用双层瓦，防漏和隔热保温性能俱佳。山墙为风火墙。天

井以青石或方砖铺砌，有花台、树木。堂屋和耳房檐下大梁多雕刻彩画。窗格图案以古钱、梅花形居多，雕刻工艺精巧。至今，漾濞城内和坝区村镇中仍有众多民居保留着明清建筑的风格。古城内典型的民居有田氏、段氏、李氏、何氏、徐氏、马氏、王氏等十余座深宅老院。

漾濞古城为博南古道上一个重要的马帮商贸中转集散地。远在两千多年前就走出了漾关、漾永、漾剑、漾云驿道，云龙桥是古城内保存得最好的古建筑。青石铺就的驿道及驿站、马店等部分至今仍保持原貌，其中仁民街即博南古道一条街，多为清代至民国时期所建，并有少量始建于明朝。古城约三分之二的建筑为传统民居和其他坡屋顶形式，20 世纪 80 年代以来新建的平屋顶现代建筑占近三分之一。

周城古村

周城古村位于大理市喜洲镇北端，北面紧靠蝴蝶泉，滇藏公路（214 国道）从村子东部穿过，离大理古城 23 千米，地处苍山洱海之间，背靠苍山云弄峰，面朝洱海，是大理坝区中规模最大的白族村庄。

苍洱地区的考古发掘和文献资料表明，早在远古时代，周城就有人类繁衍生息。他们从事最简单的农业耕作、狩猎，过着原始社会的经济生活。周城是古代河蛮自筑的城邑之一，唐初属神泉县、龙亭县地，之后隶属史城（即喜洲），明代属宏圭乡，清代属太和县上乡上半铺，民国改称"云沧乡"。历史上周城行政设置与喜洲合多分少，在语言、风俗习惯、宗教信仰、生活方式、社会政治、经济方面有着极其紧密的联系，是一个不可分割的文化区域。公元 8 世纪时，南诏在唐朝的直接扶植下，统一了洱海地区。公元 784 年，南诏迁都大厘城（今喜洲）。五代后晋高祖天福

二年（937年），段思平在洱海地区建立大理国。周城坐落在原南诏王都附近，地缘经济有着得天独厚的条件，社会经济更是达到了繁荣兴旺的局面。公元1260年，蒙古在大理设总管府，置大理元帅府。1381年，朱元璋调30万大军进讨云南。1382年，明军攻克大理，大理总管统治宣告结束。明初时期，明朝政府在元代设置的云南行省的基础上，改路为府，安置州县。明末清初，周城的社会经济发生了巨大的变化，大规模的移民屯田"改土归流"，使得地主经济迅速发展起来。民国年间，周城被称为"云沧乡"，主要村邑有上关、波罗滂、仁和、桃源、仁里邑、上兴庄、美坝、峨浪哨、永宁、星邑、阁洞旁、三舍邑等。

周城面积约2000平方米，是中国最大的白族村，也是云南省最大的民族自然村。古代周城村选址在云弄峰山麓，霞移溪北，蝴蝶泉之南，面向洱海，具有优越的自然环境，东临茶马古道，交通条件便利。村落的建设发展主要是依山就势和沿茶马古道两侧展开。214国道建成后，周城村的建设又向东扩张了一部分。现

图5-3 周城古村

除南北向穿村的 214 国道（滇藏路）和环村路两条路线外，村中主巷道有 7 条，分别为东西向大充路、小充路、塔充路、石佛路、南登路和南北向一条街（茶马古道）、联通大充路与塔充路间的山林路（绕三灵路），众多小巷道、胡同错综复杂，形成密集的住宅片区。村镇中段原 214 国道西侧有一广场，以戏台、大青树为中心，周围三方列有商铺，南北 200 余米，是全镇中心，平日以农贸为主，也是节日的主要集散活动地。周城白族民居有一坊一耳、一坊两耳、三坊一照壁、四合五天井等各种布局方式。民居与村民的生产、生活适应，除了防风、防震、防火外，还起到保卫安全和协调房屋各种用途的作用。周城白族民居建筑继承了白族民居传统风格特色，同时学习了内地汉族住宅的许多良好经验。《蛮书》也载："悉与汉同，唯东西南北，不取周正耳。"周城古民居在我国传统建筑的基础上形成，又汇集了白族民居建筑特点，同时结合地理环境，构成了自己独具一格的白族民居建筑。

云南驿古村

云南驿古村位于大理白族自治州祥云县城祥城镇东南 21 千米处，距下关 66 千米。云南驿古村是云南省内古村格局和风貌保存较好的古村之一。

云南驿是我国古代南方丝绸之路上的重要驿站。汉元封二年（前 109 年）置云南县，云南驿为县治驻地。东汉，云南驿属永昌郡地。蜀汉建兴三年（225 年）置云南郡，为蜀国南中七郡之一。云南驿是云南郡治和云南县的共同驻地，直至隋开皇三年（583 年）废郡止，作为滇西地区的政治、经济、文化中心长达 358 年。唐武德四年（621 年）至天宝九年（750 年）的 129 年中，云南驿为西宗州与宗居县的州、县治驻地。[①] 唐天宝年间，南诏王阁逻凤

---

① 大理白族自治州白族文化研究院：《大理丛书·建筑篇》（卷一），云南民族出版社 2015 年版，第 168 页。

于云南驿筑云南城。贞元年间，云南驿为南诏国云南节度驻地，此时为云南城的鼎盛时期。元和元年（806年）至元宪宗五年（1255年）共449年间，云南驿一直是南诏国及大理国的云南赕治驻地，并设置有军事机构云南节度。至元十三年（1276年），云南驿为云南州治驻地，是当时滇西第二大州治，至明洪武十五年（1382年）降州为县，共106年。洪武十七年（1384年），云南县治由云南驿迁往洱海卫城南（今祥城），结束了云南驿从西汉至明初近1500年的作为行政管理机构县、郡、州、赕或军事管理机构节度所在地的历史。明代以后，云南驿的政治、经济、文化地位随着设治历史的结束而逐渐衰落。弘治二年（1489年），作为博南道，即南方丝绸之路上的交通驿站设过土驿丞。清代云南驿为站村里下辖的一个甲，并开设了集市，直至20世纪60年代集市才撤销。民国时期，云南驿为祥云县第三区下辖镇。1933年，云南驿为滇缅公路的交通站口。1944年，云南驿飞机场成为美驻滇航空38校训练基地，也是抗日战争时期"驼峰航线"的中转站，"飞虎队的驿站"。

图5-4 云南驿古村内的驿道

云南驿古村，因地制宜，结合自然，打破了构图方正、轴线分明的传统布局手法，依山而建，结合地形自由布局，道路随山势曲直而筑，房屋就地势高低组合。建筑、山体、道路、农田有机结合，形成丰富和谐的街景空间。古村入口处以水阁、广场、牌坊构成了前导空间；横行街中段有过街楼、官办马店、官邸、民宅、岑公祠、关圣殿、天星杆等建筑，街道两侧为坡屋顶、铺台子的传统商铺建筑，构成集市、祭祀活动的古镇中心；横行街西端以钱家大院等马店构成驿站食宿区。古镇布局上具有古代驿站的典型风貌特征。古镇街道青石板引马石路面上深深的马蹄印，一个个青石或木板铺台，袅袅炊烟，使古镇古风犹存，延续着千年古驿镇的历史和文化，是南方丝绸之路上古驿站风貌保存得最完整的古村。云南驿古村是"蜀身毒道"和"茶马古道"的交汇地，是南方丝绸之路的重镇之一。云南驿古村中仍然保存着南方丝绸之路古老文化的遗迹，马店、马鞍、马灯、马槽、马厩、马道、马蹄印等，见证着古代南方丝绸之路的沧桑兴衰。

曲硐古村

曲硐古村位于永平坝子南端的永平县博南镇，距大理州府大理 90 千米，距保山市 80 千米。曲硐村是滇西回族人口最为密集的自然村落，2000 年年底被列为云南省历史文化名村。

曲硐，古时曾称"奇硐"，相传因城西小狮山上有一个奇异山洞而得名。据有关史料记载，回族进入永平，大约在南宋宝祐元年（1253 年）。元代忽必烈率领 10 万大军进攻大理国时，军中有许多由中亚征调东来的"色目人"分驻永昌（今保山）以东，红河以北的白、彝族地区，他们和当地其他民族通婚，是为永平回族之始。战争结束后，回族士兵定居曲硐，回族人口得到繁衍。又据民国《永平县志》卷七记载，永平曲硐回族是"元代赛典赤·赡思丁以平章事云南，至元十六年，其子纳速剌丁迁大理路宣慰使都元帅，是为回族来滇之始。永平邻迩大理，迁徙落籍，殆其次欤。初始人数仅数百余人，厥后生殖繁衍，散布曲硐镇之桃园铺、山地、迤坝田"等地。

历史上的曲硐古村，共有大东门、小东门、南门、西门、北门等 5 道城门城楼。城门、城楼巍峨壮丽，飞檐斗拱，星月交辉，建筑风格体现了伊斯兰文化与汉文化的完美结合。村落四围城墙拱卫，壕堑贯通。村中，房屋鳞次栉比，庭院错落有致，家家粉墙青瓦，户户鸟语花香，建筑格调独具魅力，门洞相向，鸡犬相闻，邻里和睦，互爱共荣。小巷纵横交错，青石铺道，曲径通幽，徜徉其间，如入迷宫。村中沟渠密布，沿小巷甬道环绕整个村落，到处流水潺潺。古南方丝绸之路的博南古道由北向南贯穿其间，石板古道古朴幽雅，隐现出历史文化的源远流长。直贯东西的主街两旁，开设有布店、染店、杂货店、肉店、豆腐店、茶食店、药店和多家马店。穿行其间，可以真切地感受到浓浓的伊斯兰文化和古驿站乡土文化气息。

图 5-5 曲硐清真寺

夕佳山民居

夕佳山民居位于四川省江安县城东南 21 千米处的夕佳山镇坝上村，始建于明万历四十年（1612 年），后清代、民国屡有修缮，占地面积约 7 万平方米，建筑面积 10056 平方米，是古南方丝绸之路上保存较完整的民居建筑群。①

夕佳山民居建筑为组合四合院式，悬山穿斗式木质结构。房屋 123 间，纵深三进，大门、正门、后厅依次排列于中轴线上，

① 四川省文物管理局：《四川文化遗产》，文物出版社 2009 年版，第 53 页。

中轴线的左右各为二进厢房。民居的前、后、左、右置有池塘、后花园、西花园、东花园等。整个建筑布局严谨，主次分明，开合有序。它保留了明代以来的民间建筑风格，打破了完全对称的格局，使之趋于柔和。

图 5-6 夕佳山民居前厅

贯穿于民居建筑的中轴线，既是建筑的主轴线，又是建筑和谐的差异线。华夏民族有"左贵于右"的习尚，中轴线左侧是主人和"上等人"居住游乐之所，右侧是下客厅，建筑格调比左边要低得多，是民居的"下等人"和晚辈居住的地方。

夕佳山民居在建筑造型上突出主体，在装饰手法上出现多样化趋势。前厅置有 14 关 28 扇木制菱花隔扇门，正中 4 扇上刻有"渔樵耕读"的 4 幅镂空木雕图，构图别致，技法新颖，线条粗犷，人物极富生活气息。民居后厅的正堂屋是祭祀区，正面 3 关 6 扇花格棂窗隔扇门，其上的棂窗为木制隔条，衬出"福禄寿喜"4 个篆书大字，四周各衬 5 个变形蝙蝠，组成"五福临门"，正门的两扇门下浅刻"寿""喜""琴""棋""书""画"等图案，肃穆中透出高雅的格调。民居西面的工字厅与戏台紧紧相连。戏台的落地罩上、额枋上，镂空雕和深浮雕交替使用，饰以大量的戏剧人物故事和花鸟虫鱼及博古图案，风格质朴，立体感强，为我国民间木雕艺术之珍品。1996 年，夕佳山民居被国务院批准为第四批全国重点文物保护单位。

大理白族民居

大理白族民居长期受汉文化建筑的影响，属于中国古建筑范畴。在漫长的历史进程中，白族人民不断继承和创造，并结合当地的建筑材料、气候、地理条件、文化艺术等，在屋面、木构架、飞檐、斗拱、木雕、门窗、装修、藻井、台基、栏杆、彩画、庭院布局等方面，表现出独特的风格，日臻完善而自成一体。

白族民居平面布局多以三个开间组成一坊为单元。两边住人，开间一般为 3.3 ~ 3.6 米。中间为堂屋，开间一般为 3.6 ~ 3.8 米，进深 5 ~ 6 米。前设走廊，前檐柱至金柱中距 1.8 ~ 2 米，单层走廊上盖瓦屋面，并有大出厦和小出厦之分。楼层走廊安木栏杆，民居一般为 2 层，硬山屋顶。[1] 庭院布局一坊单元房子，可以单独加围墙、厨房、厕所等成为一般普通民居建筑。也可以组成"三坊一照壁"形式，即由三坊单元房子同一方围墙即照壁组成三合院。在"三坊一照壁"中，主房比厢房室内水平高 15 厘米左右。主房与厢房的交接处在转角小厦上设麻雀台及两个漏阁，漏阁一般由比主房进深及开间浅小的两间房子组成，连接于主房并用围墙组成小天井，可作厨房及堆放杂物用。在其中三坊交接处组成 3 个漏阁，另外一坊的交接处设置大门，这样通过设围墙形成中间 1 个大天井，四角为 4 个小天井。"四合五天井"为有走廊小厦瓦屋面、四坊房子楼层相互不连通的式样，也可以做成四坊房子楼层相互连通不设小厦瓦屋面，而是设楼层走道为木栏杆的形式。另外庭院布局还可以组合成为连通各院的四合院及六合同春等。

照壁是白族民居中最有特色的组成部分。白族人民喜爱具有艺术欣赏价值的照壁，从照壁的构造、雕塑、砖雕工艺、彩画工艺反映出白族人民的文化艺术和白族古建的风格。民居中的照壁中间高两边低，以泥作工艺为主。照壁的墙裙是双面支砌直立平

---

① 大理州土木建筑学会：《大理建筑文化论》，云南民族出版社 2006 年版，第 158 页。

放的条石，高约 1 米。
墙裙上支砌腰线石。腰
线石以上用普通砖及 3
厘米厚翼形花边砖和薄
型砖支砌，做出柱面及
檐口不同类型的分空花
格饰面。在不同大小类
型的花空中可做雕塑或

图 5-7 白族民居中的照壁

者彩画，檐口花空以上做砖挑、砖雕花板或变相斗拱的观音合掌
砖雕花饰等。斗拱上挑飞砖、飞瓦、飞檐石。在飞檐石上用纸筋
灰做泥塑花饰封檐板，飞檐石上起坡盖瓦。中间照壁要求两墙角
檐口也安设飞檐石，墙头瓦面做成四撇水式样并要求四角在垂直
方向起拱外，在水平方向外挑与中间部分连成自然曲线，墙头瓦
面的檐口及瓦脊的起翘要做得自然美观。照壁成型后，则用纸筋
灰细心粉饰，檐口四角做凤头等雕塑。照壁中间安设高级彩花大
理石，或安贴书写有"清白传家""紫气东来""苍洱毓秀"等的
汉白玉大理石。经过纸筋灰粉饰后的照壁，再通过白族民间艺术
画匠的传统精心彩画，反映了白族建筑文化艺术的独特风格。民
居照壁也有简易做法，即檐口不做斗拱花饰，飞檐石下只做飞
砖、飞瓦线条及花框、花格，彩画也以淡墨彩画为主。

　　除照壁外，大门也是白族民居的重要组成部分，它荟萃了白
族古建的精华，包括了古建中的梁、枋、斗拱、挂落、博风、门
簪及曲线优美的屋面。经历代白族人民长期努力和经验积累，创
造了许多美丽动人的艺术形象。民居大门的式样是比较多的，有
除木门外全部是泥作三滴水式样，也有全部是木作或泥作的一字
平屋面做成硬山或撇水庑殿式样等。在以木构架为主的大门中
由于门第之分，其斗拱还有一斗七架、一斗五架和一斗三架之

分。但不管做成什么式样，大多数大门都靠山墙而设置，当地叫过山门。大门木结构的斗拱构造是在大斗上设置逐层外挑头木，每层挑头木上部都安有拱板，拱板做成通长的、延伸至

图5-8 白族民居中的大门

两头成为侧面的挑头，侧面的拱板延伸到正面成为正面斜角外的挑头。在每个挑头前端均雕有龙、凤、狮、象等兽头。在上下挑头间安有小升，在大斗之间又设有象座，象座上又再有挑头木，每层挑头之间交叉安设观音合掌雕花板。在翼角处斗拱上方设老角梁、仔角梁，在角梁梁端雕制斜角大凤头。檐檩支承在悬挑斗拱外檐上层，在檐檩两头起山逐渐抬高，形成斜坡木椽，木椽后端必须延伸到山墙大架与大门立柱之间相连的梁檩上。中间支承在高度齐仔角梁上皮的外层梁垛木上，垛木上口开槽支椽子。椽头钉双层雕花封檐板，椽子上皮钉压檐板，后盖青筒板瓦屋面。大门正面在灯笼柱之间，在支承大斗的枇杷枋下安设照面枋、花枋、画枋、挂落等雕花构件。大门成型后经过精心彩画装饰成为具有工艺价值的成品，工艺之精湛，结构之精巧，令人叹服。

二、寺观、祠堂、司署

武侯祠

武侯祠位于四川省成都市南郊，乃西晋末年十六国成（汉）李雄为纪念三国蜀丞相武乡侯诸葛亮而建。武侯祠占地面积约

55440平方米。武侯祠主要由惠陵(刘备墓)、汉昭烈庙(刘备殿)和武侯祠(诸葛亮殿)三大部分组成,肇始于公元223年修建刘备陵寝之时。蜀汉章武三年(223年),刘备卒,同年下葬于此,史称"惠陵"。与此同时,在墓东修建了祭祀刘备的汉昭烈庙。公元4世纪初,成都少城内出现祭祀诸葛亮的"武侯祠"。南北朝时期,武侯祠迁建于汉昭烈庙西南,人们将二者统称为武侯祠。武侯祠、汉昭烈庙、惠陵毗邻,一直延续到元末。明初祠庙合并,形成现在君臣合祀的格局。

武侯祠现存主体建筑为清康熙十一年(1672年)重建,坐北朝南,排列在一条中轴线上,由南向北依次为大门、二门、刘备殿、过厅、诸葛亮殿以及近年迁建的三义庙和新建的结义楼。现存建筑面积达12000平方米。[1]主体建筑刘备殿为悬山式结构,面阔七间;诸葛亮殿为歇山式结构,彻上明造,面阔五间;惠陵在中轴线西侧,墓冢封土高12米,环以墙垣,虽经千年风雨侵蚀,仍保存完好。祠内现存历代碑碣50余通,其中唐代蜀丞相

图5-9 武侯祠内的诸葛亮殿

---

[1] 四川省文物管理局:《四川文化遗产》,文物出版社2009年版,第10页。

诸葛武侯祠堂碑尤为著名。此碑由裴度撰文、柳公绰书写、鲁建篆刻，后世赞其文章、书法、刻技均精，又誉称"三绝碑"。刘备殿东壁有今人沈尹默书《隆中对》，西壁有岳飞书《出师表》木刻。另

图5-10 武侯祠内的红墙甬道

外，还有清代的匾额楹联70多块（副）。祠内还有清代塑制的蜀汉历史人物像47尊。

杜甫草堂

杜甫草堂位于四川省成都市西郊浣花溪畔，是唐代大诗人杜甫流寓成都时的故居。杜甫为避安史之乱，于唐乾元二年（759年）由陕、甘辗转来到成都，次年在浣花溪营建茅屋数间，并在其处居住近4年。其间，杜甫作诗247首，其中包括《茅屋为秋风所破歌》等多部忧国忧民、忠君爱国、兼善天下和歌咏自然风光的千古绝唱。杜甫所居茅屋，历尽沧桑，难觅踪迹。五代前蜀韦庄等人在其旧址重建茅屋，以示对杜甫的缅怀之情。北宋元丰年间，于其处又建造祠宇，后经元、明、清历代修葺，奠定了现在的规模。

杜甫草堂占地面

图5-11 杜甫草堂大门

积 22 万平方米，建
筑面积 22064 平方
米。现存建筑为清嘉
庆十六年（1811 年）
重建。[1] 大门内小石
桥后坐落着古色古香
的大廨，这座过厅式
建筑的正中，端置

图 5-12 杜甫草堂内的碑亭

着杜甫立像。大廨后的诗史堂为敞厅式建筑，环以回廊与大廨相
接。诗史堂后为柴门，其东西分别为"水竹居"和"恰受航轩室"。
草堂后为青瓦突檐的工部祠。杜甫草堂内古楠参天、竹翠花红，
凸显了凭吊诗圣的氛围。

杨升庵祠及桂湖

杨升庵祠位于四川省成都市新都区桂湖中路，最早名为"南
亭"，始建于初唐，是一处隶属于县署的驿馆式官署园林。明代
嘉靖、正德年间，著名学者杨慎（字升庵）在驿馆内沿湖广植桂
树，并改名"桂湖"，明末毁于战火。清代嘉庆、道光年间重修桂
湖，奠定了今日桂湖的规模。

杨升庵祠为歇山屋
顶，两端各增加一组带
有翼角的屋面。前厅祀
杨升庵像，后厅塑杨氏
家族像，右为澄心水阁，
左侧垒石为山，建藏舟
山馆，形成一殿四厅的

图 5-13 杨升庵祠大门

---

① 四川省文物管理局：《四川文化遗产》，文物出版社 2009 年版，第 13 页。

独特格局。这种手法借鉴民间建筑的做法，显示了川西祠堂建筑的独特风格。

交加亭是桂湖中最具特色的园林建筑，这座毗八角双亭，因吻接处采取省柱法，两亭共用二柱，故名"交加亭"。一亭依岸，一亭跨水，一亭高，一亭低，错落有致，浑然一体。桂湖古城墙始建于隋唐，为土筑城墙，明正德初年，增砌为砖石城墙，现存有古城墙800米。杨升庵祠内收集了100余通历代名家书法碑刻，具有很高的历史、艺术和科学价值。

宝光寺

宝光寺位于四川省成都市新都区（原新都县城）北。相传该寺始建于东汉，隋唐时名为"大石寺"。唐僖宗于中和元年（881年）

图5-14 宝光寺藏经楼

因避黄巢之乱入川，以大石寺为行宫，后因寺内佛塔废墟中夜放紫色霞光，又在此处寻得舍利子，便命重建佛寺、佛塔，遂改寺名为"宝光寺"。该寺明末毁于战火，现存建筑为清代重建。①宝光寺占地面积10万平方米，建筑面积约2万平方米，至今保存了我国早期佛寺"寺塔一体，塔踞中心"的布局。

宝光寺舍利塔始建于唐代，原名"福感塔"，后改名为"舍利塔"，历代维修。塔为13级密檐式方形砖塔，高30米。罗汉堂建于清咸丰元年（1851年），平面呈"田"字形，围合成4个天井，既可采光又可通风，十字交叉处屋面生起。堂内供千手观音

---

① 四川省文物管理局：《四川文化遗产》，文物出版社2009年版，第18页。

塑像 1 尊，另塑有罗汉泥像577 尊，贴金彩绘，是我国保存得比较完美的清代塑像群。宝光寺内文物众多，有南朝梁代千佛碑、唐代施衣功德碑、唐僖宗行宫遗础、元代金银书《华严经》、明代"尊胜陀尼"经幢、明代丁云鹏绘《十八罗汉》像、清代《大藏经》等。殿堂内镶嵌有碑刻 24 通、石柱刻楹联 76 幅、名人字画和古代工艺品 400 余件。

图 5-15　宝光寺舍利塔

　　宝光寺是南方丝绸之路川西一段著名的寺庙园林。成片的古楠木树林遮天蔽日，郁郁葱葱，整个园林四时有景，尤以梅花、兰草等花卉著称于世。宝光寺建筑布局规模宏大，结构严谨，保存完好，展现了古代南方丝绸之路上佛教禅院的完整风貌。

太和宫金殿

　　太和宫金殿位于昆明市东北郊凤鸣山上，从山麓迎仙桥循石阶登攀，经过"一天门""二天门""三天门"而达"棂星门"。门内即为砖筑"紫禁城"，城门上刻"太和宫" 3字，这是道教寺观，供奉真武大帝。城中一座熠熠发光、金碧辉煌的

图 5-16　太和宫大门

图 5-17 太和宫金殿全貌

宫殿，就是金殿。金殿全部建筑材料都是用铜制成，故名"金殿"。整座建筑和木结构重檐悬山式房屋一样。

云南是中国主要产铜区，明清时期，每年均运大量铜到北京供铸钱用。万历三十年（1602年）因兵燹战乱，滇铜集中后滞留省城，云南巡抚陈用宾便在凤鸣山用铜铸殿，模仿湖北武当山金殿样式建成。昆明太和宫明万历时所建金殿于崇祯十年（1637年）被另一巡抚张凤翮移至宾川鸡足山，当地称"铜瓦寺"。该殿在"文化大革命"中被破坏，已被拆毁熔化殆尽。

现存的昆明太和宫金殿建于清代康熙十年（1671年），并在殿中横梁上发现"康熙十年平西亲王吴三桂室人王氏敬造"等字样。这座金殿比武当山现存的两座金殿还要高大。殿堂、屋脊、墙壁、瓦棱、斗拱、梁柱、门窗无一不是铜铸，整座建筑金光灿烂，浑然一体。就连殿内神像、供桌、帏幔均由铜铸成，是名副其实的纯铜金殿。金殿周围台基用砂石铺砌，四围护栏用大理石制成，殿正面悬楹联一副：金殿凤凰鸣晓日，玉阶鹦鹉醉春风。金殿右侧有环翠室，左侧是绮霞宫，后面有鹦鹉园。殿后有一株名贵的山茶，据说系明代古木。这株山茶叫"蝶翅"或"照殿红"，每逢正月，"蝶翅"吐艳，宛若千朵红云、万片彩霞。每年正月初九，上凤鸣山赏花游金殿，是昆明旧时习俗之一。①

大观楼

大观楼位于昆明市西 2 千米的大观公园内。园因楼而得名，大观楼与大观楼长联，相得益彰，驰名中外。

据有关史料记载，现在大观公园一带风景区，因南临滇池，与太华山隔水相望，故明代称为"近华浦"。明代黔国公沐氏曾在此建西园别墅。清初吴三桂为运粮而挖通从近华浦至

图 5-18 大观楼外景

小西门外仓储里的运河，使这里成为一处水陆通道。康熙二十一年（1682 年），有湖北僧人到此讲经，并建观音寺，游人渐多，始成游览区。自康熙三十五年（1696 年）大观楼建成后，这里便成为昆明著名风景区，迁客骚人，多会集于此，酌酒吟诗。时有寒士孙髯翁出手不凡，傲然写出一副长联，轰动一时。大观楼长联上联写滇池风物，下联写云南历史。长联全文如下：

五百里滇池，奔来眼底。披襟岸帻，喜茫茫空阔无边。看东骧神骏，西翥灵仪，北走蜿蜒，南翔缟素；高人韵士，何妨选胜登临，趁蟹屿螺洲，梳裹就风鬟雾鬓，更蘋天苇地，点缀些翠羽丹霞；莫孤负四围香稻，万顷晴沙，九夏芙蓉，三春杨柳。

① 李昆声：《云南文物古迹》，云南人民出版社 1984 年版，第 158 页。

图 5-19 大观楼长联

数千年往事，注到心头。把酒凌虚，叹滚滚英雄谁在。想汉习楼船，唐标铁柱，宋挥玉斧，元跨革囊；伟烈丰功，费尽移山心力，尽珠帘画栋，卷不及暮雨朝云，便断碣残碑，都付与苍烟落照；只赢得几杵疏钟，半江渔火，两行秋雁，一枕清霜。

自长联问世以后，有昆明名士陆树堂用行书书写刊刻，挂于大观楼前，颇为游人赞赏。至咸丰七年（1857年），陆书写的长联与楼同毁于兵火。现存的大观楼是同治五年（1866年）马如龙重建的。楼高约15米，为三层三檐的木结构建筑。光绪十四年（1888年），云贵总督岑毓英托赵藩将乾隆间孙髯翁所撰180字长联，以工笔楷书重新刊刻在木联上，挂于底楼。木联蓝底金字，书法遒劲，游人争相传诵，闻名于世，被推称为"天下第一长联"。①

孟连宣抚司署

孟连宣抚司署位于普洱市孟连傣族拉祜族佤族自治县旧城内，是清代土司衙署的代表，也是云南唯一的一座由傣汉两族建筑合璧的大型建筑群，是云南18座土司衙署中保存最好的一座。

现存建筑为清代光绪五年（1879年）修建，历时十载，耗资10

---

① 李昆声：《云南文物古迹》，云南人民出版社1984年版，第164页。

图 5-20 孟连宣抚司署大门

图 5-21 汉傣合璧的建筑

万银元。衙署始建于明代永乐年间，清末被焚毁，光绪时重修。孟连傣族土司在清代康熙四十八年（1709 年）被封为世袭的"孟连经制宣抚司"。从明代至清代，直至民国时期，共有 28 代傣族土司在该衙署内办公，实行统治。孟连宣抚司设世袭土司召贺罕、副土司召根勐，下设议事庭长萨迪龙（总理）、叭帕萨（内务）、法干贺（财政）、召卡（外交）、法郎勐和班勐弄（警察、土兵、治安）。每当新土司上任，均在衙署内举行典礼，委任大小头人，接受庆贺。衙署占地 12484 平方米。整组建筑群落分正厅、议事庭、东厢楼、西厢楼、门堂、谷仓、厨房、监狱等。四周设 4 道侧门，并用围墙护卫院落。衙署的主体建筑是傣族建筑风格的干栏式 3 层楼房，三重檐歇山顶，长 24 米，宽 15.8 米，高 10.2 米。楼房上部的木结构、斗拱、飞檐等又是汉族建筑风格。楼房木刻装饰浮雕是傣族美术风格。干栏的桩柱 6 排共 47 根。正厅 2 层，为土司住房，门堂歇山式顶，也有飞檐、斗拱等汉族建筑风格。[1]

三、近现代建筑与革命遗址

云南陆军讲武堂旧址

云南陆军讲武堂旧址位于昆明市城区翠湖西畔的承华圃。讲武堂最早创办于清宣统元年（1909 年）八月十五日，是清末统治

图 5-22 讲武堂外景

---

① 李昆声：《云南艺术史》，云南教育出版社 1995 年版，第 360 页。

者在推行"新政"名义下建起来的。当时，新军甫立，恒苦乏才，便将承华圃旧有房舍酌量添修，设立讲武堂，作为培养下级军官和轮训新军及巡防营军官的校所。

云南陆军讲武堂直隶于陆军督练处督办，督办由云贵总督兼任，下设学堂总办。讲武堂创办时督办为护理云贵总督沈秉坤，后为云贵总督李经羲。学堂总办先是胡文澜，后为兵备处总办高尔登兼任，监督为李根源。1910年4月，李根源继任总办后，监督为沈汪度。讲武堂初创时学员分甲、乙、丙3个班，甲、乙班学员均系陆军第十九镇及巡防营管带以下军官奉调入堂深造，丙班生系招考的16—22岁普通中学以下学校的学生，以备充下级军官之用。教官多为清末派遣留学日本士官学校的留学生，因此讲武堂授课的教材与教学方法多仿照日本军事学校，以日本士官学校的先进经验来培训学生。由于当时讲武堂的教官大部分是同盟会会员，他们在讲武堂师生中开展了大量的宣传鼓动工作，传播革命思想，传阅各种革命书刊，并秘密设立同盟会组织，在学生中也发展了一批同盟会会员，壮大了革命力量，使讲武堂成为云南革命党人的主要据点。辛亥武昌首义后，云南革命党人奋起响应，于1911年10月30日（农历九月初九）在昆明成功地举行了推翻清政府的"重九"起义，讲武堂师生是辛亥"重九"起义的中坚力量。云南陆军讲武堂后改称"云南讲武学校"。云南全省光复后，讲武学校仍沿旧办理，成为一所培养军事人才的专门校所。云南陆军讲武堂自1910年创办至

图5-23 讲武堂内的四合院

1928 年，共办了 19 期，毕业学员有 4000 余人，其中还有朝鲜、越南等国青年以及南洋华侨青年，均系护、靖各役之后，慕名远道而来的学者。尤其值得一提的是，朱德总司令、叶剑英元帅、周保中将军，早年曾先后入堂肄习，后来成为声震中外的将领，他们先后在护国运动、北伐战争、抗日战争、解放战争等历次大战中，立下赫赫战功。

现存云南陆军讲武堂旧址的主楼，是一座走马转角式的二层砖木建筑。讲武堂主楼分东、南、西、北 4 幢楼房，各楼对称衔接，浑然一体，成一方形四合院，四合院内系露天操场。四幢楼房各约长 120 米，宽 10 米，高 12 米；南楼中部的阅操楼约高 15 米，宽 13 米。由于云南陆军讲武堂在推翻清王朝的统治和粉碎袁世凯复辟帝制中起过积极作用，在近代云南旧民主主义革命史上占有极其重要的地位。①

灰坡抗日战场遗址

灰坡抗日战场遗址位于保山市隆阳芒宽西亚村西约 12 千米的高黎贡山东坡灰坡山梁一带，东距勐古渡约 15 千米，为 1945 年中国远征军反攻高黎贡山的主要战场之一。山梁地处怒江河谷与高黎贡山之间，是古道从六库栗柴坝或从芒宽勐古渡上山，前往腾冲两条古道的交汇口。山梁走势西高东低，山顶为一纵长 70 米、横宽 30 米的平缓台地，周围地势陡峻如削，对山下的小横沟古道交叉口及上山道路形成俯射、控制之势。1943 年日军占领高黎贡山后，曾在该地修筑大量工事，常驻一个中队以上的兵力，并多次派兵下至栗柴坝和勐古渡等地骚扰。1944 年 5 月 11 日，中国远征军渡江反攻高黎贡山，为了夺取该要路通道，曾派 198 师两个团对该地实施围攻，在盟军飞机和江东炮兵全力支援下，

① 李昆声：《云南文物古迹》，云南人民出版社 1984 年版，第 202 页。

经过三天激战，毙敌副联队长及以下守兵 100 余人，于 14 日从三面攻入敌方山顶核心阵地，夺回了通向高黎贡山的第一个立足点。而今在山顶坡地上，仍可见到大量的明碉暗堡、战壕掩体及密集的爆炸弹坑等遗迹。其中，直径在 3 米以上的飞机弹坑就有 10 余个，足见当年战争的惨烈程度。

冷水沟—北斋公房垭口抗日战场

冷水沟—北斋公房垭口抗日战场位于保山市隆阳芒宽西亚村西约 32 千米高黎贡山山顶的冷水沟—北斋公房垭口一带，东距茶铺遗址约 12 千米。山口海拔 3150 米，为保腾古道北线翻越高黎贡山的最高控制点，地势西高东低，左右两侧为山梁环抱，东西长约 1 千米，南北宽约 200 米。古道由东向西穿谷而过，这里自古以来就是古道交通线上的天险要隘。1943 年日军占领高黎贡山后，曾派数百人常驻该地，沿山洼边的白凤坡高地修筑大量坚固工事，作为东下灰坡、栗柴坝、勐古渡与远征军隔江对峙的主要依托。1944 年 6 月，远征军 198 师渡江攻克灰坡、马面关、小松山、大松山、茶罐口等地后，以一个团绕袭敌后，两个团从正面向该地发起强攻。历经一个多月的冒雨进攻、反复争夺，终以牺牲 500 余人的代价将山口夺回，掌握了反攻腾北界头的主动权。这次战斗史称"冷水沟战役"。目前在垭口及东侧的白凤坡高地上，保存了大量激战后留下的明碉暗堡、战壕掩体及弹坑等遗迹。

大塘子抗日战场遗址

大塘子抗日战场遗址位于保山市隆阳芒宽百花林大鱼塘（史称"大塘子"）村东麻栗山一带，为南方丝绸之路上已知战争规模最大、遗迹分布最广的抗日战场之一。战场西靠高黎贡山主脉，东临渊深万丈的双虹桥峡谷，素为高黎贡山南斋公房东坡古道的交通要隘。1943 年日军扫荡腾北，占领高黎贡山后，曾派 1000

多人组成的"黑风部队"驻守该地，构筑大量坚固工事与我守军隔江对峙，并不时下山至江边一线抢掠骚扰。1944 年 5 月，中国远征军第 53 军渡江反攻，在这里遇到日军的顽强阻击，历经半个月的反复强攻，终于在美军飞机和东岸炮火的支援下，将守敌击溃，打开了反攻高黎贡山的通道。现存的战场遗址西起大鱼塘东侧的麻栗山主峰打鹰墩，东至双虹桥西岸的烫习大尖山，东西纵距约 7 千米，南北横距约 2 千米，内有大小山峰共 7 座，分别对双虹桥至大鱼塘之间的主、支两线古道形成俯控、夹峙之势。具体又可分为烫习大尖山两峰的一线阵地和麻栗山打鹰墩、大营盘、小营盘、防风山一带的二线阵地。目前可见遗迹主要是当年日军修建的明碉暗堡、环形战壕、大小掩蔽部、各种射击掩体及远征军反攻留下的大量弹坑和进攻通道等，分布范围在 1.5 万平方米以上。

滇越铁路

滇越铁路原是法国殖民当局根据不平等条约修建的。这条铁路因起于原法属殖民地越南的海防，经老街过中越边界，进入云南

图 5-24 滇越铁路碧色寨

省，自河口镇向北延伸，一直通往省城昆明，故称"滇越铁路"。

　　修建滇越铁路是我国近代外交史上的奇耻大辱。自 19 世纪 60 年代开始，英法帝国主义便侵入云南，互相角逐。法国自入侵以后，步步紧逼，意欲控制云南，变云南为其殖民地。1885 年，法国通过中法战争与清政府缔订《中法会订越南条约》，取得了对越南的"保护权"及在我国西南诸省通商和修建铁路之权。1895 年，法国借口"三国干涉还辽"有功，强迫清政府签订了《中法续议界务商务专条》，取得了越南铁路展修入中国境内的许诺，接着又迫使清政府于 1898 年 4 月 10 日换文承认："中国国家允准法国国家或所指法国公司，自越南边界至云南省城修筑铁路一道，中国国家所应备者，唯有该路所经之地与路旁应用地段而已。该路现正勘察，以后另由两国合计，再行会同订立章程。"法国攫取滇越铁路修筑权后，即派人详勘路线，绘制蓝图，并正式成立滇越铁路法国公司，积极兴工。

　　滇越铁路从越南海防到老街，称"越段"，从我国云南省河口到昆明，称"滇段"。该段铁路自 1901 年动工，先筑成越南境内一段，又于 1904 年开始修筑滇段。法国人原拟将云南繁荣的城镇与人口密集的农村联成一线，勘定了经河口、新街、新现、鸡

图 5-25　清末照片中的滇越铁路

街、建水、馆驿、通海、玉溪、昆阳、晋宁、呈贡而达昆明的西线，但因沿线人民强烈反对，故弃平坝而走山道，改为由河口经碧色寨到开远（为下段），又由开远沿南盘江经盘溪至宜良（为中段），再由宜良经呈贡抵于昆明（为上段）的东线。1903 年 12 月，法国政府批准滇越铁路改采东线。1904 年，滇越铁路正式开工修建。1909 年 4 月 15 日，滇越铁路通车至蒙自碧色寨。1910 年 4 月 1 日，全线筑成通车。[1]

滇越铁路轨距 1 米，全长 855 千米，全部建筑费用近 1.59 亿法郎，比我国轨距 1.6 米的铁路建筑费用高约 1 倍，足见滇越铁路工程的浩大。

---

[1] 李昆声：《云南文物古迹》，云南人民出版社 1984 年版，第 204 页。

第二节

未曾迟暮——清代民国时期南方丝绸之路沿线的重要文物与对外交流

一、珠宝首饰

　　清代、民国时期的首饰经过长期演变发展形成了以奇美多样为特色的各民族饰品艺术。这一时期，首饰加工业发展较快，制

图 5-26　清代金镶翡翠耳环

图 5-27　清代翡翠扳指

图 5-28　民国白族银耳环

图 5-29　民国傣族银鎏金套筒式耳柱

造金、银、铜、玉饰品的匠人大幅增加，形成了一些饰品加工的主要地域中心。例如翡翠玉器的加工在腾冲，金银首饰的加工在昆明、大理一带。由于翡翠原产缅甸，而清代、民国又是翡翠饰品最盛行的时代，所以这一时期的南方丝绸之路保山—缅甸沿线还出现了一条专门运输翡翠原石的"玉石之路"，成为南方丝绸之路上一道独特的风景线。

二、其他文物

贝叶经

贝叶经是刻写于窄长形棕榈科贝多罗树叶上的佛教经典，印度及中国新疆与西藏地区均有大量早期的贝叶经遗存。经过佛教的传播发展，贝叶经现为南传上座部佛教传统文化的典型代表之一。贝叶经的内容丰富，除了南传上座部佛教的经典之外，还有与生产、生活有关的丰富多彩的内容。除了佛寺集中收存贝叶经外，傣族民间也收藏有各类贝叶文献。其制作过程大致如下：从贝树上砍下叶片；然后用刀修割整齐并捆好、蒸煮；完成之后到河边用细砂搓洗干净；压平晒干；通风制匣；用铁錾刻写；植物果油掺锅底黑灰涂字；装订成册；最后在边沿涂彩漆或金粉装饰。贝叶经囊括了南方丝绸之路上南传佛教传统文化的整体内容，在沿线的各民族中学习和传承。贝叶经的覆盖面遍及云南所有的傣族聚居区，并推及整个东南亚及南亚次大陆地区。

图 5-30 贝叶经

孟连土司朝官补服

孟连土司朝官补服，
系清康熙四十八年（1709
年），世袭孟连土司刀派
鼎贡象受封宣抚司世职
以后，清朝廷赐予宣抚
土司的从四品官补服。
补服为黑色丝缎袍，衣
长117厘米，袖长44厘
米、宽34.5厘米，腰宽

图5-31　孟连土司朝官补服

72厘米，弧形下摆97厘米。无领，胸部正中绣成方形图，用金
线绣有孔雀、太阳纹、云纹、水波纹。

彝族纳苏支系土司夫人服

彝族纳苏支系土司夫人服衣
长100厘米，袖通长140厘米、
宽50厘米，裙长100厘米、
宽75厘米。该套土司夫人服于
1995年由楚雄州武定县环州乡大
村征集，由蓝绸缎暗花布底大袖
上衣、绿绸缎底长裙及菱形包边
框镶黑布构成。蓝绸缎暗花布底
大袖上衣，圆领，大襟，右衽，
布纽，托肩、衩口及下幅镶拼

图5-32　彝族纳苏支系土司夫人服

白底绸缎和花边，并饰涡纹，白底绸缎上刺绣蝴蝶纹、盘绦纹、
花卉纹等，袖管白绸缎底以五彩丝线绣蝴蝶及花草纹。绿绸缎底
长裙，白布腰，开衩，裙摆下部及正面绣马缨花及动物纹、花草
纹、缠枝花卉纹，色彩鲜艳夺目，五彩缤纷。菱形包边框镶黑

布，其上绣花卉纹，正中填绣花卉纹、凤纹，底沿缀彩绸条。

孟连宣抚司象牙印章

孟连宣抚司象牙雕刻印章，整体为圆形，印面直径5厘米，由上至下微收为斜塔状，小圆钮。该印章通高6.2厘米，中心为坐式狮子，狮尾呈花形图案，周围雕有条式花纹，狮子底部有一朵向日葵。该印章为民国时期孟连宣抚司署的用印，是难得的保存完好的土司官印遗物。

图 5-33 孟连宣抚司象牙印章

第 六 章

一带一路——国外重要考古遗址

缅甸考古遗址

缅甸很早就与中国交往，相传在公元前 200 年，缅甸的早期主体民族骠人便进入伊洛瓦底江的上游地区，曾掌控着中国和印度之间的一段通商之路。我国有关缅甸的记载，最早是《汉书·地理志》称其为"谌离国"，其故地可能在今缅甸中部一带。

而中国对外早期交往最有名的一段是沿着南方丝绸之路而来的大秦幻人，通过缅甸来到中国。这段历史在《后汉书》中是这样记载的：

永宁元年，掸（今中国云南、缅甸地区）国王雍由调复遣使者诣阙朝贺，献乐及幻人，能变化吐火，自支解，易牛马头。又善跳丸，数乃至千。自言我海西人。海西即大秦也，掸国西南通大秦。[1]

东汉时期掸国王雍由调"献乐及幻人"，揭开了中缅早期音乐交流的序幕。而在今天所能见到的缅甸考古遗址中，骠国古城遗址是东南亚地区较早的古城遗址之一，其创造的文化奠定了后来蒲甘王朝文化的基础。

骠国是古代缅甸发展程度较高的早期文明国家。公元前 2 世

---

[1] 范晔：《后汉书》卷八六《南蛮西南夷列传》，中华书局 1965 年版，第 2851 页。

纪，骠人在缅甸中部建立了骠国。骠国以人工灌溉农业经济为主，同时还发展手工业和商业贸易，建设城市，建立封建阶级社会的统治制度，创造了灿烂的文化。公元832年，南诏攻陷骠国都城室利差旦罗，掳掠3000名骠人至拓东城（今昆明市），骠国遂亡，后为缅人所建的蒲甘王国所取代。

骠国古城遗址位于缅甸中部，坐落在伊洛瓦底江中游左岸，包括罕林（位于实皆省）、毗湿奴（位于马圭省）和室利差旦罗（位于勃固省）。骠国古城遗址年代为公元前200年至公元900年。遗迹包括宫殿城堡、墓葬、手工业作坊以及巨大的砖砌佛塔、部分完整的城墙和排水设施。骠国古城的城墙多为圆形、椭圆形或四边形。城墙上有12个城门，城门外宽内窄。城墙外通常有护城河。皇宫坐落于城市的中央。2014年，联合国教科文组织将其列入世界文化遗产名录（图6-1）。[①]

图6-1 骠国古城遗址

---

① 云南省文物考古研究所官方网站：http://www.ynkgs.cn，2015年5月21日发布。

第
二
节

泰国班清考古遗址

泰国这片土地很早就有人类居住，如马来人、孟人、高棉人、佬族等。在泰国的考古遗址中，最为中国考古学界所熟悉的是班清遗址。

班清位于泰国东北部乌隆府以东的廊汉县，坐落在一个高高的蛋形土丘上，面积大约有 1 平方千米。

很久之前班清当地人便经常看到许多露出地面的彩陶器砂片。1957 年，一个名叫班卢·蒙特里皮塔克萨的居民发现了一个完整的彩陶罐，将其交给当时班清学校的校长普罗米·斯里萨纳克鲁保存。1960 年，当时泰国艺术厅七处处长查伦·波尔特查去其所管辖的区域督查考古事宜，在班清学校和土丘上都发现了彩陶器，但由于当时人们还全然不知道这种彩陶的重要性，都未重视。1962 年，美国夏威夷大学考古学家苏恒翰向泰国艺术厅提出了一个对泰国东北部将修筑水库的地区进行抢救文物性质的联合调查计划，得到当时美国驻泰国大使的夫人帕特里夏·扬和美国国务院艺术顾问伊丽莎白·莱昂及泰国艺术厅的大力支持。1963 年，普罗米·斯里萨纳克鲁把那个收藏了多年的彩陶罐转交给了泰国艺术厅。苏恒翰见到彩陶罐后认为这是一项重大发现，因为陶罐有早期能诺他陶器上具有的螺旋纹。1966 年，美国驻泰国大使夫人帕特里夏·扬之子史蒂夫·扬在班清当地做社会调查时偶然发现了一些绘有复杂的涡卷纹的陶器残片，便捡了几片带到曼谷。伊丽莎白·莱昂知道这些不寻常的陶片后，便安排送了一些去美国宾夕法尼亚大学，通过新发明的热释光法技术进行断代，热释光法断代的时间为公元前 4630 年。

1967 年春天，泰国艺术厅指派考古部考古学者威迪稚·英塔柯赛主持班清遗址的首次官方发掘。随后泰国艺术厅又在波特·基昆和尼空·苏蒂拉格萨的指导下，在班清进行了两次小范围的发掘。1971 年，曼谷的两所大学又进行了一次小范围的联合发掘。1973 年，泰国艺术厅又开展了进一步发掘。泰国国立博物馆馆刊发表孔·清尤地文章，首次用泰文及英文描述了发掘情况及出土物。1972 年 9 月，泰国教育部副部长与伊丽莎白·莱昂商谈由美国一个博物馆同泰国艺术厅进行合作的安排。

宾夕法尼亚大学于 1974 年和 1975 年间负责对班清遗址进行了系统的发掘。这次发掘出土了丰富的文物：5000 多袋陶片、123 座墓葬、2000 多件器物及土壤标本、动物骨骼、木炭标本和其他器物。

1976 年，《探索》（18 卷 14 号）发表了戈尔曼和皮赛特合写的班清遗址的第一篇发掘报告。专家们把班清遗址的发展过程划分为假定的 7 个时期。第一期和第二期出土物包括青铜（主要是红铜和锡的合金）和"黑灰色磨光刻纹陶器：有纹饰的和光素的饮器及各种绳纹和磨光的器皿"。这两个时期的断代为公元前 3600 年到前 2900 年，比当时世界其他地区已知的锡合金青铜都要早。从遗址文化最底层到顶层的陶器上，都发现了稻壳的印痕，表明陶器很多是以稻糠为掺和料，稻谷是当时经济的重要成分。第三期出土物有弧线刻纹的大绳纹陶罐，时代为公元前 2000 年。第四期出现了彩陶，其制作方法是在几何形或圆形、涡形的刻画纹

内加红色彩绘。除了丰富的青铜器外，尚发现了 3 件铜筒铁矛、1
件包铁的铜手镯和 1 件铁丝编绕而成的手镯，此期的年代为公元
前 1600 年至前 1200 年。铁的冶铸出现的时间，远远超过了既往
学界对亚洲出现时间的预测。第五期的断代为公元前 1000 年至前
500 年，第六期断代为公元前 300 年至前 250 年，出现了大量黏
土制的小动物模型，玻璃和石制的珠子，青铜制的耳环、手镯、
脚镯，浅黄色的彩陶，以及器壁较厚、上有红色陶底的其他陶
器。此外，还有一种陶制的
表面有花纹的滚筒，可能是
为织物印制图案之用。（图
6-3）遗址第七期的断代为
公元 1600 年至 1800 年。
1992 年，联合国教科文组
织将其列入世界文化遗产名
录。①

图 6-3 班清遗址出土陶器

---

① 彭南林：《泰国班清文化》，《云南民族学院学报》1987 年第 3 期；云南省文物考古研究
所官方网站：http://www.ynkgs.cn，2014 年 1 月 14 日发布。

第三节

阿富汗考古遗址

　　位于中亚腹地的阿富汗曾是丝绸之路的中心、四方文化的汇集之地，波斯文明、希腊文明和华夏文明、印度文明都曾在这里碰撞并沉淀出独特的历史文化。

　　今阿富汗这片土地的历史可追溯到公元前 6 世纪波斯帝国居鲁士大帝远征时，后将其纳入统治。公元前 4 世纪后期，古希腊马其顿王国国王亚历山大率军东征，将希腊文明带到今阿富汗境内，沿途建造了很多希腊化城市。亚历山大大帝东征后又将其并入帝国。亚历山大死后，帝国三分，阿富汗地区又转属于东部的塞琉古王朝。有关南方丝绸之路的记载源于张骞出使西域的沿途国家——大夏（大夏即希腊人在中亚所建立的希腊－巴克特里亚）。大夏地理位置约在今乌兹别克斯坦东南部、塔吉克斯坦和阿富汗北部。在这里，张骞看到了蜀布和邛竹杖，询问当地人得知是从南边的身毒（印度）传来的。可以说，这是后来汉武帝决心打通蜀身毒道从而促使南方丝绸之路的原因。

　　约公元前 250 年，阿姆河和兴都库什山之间（其中包括阿富汗北部）的巴克特里亚总督脱离塞琉古王朝而独立，建立了希腊化的巴克特里亚王朝（中国史籍称大夏、吐火罗等），这是张骞出使西域回来后首次提及的西域古国之一。《史记·大宛列传》记载："大夏在大宛西南二千余里妫水南。其俗土著，有城屋，与大宛同俗。无大长，往往城邑置小长。其兵弱，畏战。善贾市。及大月氏西徙，攻败之，皆臣畜大夏。大夏民多，可百余万。其都曰蓝市城。有市，贩贾诸物。其东南有身毒国。"公元前2世纪上半叶，原驻于河西走廊的大月氏人被匈奴人所败，遂西迁至阿姆河流域，公元前140年至130年征服大夏，将中亚地区的希腊人逐向印度西北部。由于阿富汗的特殊区位，一直以来都是兵家必争之地，后世的突厥、花剌子模和蒙古等都统治过这块土地，至今国内依旧战乱不断，文物流失情况较为严峻。

阿富汗早期的遗址如法罗尔丘地、阿伊哈努姆、蒂拉丘地和贝格拉姆是阿富汗境内著名的考古遗址，时间为公元前3世纪至公元1世纪。法罗尔丘地遗址是1966年一位农民发现的，当地政府得知后迅速将文物收回并收藏于阿富汗国家博物馆。"法罗尔"的名字来自最近一个村子的名字，位于阿富汗东北部的巴格兰省。该遗址周边拥有非常丰富的锡和青金石资源，也是阿富汗最早开采的矿区之一，出土的金碗和银碗有约4000年的历史。阿伊哈努姆是一个典型的希腊城邦遗址，城市设施十分完善，体育

图6-4 王冠，蒂拉丘地6号墓出土，材质为金、绿松石，长45厘米，宽13厘米

图6-5 神人驭龙吊坠，蒂拉丘地2号墓出土，材质为金、绿松石、石榴石、青金石、玛瑙、珍珠，长12.5厘米，宽6.5厘米

馆、剧场、神庙、王宫等无一不有。但巴克特里亚王国的文明痕迹并没有被完全抹掉，它与希腊文明相互融合，众多的艺术和文化在这里汇集，形成了独特的希腊·巴克特里亚式风格。蒂拉丘地遗址被誉为"黄金之丘"，1978年，考古学家维克托·萨瑞阿尼迪在阿富汗北部蒂拉丘地发现了数座古代墓葬，出土了古代黄金制品2万多件，都可追溯到希腊化时代（图6-4、图6-5）。

贝格拉姆是沟通中亚与印度的要地，也出土了众多器物。经考证，该遗址发现的玻璃器、青铜器和石膏来源于罗马，象牙和骨雕出自印度（图6-6），漆器则产自中国。①

图6-6 女神雕像，贝格拉姆10室出土（1世纪），材质为象牙，高45.6厘米

① 〔美〕沙伊斯塔·瓦哈卜、巴里·扬格曼：《阿富汗史》，杨军、马旭俊译，东方出版中心2016年版。

第
四
节

印度和巴基斯坦考古遗址

印度文明也是四大古文明之一。历史上，古印度不断遭受外族入侵，但他们也以自己特有的方式同化着入侵的民族，从而在印度次大陆形成了一个复杂多样的"多元文化"社会。在印度中央邦中东部的迈格拉岭讷尔默达河谷地区发现的一些零散的早期人类化石（后定名为"讷尔默达人"），是南亚地区现存最古老的人类化石。考古学家估计，其存在年代从距今 20 万年到 50 万年不等。这表明了至少在旧石器时代中期，印度已有人类居住。

古代各国文献最早提到印度的是波斯大流士的贝希斯敦铭文，最早记载南亚次大陆历史的史家是古希腊的希罗多德，他在《历史》中开始把印度河以东广大地域称为印度。在我国，《史记》称其为身毒，《汉书》则称其为天竺，玄奘在其《大唐西域记》中始改译其为印度。

最古老的印度文明是公元前第三千纪的印度河流域文明，以代表遗址所在地哈拉帕命名，称为"哈拉帕文化"。印度文明是一个分布范围非常广大的文明，大致与两河流域及古埃及文化处于相同时期。哈拉帕文化在达到相当发达和成熟的情况下，由于至今不明的原因而衰落以至于最终彻底消失。随后是约在公元前1700 年，来自里海和黑海地区的雅利安人越过兴都库什山经由开伯尔山口进入南亚次大陆，成为这里的主要居民。雅利安人先后统治印度次大陆1000年左右。在公元前600年前后，印度进入十六雄国时期。到公元前6世纪末期，波斯帝国阿契美尼德王朝国王大流士一世征服了印度河平原一带。在大流士一世之后侵入印度的是马其顿国王亚历山大大帝，他以摧枯拉朽之势东征打败了波斯人、印度人。后来印度人击败马其顿人的部队，建立起印度历史上的第一个帝国式政权孔雀王朝。月护王赶走了希腊人在旁遮普的残余力量，逐渐征服北印度的大部分地区。特别是在第三代国王阿育王时期，国家发展到巅峰。而孔雀王朝统一的时间并未维持多久，从公元前2世纪初开始，大夏希腊人、塞人和安息人先后南侵印度，塞人的侵略尤其广泛，在印度建立了许多公国。大月氏人成为印度最成功的侵入者，他们在北印度建立了强大的贵霜帝国，与当时汉朝并称为古典时期的四大帝国（还有古罗马和安息）。后来印度分别经历过笈多王朝、后笈多王朝、拉其普拉时期、德里苏丹国、莫卧儿帝国和欧洲殖民的历史。今天的印度和巴基斯坦是在1947年印巴分治后才分为两个国家的。因为历史原因，时至今日，印度的宗教相当繁杂，有最古老的婆罗门教、佛教、耆那教、印度教、锡克教、伊斯兰教等。因为考古属于现代科学，最早印度考古发掘主要是由印度考古局来实施，起源可追溯到"孟加拉亚细亚学会"的创建。该机构由威廉·琼斯爵士（1746—1794年）于1784年1月15日在英属印度的首都加尔各答创立，宗旨是为了探索亚洲的历史、文化、艺术、科学与文学。在这片肥沃的土地上，最有名的早期遗址则属前面提到的

图6-7 哈拉帕遗址

南亚次大陆青铜时代文化的哈拉帕文化遗址（图6-7）。[①]

哈拉帕遗址

　　印度河发源于青藏高原喜马拉雅山脉南麓，南北纵贯今天的巴基斯坦，于著名港口城市卡拉奇附近注入阿拉伯海。1826年，英国探险家梅森在印度西北部旁遮普地区的一处高地上，意外地发现了由各种砖石构筑的建筑废墟。这些塔墙、街巷令他震惊，梅森在日记中记载了这次发现。不过此次探险记录并没有多少人关注，直到27年后一位名叫坎宁安的工程师看到这段记载后被强烈吸引，立志追寻梅森的足迹一探究竟。坎宁安来到印度几经周折，终于在今巴基斯坦旁遮普省南部的哈拉帕找到了这处遗址，此后的考古发掘为世人揭示了这一重大的人类文明。从哈拉帕发掘中出土了一些动物印章（图6-8、图6-9）和青铜雕像。动物印章多用边长3～5厘米的小石雕刻而成，技法精湛，用于封泥、捺印，或具有护身符的作用。印章上雕刻的动物象征含义以及文字至今仍未被破解。

　　在墓穴中，有些墓主人戴着指环、滑石珠链、脚镯和手镯。墓里面满是铜镜、轻薄的汤勺及水壶，一些女性尸骨上还戴有小

图6-8 动物纹刻符印章（前25世纪至前20世纪），印度新德里国家博物馆藏

图6-9 虎纹刻符印章（前25世纪至前20世纪），印度新德里国家博物馆藏

①〔德〕赫尔曼·库尔克：《印度史》，王立新、周红江译，中国青年出版社2008年版；邹飞：《印度考古局发展史的四个历史时期》，《南亚研究季刊》2015年第3期。

珠串成的脚镯和镶嵌着珍贵宝石的束腰，和今天印度女性的装扮有些类似。

哈拉帕属农业文明，采用灌溉农耕的方式。这样做是农业技术和地理环境相结合的选择：广袤的印度河平原有利于灌溉农业的发展，还可以应对水患。他们除了种植小麦和大麦外，还有棉花、豌豆、甜瓜、芥末、芝麻、椰枣。驯养的动物有瘤牛、狗、猫、短角牛、家禽等，可能也驯养过猪、骆驼、水牛甚至象。值得一提的是，印度河流域是世界上最早种植棉花并应用于纺织的地区。据推算，哈拉帕城的人口达 3.5 万。①

摩亨佐·达罗遗址

摩亨佐·达罗遗址位于今巴基斯坦信德省拉尔卡纳县印度河边上，这里曾有一个著名的城市——摩亨佐·达罗（图 6-10）。1922 年，印度考古学家拉·杰·班纳等人发现了该城遗址，因城中遍布骷髅，所以称之为"死丘"或"死亡之丘"。

遗址占地约 8 平方千米，具有相当明确的建筑规划，有卫城、城墙、堡垒、路基，且原料全部是毛坯砖，如此的城市规模和水平，在当时世界上是独一无二的。学者们根据碳十四测定摩亨佐·达罗遗址年代为公元前 2500 年到公元前 1500 年。但奇怪的是，因为该遗址发现时城内还有很多遗骸，整个城市好像是在某种强大外力作用下突然间被摧毁的。

至于毁灭的原因，科学界至今仍有争议，专家们提出了洪水灾害、灭绝性疾病、地震、征服者入侵甚至核战争等几种可能的解释，而雅利安人入侵和综合因素说占据主流。科学家研究认

南方丝绸之路研究丛书 文物考古卷

---

① 〔德〕赫尔曼·库尔克：《印度史》，王立新、周红江译，中国青年出版社 2008 年版；伊夫提哈尔·H.马里克：《巴基斯坦史》，张文涛译，中国大百科全书出版社 2010 年版；乔纳森·马克·克诺耶：《湮没的印度河古城哈拉帕》，《环球人文地理》2011 年第 2 期；亚布：《印章文字与哈拉帕古城遗址相关问题考释》，《丝绸之路》2017 年第 4 期；《印章引发的思考——哈拉帕文化衰落之谜》，《文化博览》2007 年第 8 期；孙华铭：《神奇的摩亨佐·达罗》，《大众考古》2017 年第 9 期。

图 6-10 摩亨佐·达罗卫城遗址

为，印度河流域的热带森林孕育了古代农业，并成为阶级社会诞生、发展的自然基础。青铜利刃、文明之火，砍尽、烧光了一片又一片原始森林，终于引发了良性生态平衡的崩解，导致难以逆转的沙漠化过程，使一个兴旺的古代社会逐渐衰落到死亡的边缘。雅利安人的入侵和其后的漫漫风沙，彻底埋葬了印度河古代文明。[1]

城址分为西面的上城与东面的下城。据有关专家推算，摩亨佐·达罗最兴旺时的人口达到 4 万人。在上城居住着宗教祭司和城市首领，四周建有城墙和壕沟，城墙上还筑有许多瞭望楼，城内建有高塔、带走廊的庭院以及摩亨佐·达罗遗址大浴池。（图6-11）这座浴池面积达 1063 平方米，由烧砖砌成，地表及墙面以

---

[1] 陶建平：《浅论地理环境的变化与印度哈拉帕文明的消失》，《咸宁师范高等专科学校学报》；伊夫提哈尔·H.马里克：《巴基斯坦史》，张文涛译，中国大百科全书出版社 2010 年版；乔纳森·马克·克诺耶：《湮没的印度古城哈拉帕》，《环球人文地理》2011 年第 2 期；亚布：《印章文字与哈拉帕古城遗址相关问题考释》，《丝绸之路》2017 年第 4 期；《印章引发的思考——哈拉帕文化衰落之谜》，《文化博览》2007 年第 8 期；孙华铭：《神奇的摩亨佐·达罗》，《大众考古》2017 年第 9 期。

图6-11 摩亨佐·达罗遗址的大浴池

石膏填缝，再盖上沥青，滴水不漏。很难想象在几千年前能有如此发达的公共洗浴设施。最奇妙的是城市的地下排水系统，因为家家户户都有浴室，所以这些排水系统几乎连遍居民区。另外，考古学家还从遗址中发掘出大量精美的陶器、青铜像、各种印章以及包含500多个符号、2000多个文字的遗物。（图6-12、图6-13、图6-14）考古发现，该遗址出土的棉织物残片是迄今为止欧亚大陆上年代最早的织物残存。

图6-12 摩亨佐·达罗遗址出土的人像

图6-13 摩亨佐·达罗遗址出土的青铜舞娘像，其右手叉腰，略显慵懒，尤其是丰厚的嘴唇、浮肿的眼睛与今日印度的德拉维底人非常相似

图6-14 摩亨佐·达罗遗址出土的部分遗物

约在中国秦汉时期，希腊人在今巴基斯坦地区兴建了许多希腊化的城市。公元前189年，巴克特里亚希腊统治者征服了犍陀罗、旁遮普和印度河流域，以呾叉始罗为都城，并在塔拉姆河对岸（即东边）建立了一座新城代替皮尔山丘，它就是西尔卡普。（图6-15）该城以河流、山脉作为天然屏障，满足了希腊人按照其祖国的传统方式建设新城的条件。上城是该城中最高的堡垒部分，建在相连的山上，可以俯览城市的其余部分，城内或驻扎皇家军队，或建有神庙。和西尔卡普相连的哈提亚尔的小山就是上城，上下城之间有正式的石墙。[1]

图6-15 西尔卡普遗址

---

[1] 伊夫提哈尔·H.马里克：《巴基斯坦史》，张文涛译，中国大百科全书出版社2010年版。

第五节

越南考古遗址

越南的历史也很悠久，最为熟知的就是著名的越南东山文化，它是公元前 3 世纪至公元 1 世纪分布于越南义静省以北至中越边境这一广大地域内的一种青铜文化。年代相当于中国的战国至东汉时期。因其最早被发现的遗址位于越南清化省东山县东山乡而得名。1934 年，奥地利考古学家 R. 海涅·革尔登在《殖民地印度艺术的史前基础》文章中建议将在越南东山发现的铜器文化命名为"东山文化"。①

东山文化的发现非常偶然。1924 年，一位打渔人在马江岸边偶然拾得一些因暴雨冲刷而露出地面的铜器，将其卖给了清化省的一名税务官员巴若。1924 年到 1928 年间，巴若在东山村进行了考古发掘，地点在马江右岸一块耕地上。他雇佣当地民众发掘了一些埋葬较浅的古墓，收集了许多随葬品，共有 489 件铜器，还有少许石器、陶器与铁器。

东山文化主要分布在越南北部和中部永福、河山平、河北诸省，基本以越南北部红河三角洲一带为主，且集中分布在红河流域和马江流域。东山遗址内除了发现有发达的铜器文化外，还发

---

① 〔奥地利〕R.H.革尔登：《殖民地印度艺术的史前基础》，见《维也纳亚洲艺术和文化史评论》第 8 卷，1934 年版。

现有铁器，显示它是由青铜时代向铁器时代过渡的文化。关于东山文化的年代，学术界亦逐步有了一些共识。它的起点（上限）为公元前 350 年，下限则划定为马援将军镇压二征起义的那一年，即公元 43 年。

东山文化遗址出土遗物数量多，且种类繁复，有铜器、陶器、玉器、石器、水晶、铁器和木器等，涉及东山居民社会、经济和日常生活的各个方面。迄今在越南 12 个省、2 个市约 80 个地点发现了东山文化遗物，总共有 2800 余件（河内东英县古螺城发现的约 1 万件铜镞未计入），其中青铜器有 1500 多件。陶器大多为手制，一般先做好器身和器口，最后再将底部黏接上去。陶质主要为夹砂粗陶；陶色有红、褐、灰 3 种；制作方法有梳制法、划制法、拍制法、印制法和按压法等；纹饰以绳纹和网格纹为主，其他有几何纹、三角纹、圆圈纹、叶脉纹、波浪纹、螺旋纹等；生活用具以圜底釜、罐为主，其他有敞口瓮、圈足瓶、印模、盆、纺轮、网坠。石器以生产工具为主，都经过磨制，主要的器形有石锛、石斧、石凿、叉形器、盂形器、网坠、磨盘、石镞等，其他还有石环和石珠等少量装饰品。玉器以装饰器和礼器为主，有凸沿手镯、牙璋、玦等。铁器较少，主要为农业生产工具，以铁锄、铁斧、铁锸为主。东山文化的铜器发现最多，多为石范模制而成，可分为兵器、生产工具、生活用具等。

手工制造业中，制铜业和制陶业是最主要的部分。东山文化的古代铜匠已经知道在铜料中加入各种金属成分以制成铜合金，来制造青铜器。这些青铜器制作技艺精湛，造型优美，纹饰清晰，如玉镂鼓、黄夏鼓，纹饰繁复，精致细密，形象生动，栩栩如生。从河内东北的古螺城（图 6-16）发现的上万枚形制规整、统一的箭镞和各遗址发现的石范来看，当时的青铜铸造业已经规模化和标准化，青铜铸造工艺达到了很高的水平。

图 6-16 古螺城遗址

东山文化居民的造船技术也很发达，从铜鼓上的纹饰上能看到各种各样的船只，有在内河航行的简单的独木舟，也有在海洋上行驶的海船，船上船台、舵等各种设备都很齐全，能看见数十人在甲板上自由活动，船头上有着复杂的雕刻。从造船所使用的木料、船的形制大小和规模，可见船舶制造者已经有了很细致的分工，造船也成为一个非常专业化的工作。

东山文化居民的葬俗最主要的是竖穴土坑墓，叠葬的习俗比较特殊，多为两具或多具尸骨以同样的姿势重叠在一起。另外，还有发现从中国传入的瓮棺葬（在清化和富寿两地多见）和船棺葬（在海防的越溪地区多见）。此外，东山文化有两种独特埋葬形式：一是将尸骨焚化为骨灰后装入大铜缸内埋葬，另一种是将被斩首的人头颅骨整齐地放入铜盅或小铜缸内。这些都已经说明，当时越南的经济发展水平较高，已形成了一个比氏族部落更高的社会共同体——方国之类的国家。①

① 李昆声、黄德荣：《中国与东南亚的古代铜鼓》，云南美术出版社 2009 年版。

参考文献

一、历史文献

[1] 司马迁 . 史记 [M]. 北京：中华书局 ,1982.

[2] 班固 . 汉书 [M]. 北京：中华书局 ,1962.

[3] 陈寿 . 三国志 • 仓慈传 [M]. 裴松之，注 . 北京：中华书局 , 1999.

[4] 范晔 . 后汉书 [M]. 北京：中华书局 ,1965.

[5] 魏收 . 魏书 [M]. 北京：中华书局 ,1974.

[6] 房玄龄 . 晋书 [M]. 北京：中华书局 ,1974.

[7] 刘昫 . 旧唐书 [M]. 北京：中华书局 ,1975.

[8] 欧阳修，宋祁 . 新唐书 [M]. 北京：中华书局 ,1975.

[9] 李大师，李延寿 . 南史 [M]. 北京：中华书局 ,1975.

[10] 脱脱 . 宋史 [M]. 北京：中华书局 ,1985.

[11] 宋濂 . 元史 [M]. 北京：中华书局 ,1974.

[12] 张廷玉 . 明史 [M]. 北京：中华书局 ,1974.

[13] 赵尔巽 . 清史稿 [M]. 北京：中华书局 ,1998.

[14] 戴圣 . 礼记 [M]. 陈澔，注 . 上海：上海古籍出版社 ,1987.

[15] 桓宽 . 盐铁论读本 [M]. 郭沫若，校订 . 上海：上海人民出版社，1975.

[16] 许慎 . 说文解字 [M]. 北京：中华书局 ,1963.

[17] 郦道元.水经注 [M].上海:上海古籍出版社,1990.

[18] 常璩.华阳国志 [M].刘琳,校注.成都:巴蜀出版社,1984.

[19] 樊绰.蛮书校注 [M].向达,校注.北京:中华书局,1962.

[20] 杜佑.通典 [M].北京:中华书局,1988.

[21] 李昉,李穆,徐铉,等.太平御览 [M].北京:中华书局,1960.

[22] 王钦若.宋本册府元龟 [M].北京:中华书局,1989.

[23] 范成大.桂海虞衡志辑佚校注 [M].胡起望,覃光广,校注.成都:四川民族出版社,1986.

[24] 周去非.岭外代答校注 [M].杨武泉,校注.北京:中华书局,1999.

[25] 马可波罗.马可波罗行纪 [M].冯承钧,译.上海:上海书店出版社,2001.

[26] 郭松年,李京.大理行记校注 云南志略辑校 [M].王叔武,校注.昆明:云南民族出版社,1986.

[27] 刘文征.滇志 [M].古永继,校点.昆明:云南教育出版社,1991.

[28] 谢肇淛.滇略 [M].台北:台湾商务印书馆,1986.

[29] 邹应龙,李元阳.万历云南通志 [M].北京:中国文联出版社,2013.

[30] 倪辂.南诏野史会证 [M].王崧,校理.胡蔚,增订.木芹,会证.昆明:云南人民出版社,1990.

[31] 屠述濂.乾隆腾越州志 [M]// 中国地方志集成·云南府县志辑.南京:凤凰出版社,2009.

[32] 王崧.道光云南志钞 [M].杜允中,注.昆明:云南社科院文献所,1990.

[33] 刘毓珂.光绪永昌府志 [M]// 中国地方志集成·云南府县志辑.南京:凤凰出版社,2009.

[34] 顾祖禹.读史方舆纪要 [M].北京:中华书局,2005.

[35] 王叔武.云南古佚书抄 [M].昆明:云南人民出版社,1996.

[36] 龙云,周钟岳.新纂云南通志 [M].李春龙,审订.牛鸿斌,等,点校.昆明:云南人民出版社,2009.

二、相关著作

[1] 四川大学博物馆,中国古代铜鼓研究学会.南方民族考古(第一辑)[M].成都:四川大学出版社,1987.

[2] 四川省文物考古研究所.三星堆祭祀坑[M].北京:文物出版社,1999.

[3] 徐光冀.中国考古学年鉴(1998)[M].北京:文物出版社,2000.

[4] 云南省文物考古研究所,昆明市博物馆,官渡区博物馆.昆明羊甫头墓地[M].北京:科学出版社,2005.

[5] 云南省文物考古研究所,曲靖市文物管理所,等.曲靖八塔台与横大路[M].北京:科学出版社,2003.

[6] 云南省文物考古研究所.晋宁石寨山——第五次发掘报告[M].北京:文物出版社,2009.

[7] 云南省文物考古研究所,等.江川李家山第二次发掘报告[M].北京:科学出版社,2007.

[8] 中国社会科学院考古研究所,云南省文物考古研究所,等.陆良薛官堡墓地[M].北京:文物出版社,2017.

[9] 崔剑锋,吴小红.铅同位素考古研究——以中国云南和越南出土青铜器为例[M].北京:文物出版社,2008.

[10] 田怀清,黄德荣.大理丛书·文物考古篇[M].昆明:云南民族出版社,2009.

[11] 张树芳,赵润琴,田怀清.大理丛书·金石篇[M].昆明:云南民族出版社,2010.

[12] 石钟健.石钟健民族研究文集[M].北京:民族出版社,1996.

[13] 方国渝.滇史论丛[M].上海:上海人民出版社,1982.

[14] 方国瑜,林超明.《马可波罗行纪》云南史地丛考[M].北京:民族出版社,1994.

[15] 谭其骧.中国历史地图集[M].北京:中国地图出版社,1982.

[16] 方励之 . 科学史论集 [M]. 合肥：中国科学技术大学出版社 ,1987.

[17] 童恩正 . 古代的巴蜀 [M]. 成都：四川人民出版社 ,1979.

[18] 童恩正 . 南方文明 [M]. 重庆：重庆出版社 ,1998.

[19] 童恩正 . 中国西南民族考古论文集 [M]. 北京：文物出版社 ,1990.

[20] 蓝勇 . 南方丝绸之路 [M]. 重庆：重庆大学出版社 ,1992.

[21] 徐中舒 . 论巴蜀文化 [M]. 成都：四川人民出版社 ,1981.

[22] 四川省钱币学会 , 云南省钱币研究会 . 南方丝绸之路货币研究 [M]. 成都：四川人民出版社 ,1994.

[23] 南方丝绸之路文化论编写组 . 南方丝绸之路文化论 [M]. 昆明：云南民族出版社 ,1991.

[24] 段渝 . 南方丝绸之路研究论集 [M]. 成都：巴蜀书社 ,2008.

[25] 段渝 . 政治结构与文化模式——巴蜀古代文明研究 [M]. 上海：学林出版社 , 1999.

[26] 杨宽 . 战国史 [M]. 上海：上海人民出版社 ,1998.

[27] 黄锡全 . 先秦货币研究 [M]. 北京：中华书局 ,2001.

[28] 黄懿陆 . 滇国史 [M]. 昆明：云南人民出版社 ,2004.

[29] 霍巍 , 赵德云 . 战国秦汉时期中国西南的对外文化交流 [M]. 成都：巴蜀书社 ,2007.

[30] 霍巍 . 西南考古与中华文明 [M]. 成都：巴蜀书社 ,2011.

[31] 李绍明 . 巴蜀民族史论集 [M]. 成都：四川人民出版社 ,2004.

[32] 肖先进 . 三星堆与南丝路——中国西南地区的青铜文化 [M]. 北京：文物出版社 ,2007.

[33] 王炳华 . 丝绸之路考古研究 [M]. 乌鲁木齐：新疆人民出版社 ,1993.

[34] 西北师范大学文学院历史系 , 甘肃省文物考古研究所 . 简牍学研究 (第一辑)[M]. 兰州：甘肃人民出版社 ,1997.

[35] 伍加伦 , 江玉祥 . 古代西南丝绸之路研究 [M]. 成都：四川大学出版社 ,1990.

[36] 杨德鋆 . 美与智慧的融集——云南民族艺术介论 [M]. 昆明：云南人民出版社 , 云南大学出版社 ,2013.

南方丝绸之路研究丛书 文物考古卷

[37] 汪宁生 . 云南考古 [M]. 昆明 : 云南人民出版社 ,1992.

[38] 云南省文物考古研究所 . 云南考古文集 [M]. 昆明 : 云南民族出版社 , 1998.

[39] 云南省文物考古研究所 . 云南考古报告集之二 [M]. 昆明 : 云南科技出版社 ,2006.

[40] 昆明市官渡区博物馆 . 昆明羊甫头文物精粹 [M]. 昆明 : 云南人民出版社 ,2003.

[41] 蒋志龙 . 滇国探秘——石寨山文化的新发现 [M]. 昆明 : 云南教育出版社 ,2002.

[42] 杨帆 , 万扬 , 胡长城 . 云南考古 1979—2009[M]. 昆明 : 云南人民出版社 ,2010.

[43] 联合国教科文组织 , 中国社会科学院考古研究所 . 十世纪前的丝绸之路和东西文化交流 [M]. 北京 : 新世界出版社 ,1996.

[44] 成都市博物馆 . 成都地区文物考古文献目录（1930.1—1997.1）[M]. 成都 : 成都市博物馆 ,1998.

[45] 四川省文物管理局 . 四川文化遗产——全国重点文物保护单位 [M]. 北京 : 文物出版社 ,2009.

[46] 四川博物院 . 四川博物院第一次可移动文物普查成果选编 [M]. 北京 : 文物出版社 ,2015.

[47] 季羡林 . 中印文化关系史论丛 [M]. 北京 : 人民出版社 ,1957.

[48] 吕章申 . 秦汉文明 [M]. 北京 : 时代华文书局 ,2017.

[49] 孙机 . 中国圣火——中国古文物与东西文化交流中的若干问题 [M]. 沈阳 : 辽宁教育出版社 ,1996.

[50] 田继周 . 中国历代民族史·秦汉民族史 [M]. 北京 : 社会科学文献出版社 ,2007.

[51] 李昆声 . 云南文物古迹 [M]. 昆明 : 云南人民出版社 ,1984.

[52] 李昆声 . 云南艺术史 [M]. 昆明 : 云南教育出版社 ,2001.

[53] 李昆声 . 云南考古学论集 [M]. 昆明 : 云南人民出版社 ,1998.

[54] 李昆声 . 南诏大理国雕刻绘画艺术 [M]. 昆明 : 云南人民出版社 ,

云南美术出版社,1999.

[55] 李晓岑,等.中国铅同位素考古 [M].昆明:云南科技出版社,2000.

[56] 林梅村.汉唐西域与中国文明 [M].北京:文物出版社,1998.

[57] 石云涛.汉代外来文明研究 [M].北京:中国社会科学出版社,2017.

[58] 彭长林.云贵高原的青铜时代 [M].南宁:广西科学技术出版社,2008.

[59] 沈宁.云南石寨山文化纹饰研究 [M].昆明:云南人民出版社,2018.

[60] 杨勇.战国秦汉时期云贵高原考古学文化研究 [M].北京:科学出版社,2011.

[61] 张增祺.滇国与滇文化 [M].昆明:云南美术出版社,1997.

[62] 张增祺.滇国青铜艺术 [M].昆明:云南人民出版社,2000.

[63] 张增祺.云南冶金史 [M].昆明:云南美术出版社,2000.

[64] 张合荣.夜郎文明的考古学观察——滇东黔西先秦至两汉时期遗存研究 [M].北京:科学出版社,2014.

[65] 刘长久.南诏和大理国宗教艺术 [M].成都:四川人民出版社,2001.

[66] 徐嘉瑞.大理古代文化史 [M].昆明:云南人民出版社,2005.

[67] 杨郁生.白族美术史 [M].昆明:云南民族出版社,2005.

[68] 赵鸿昌.南诏编年史稿 [M].昆明:云南人民出版社,1994.

[69] 段玉明.大理国史 [M].昆明:云南民族出版社,2003.

[70] 李霖灿.南诏大理国新资料的综合研究 [M].台北:港南,1967.

[71] 蓝吉富,等.云南大理佛教论文集 [M].高雄:佛光出版社,1991.

[72] 云南省文物管理委员会.南诏大理文物 [M].北京:文物出版社,1992.

[73] 姜怀英,邱宣充.大理崇圣寺三塔 [M].北京:文物出版社,1998.

[74] 杨仲录,张福三,张楠.南诏文化论 [M].昆明:云南人民出版社,1991.

[75] 杨政业,等.20世纪大理考古文集 [M].昆明:云南民族出版社,2003.

[76] 邹启宇.云南佛教艺术 [M].昆明:云南教育出版社,1991.

[77] 王海涛 . 云南佛教史 [M]. 昆明：云南美术出版社 ,2001.

[78] 尚永琪 . 莲花上的狮子——内陆欧亚的物种、图像与传说 [M]. 北京：商务印书馆 ,2014.

[79] 周永卫 . 两汉交趾与益州对外关系研究——以若干物质文化交流为主 [M]. 汕头：汕头大学出版社 ,2009.

[80] 赵德云 . 西周至汉晋时期中国外来珠饰研究 [M]. 北京：科学出版社 ,2016.

[81] 沈福伟 . 中西文化交流史 [M]. 上海：上海人民出版社 ,2006.

[82] 丁山 . 古代神话与民族 [M]. 北京：商务印书馆 ,2005.

[83] 刘德荣，高先觉，王明富 . 新编文山风物志 [M]. 昆明：云南人民出版社 ,2000.

[84] 罗常培 . 语言与文化 [M]. 北京：北京出版社 ,2004.

[85] 齐钟彦 . 中国经济软体动物 [M]. 北京：农业出版社 ,1996.

[86] 冉光荣 . 羌族史 [M]. 成都：四川民族出版社 ,1985.

[87] 杨铭 . 氐族史 [M]. 长春：吉林教育出版社 ,1991.

[88] 马长寿 . 氐与羌 [M]. 上海：上海人民出版社 ,1984.

[89] 杨寿川 . 贝币研究 [M]. 昆明：云南大学出版社 ,1997.

[90] 胡厚宣 . 甲骨文合集材料来源表 [M]. 北京：中国社会科学出版社 ,1999.

[91] 张亚初 . 殷周金文集成引得 [M]. 北京：中华书局 ,2001.

[92] 王国维 . 观堂集林 [M]. 石家庄：河北教育出版社 ,2003.

[93] 张蓓莉 . 系统宝石学 [M].2 版 . 北京：地质出版社 ,2006.

[94] 张荣祖 . 中国动物地理 [M]. 北京：科学出版社 ,1999.

[95] 张星烺 . 中国交通史料汇（第 6 册）[M]. 北京：中华书局 ,1978.

[96] 广西壮族自治区文物管理委员会 . 广西出土文物 [M]. 北京：文物出版社 ,1978.

[97] 广州市文物管理委员会，等 . 西汉南越王墓 [M]. 北京：文物出版社 ,1991.

[98] 云南省文物考古研究所 . 大理阳苴咩城遗址大凤公路沿线考古

发掘简报 [M]// 大理丛书·考古文物篇 (卷六). 昆明 : 云南民族出版社 ,2009.

[99] 李朝真 . 南诏大理的古塔 [M]// 南诏大理文物 . 北京 : 文物出版社 ,1992.

[100] 云南大理白族自治州文物管理所 . 云南大理弘圣寺塔清理报告 [M]// 考古学集刊 (第 8 期). 北京 : 科学出版社 ,1994.

[101] 李家瑞 . 石宝山石雕王者像三窟试释 [M]// 大理白族自治州历史文物调查资料 . 昆明 : 云南人民出版社 ,1958.

[102] 张楠 . 南诏大理国的石刻艺术 [M]// 南诏大理文物 . 北京 : 文物出版社 ,1992.

[103] 田怀清 . 南诏时期白族对弥勒佛、阿弥陀佛的信仰 [M]// 大理民族文化研究论丛 (第一辑). 北京 : 民族出版社 ,2004.

[104] 李绍明 . 凉山博什瓦黑南诏大理石刻中"梵僧"画像考 [M]// 南诏文化论 . 昆明 : 云南人民出版 ,1991.

[105] 蒋大康 . 从文化角度审视爨宝子碑的美学特征及价值 [M]// 爨文化论 . 昆明 : 云南大学出版社 ,1991.

[106] 李枝彩 . 南方丝绸之路永昌道文物史迹探索 [M]// 大理民族文化研究论丛 : 第六辑 . 北京 : 民族出版社 ,2017.

[107] 斯坦利·沃尔波特 . 印度史 [M]. 李建欣 , 张锦冬 , 译 . 上海 : 东方出版中心 ,2013.

[108] 查尔斯·巴克斯 . 南诏国与唐代的西南边疆 [M]. 林超民 , 译 . 昆明 : 云南人民出版社 ,1998.

[109] 伯希和 . 交广印度两道考 [M]. 冯承钧 , 译 . 上海 : 商务印书馆 ,1933.

[110] 尼古拉斯 , 帕拉纳维达纳 . 锡兰简明史 [M]. 李荣熙 , 译 . 北京 : 商务印书馆 ,1972。

[111] 古正美 .《张胜温梵画卷》研究——云南后理国段智兴时代的佛教画像 [M]. 北京 : 民族出版社 ,2019.

[112] 高楠顺次郎 . 大正新修大藏经·密宗一 [M]. 台北 : 佛陀教育基

金会 ,1934.

三、论文

[1] 陈丽琼 ,马德娴 .云南晋宁石寨山古墓群清理初记 [J].文物参考资料 ,1957(4).

[2] 广西壮族自治区博物馆 .近年来广西出土的先秦青铜器 [J].考古 ,1984(9).

[3] 蒋志龙 .云南昆明晋宁上西河遗址 [J].大众考古 ,2017(9).

[4] 金正耀 ,等 .广汉三星堆遗物坑青铜器的铅同位素比值研究 [J].文物 ,1995(2).

[5] 昆明市文物管理委员会 .呈贡天子庙滇墓 [J].考古学报 ,1985(4).

[6] 山东省淄博市博物馆 .西汉齐王墓随葬器物坑 [J].考古学报 ,1985(2).

[7] 王海平 .贵州西部地区出土的青铜器 [J].考古 ,1989(10).

[8] 王金光 ,张祖光 .广南小尖山青铜时代古墓群调查 [J].中国古代铜鼓研究通讯 ,1987(5).

[9] 杨军 ,徐长青 .西汉海昏侯墓 [J].考古 ,2016(7).

[10] 营盘发掘队 .昭通营盘古墓群发掘简报 [J].云南文物 ,1995(41).

[11] 云南省博物馆 .云南江川李家山古墓群发掘报告 [J].考古学报 ,1975(2).

[12] 云南省博物馆 .云南晋宁石寨山第三次发掘简报 [J].考古 ,1959(9).

[13] 云南省博物馆 .云南晋宁石寨山古墓第四次发掘简报 [J].考古 ,1963(9).

[14] 云南省博物馆考古发掘工作组 .云南晋宁石寨山古遗址及墓葬 [J].考古学报 ,1956(1).

[15] 云南省博物馆文物工作队 .呈贡小松山竖穴土坑墓的清理 [J].云南文物 ,1984(6).

[16] 云南省博物馆文物工作队.楚雄万家坝古墓群发掘报告 [J].考古学报,1983(3).

[17] 云南省博物馆文物工作队.云南德钦县纳古石棺墓 [J].考古,1983(3).

[18] 云南省博物馆文物工作队.云南祥云大波那木椁铜棺墓清理报告 [J].考古,1964(12).

[19] 云南省文物工作队.云南呈贡天子庙古墓葬的清理 [J].考古学集刊,1983.

[20] 云南省文物工作队.云南昭通桂家院子东汉墓发掘 [J].考古,1962(8).

[21] 云南省文物考古研究所,等.云南昌宁县大甸山墓地发掘简报 [J].考古,2016(1).

[22] 云南省文物考古研究所,等.云南昆明羊甫头墓地发掘简报 [J].文物,2001(4).

[23] 张新宁,等.江川李家山古墓群第二次发掘简况 [J].云南文物,1993(1).

[24] 中国社会科学院考古研究所,云南省文物考古研究所,等.云南师宗县大园子墓地发掘简报 [J].考古,2019(2).

[25] 云南省文物考古研究所.大理太和城遗址调查勘探报告 [J].云南文物,1999(2).

[26] 李家瑞.南诏拓东城的地点究竟在哪里 [J].学术研究,1962(5).

[27] 云南省博物馆巍山考古队.巍山岹吁山南诏遗址 1991—1993 年度发掘综述 [J].云南文物,1993(12).

[28] 云南省文物工作队.大理崇圣寺三塔主塔的实测和清理 [J].考古学报,1981(2).

[29] 大理州文管所,下关市文化馆.下关市佛图塔实测和清理报告 [J].文物,1986(7).

[30] 郑允昌.祥云水目山塔林 [J].云南文物,1992(4).

[31] 田怀清.大理苍山雪人峰南诏寺庙遗址调查简报 [J].云南文

物 ,2006(1).

[32] 李正 . 云南腾冲境内早期佛寺遗迹调查与研究 [J]. 东南文化 ,1992
(3/4).

[33] 刘喜树 . 云南巍山发现一批石刻造像 [J]. 云南文物 ,1992 (4).

[34] 剑川石窟考古研究课题组 . 剑川石窟——1999 年考古调查简报
[J]. 文物 ,2000(7).

[35] 杭侃 . 大理国大日如来鎏金铜佛像 [J]. 文物 ,1999(7).

[36] 杜武 . 漫谈《南诏德化碑》的书法艺术 [J]. 中国书法 ,1994(6).

[37] 孙太初 . 大理国彦贲赵兴明为亡母造尊圣墓幢跋 [J]. 考古 ,1963(6).

[38] 吕蕴祺 . 腾冲火葬墓及重要遗物 [J]. 云南文物 ,1998(1).

[39] 葛继芳 . 云南玉溪发现古瓷窑址 [J]. 考古 ,1982(2).

[40] 苏伏涛 . 建水青花瓷器概述 [J]. 云南文物 ,1978(6).

[41] 李康英 . 云南禄丰发现元明瓷窑 [J]. 考古 ,1989(9).

[42] 杨益清 . 大理三月街明韩政夫妇墓 [J]. 云南文物 ,1986(6).

[43] 朱云生 , 李云华 . 云南火葬墓综述 [J]. 云南文物 ,2001(1).

[44] 樊海涛 . 石寨山第 6 号墓出土文物的科技考古与研究 [D]. 南宁 :
广西民族大学 ,2008.

[45] 侯波 . 滇文化青铜器动物装饰渊源探讨 [D]. 成都 : 四川大学 ,2003.

[46] 孔德馨 . 云南青铜时代之动物纹饰研究 [D]. 昆明 : 云南大学人文
学院 ,2015.

[47] 孙俊 . 战国秦汉西南族群演进的空间格局与地理观念 [D]. 昆明 :
云南师范大学 ,2016.

[48] 袁华韬 . 羊角钮铜钟若干问题研究 [D]. 南宁 : 广西民族大学 ,2007.

四、国外文献

[1] 汎亜細亜文化交流センター . 雲南博物館青銅器展 : 弥生稲作文
化の源流をさぐる [M]. 日本 : 汎亜細亜文化交流センター ,1984.

[2] Bérénice Bellina. Beads, Social Change and Interaction between India and Southeast Asia[J].Antiquity, 2003 (6).

[3] Catherine Jarrige. Mehrgarh Field Reports 1974–1985 from Neolithic times to the Indus Civilization[M]. Government of Sindh: the Department of Culture and Tourism，1995.

[4] Francis, Peter. Beads and the Bead Trade in Southeast Asia[J].New York: Center for Bead Research, 1991 (1).

[5] Elizabeth H.Moore,Early Landscapes of Myanmar[M]. Bangkok: River Books,2007.

[6] Ferdinand Freiherrn Von Richthofen. China: Ergebnisse Eigener Reisen und Darauf Gegründeter Studien[M]. Berlin: Verlag Von Dietrich Reimer, 1877.

[7] H.C. Beck. Report on Selected Beads from Harappa, Madro Sarup Vats, Excavations at Harappa[M].New Delhi: Munshiram Manorarlal Publishers Pvt.Ltd, 1997.

[8] Higham Charles. The Bronze Age of Southeast Asia[M].Cambridge: Cambridge University Press,1996.

[9] JoanAruz,Ronald Wallenfels (eds.). Art of the First Cities: The Third Millennium B.C. from the Mediterranean to the Indus[M]. New Haven: Yale University Press,2003.

[10] Neil MacGregor.A History of the World in 100 Objects[M]. New York: Penguin Press,2014.

[11] Ying-shih Yü. Trade and Expansion in Han China: A Study in the Structure of Sino-Barbarian Economic Relations[M]. Berkeley and Los Angeles:University of California Press,1967.

南方丝绸之路研究丛书 文物考古卷

后　记

　　在世界四大文明古国中，中国和印度分别屹立于喜马拉雅山东西两侧，但高大的喜马拉雅山脉阻挡不了文明之光的向外发散，阻隔不了中印文明之间的相互吸引和交流。公元前3世纪，古印度孔雀王朝的阿育王为向外传播佛教，曾经从印度向缅甸方向修路。就在同一世纪里，楚人庄蹻入滇，打开了楚国与云南之间的道路。以成都为起点的南方丝绸之路，凭借天然的地理优势，向外可传播中原地区先进的科技与文化，向内则能带来东南亚与南亚诸国的文明。从"五尺道"的开凿到"蜀身毒道"的发现，历代统治者通过对南方丝绸之路的不断经营，大大扩展了我国与东南亚、南亚的关系。此时南方丝绸之路上的文化交流可谓精彩纷呈，如今我们看到的这些历史遗迹与精美文物正是那个时空中所淘洗出的文明结晶。

　　自1877年德国地理学家李希霍芬最早提出"丝绸之路"这一概念，至今已有140多年。近年来，在习近平总书记提出"一带一路"的倡议下，本书以南方丝绸之路上的各时期文化遗存为切入点，展现了这条古道作为文化交流之路、文明互鉴之路的历史价值。

　　感谢葛剑雄教授在百忙之中为此书作序，感谢恩师李昆声教授的信任与嘱托，并为此书撰写前言。感谢安徽人民出版社各位老师的辛劳与努力，才使得此书得以付梓，并获得国家出版基金的资助。在本书中刘西诺执笔绪论、第一章、第二章、第六章，何兆阳执笔第三章、第四章、第五章。由于作者水平有限，文中错误在所难免，敬请各位专家学者予以斧正，以期今后进一步补充、修正与完善。

2022 年孟春

南方丝绸之路研究丛书　文物考古卷